国家社科基金青年项目"20世纪六七十年代结构—后结构主义运动中的克里斯蒂娃研究"(16CWW001)成果

陕西师范大学中国语言文学"世界一流学科建设"成果
陕西师范大学优秀著作出版基金资助出版

中国符号学丛书　◎　丛书主编　陆正兰　胡易容

克里斯蒂娃的"符义分析"，寻求构建理论话语的过程之美，它的影响不在于对世界的强大解释力，而在于改变我们看待世界的眼光。

茱莉亚·克里斯蒂娃的"符义分析"思想研究

An Exploration of Julia Kristeva's Semanalysis

张颖 著

四川大学出版社

项目策划：徐　燕
责任编辑：宋　颖
责任校对：张伊伊
封面设计：墨创文化
责任印制：王　炜

图书在版编目（CIP）数据

茱莉亚·克里斯蒂娃的"符义分析"思想研究 / 张颖著． — 成都：四川大学出版社，2021.6
（中国符号学丛书）
ISBN 978-7-5690-4777-6

Ⅰ．①茱… Ⅱ．①张… Ⅲ．①克里斯蒂娃－符号学－研究 Ⅳ．①H0

中国版本图书馆CIP数据核字（2021）第116081号

书　名	茱莉亚·克里斯蒂娃的"符义分析"思想研究	
	Zhuliya·Kelisidiwa De "Fuyifenxi" Sixiang Yanjiu	
著　者	张　颖	
出　版	四川大学出版社	
地　址	成都市一环路南一段24号（610065）	
发　行	四川大学出版社	
书　号	ISBN 978-7-5690-4777-6	
印前制作	四川胜翔数码印务设计有限公司	
印　刷	郫县犀浦印刷厂	
成品尺寸	170mm×240mm	
插　页	2	
印　张	12	
字　数	213千字	
版　次	2021年8月第1版	
印　次	2021年8月第1次印刷	
定　价	48.00元	

◆版权所有 ◆侵权必究

◆ 读者邮购本书，请与本社发行科联系。
　电话：(028)85408408/(028)85401670/
　　　　(028)86408023　邮政编码：610065
◆ 本社图书如有印装质量问题，请寄回出版社调换。
◆ 网址：http://press.scu.edu.cn

四川大学出版社
微信公众号

目 录

引 言 ·· (1)
  第一节 克里斯蒂娃"符义分析"的学术传统与理论品格定位······ (2)
  第二节 "符义分析"国内外研究述评································ (8)
  第三节 本书的研究内容与方法·· (13)

第一章 克里斯蒂娃"符义分析"的思想渊源与理论基础············ (16)
  第一节 克里斯蒂娃对巴赫金对话理论的引入与改造············ (17)
  第二节 克里斯蒂娃与"第二个"索绪尔的发现························ (26)
  第三节 话语·主体·意义生成：论本维尼斯特对克里斯蒂娃
            "符义分析"的影响··· (31)
  第四节 论克里斯蒂娃"符义分析"对乔姆斯基转换生成语法的
            批判性接受··· (47)

第二章 克里斯蒂娃"早期符义分析"的基础论域与焦点概念········ (59)
  第一节 "意义生成"与"符义分析"的基础论域························ (59)
  第二节 "互文性"理论··· (68)

第三章 克里斯蒂娃的"符义分析"的实践与方法论反思·············· (78)
  第一节 克里斯蒂娃对马拉美诗歌的"符义分析"实践·············· (78)
  第二节 对"符义分析"方法论的总结与反思···························· (89)

第四章 精神分析理论的全面渗透与"符义分析"模式演进············ (98)
  第一节 弗洛伊德的精神分析理论对"符义分析"问题域的扩展
            ··· (99)

第二节 "符号态"与"象征态"——意义生成的基本模态……………(106)

第三节 命名时段——意义生成的门槛…………………………(115)

第四节 "抛弃"——意义生成的动力………………………………(126)

第五章 "符义分析"中的中国元素……………………………………(137)

第一节 汉字与"互文性"——克里斯蒂娃后结构主义理论的

中国维度…………………………………………………………(138)

第二节 实践的主体与主体的实践：克里斯蒂娃论毛泽东的《实践论》

…………………………………………………………………(150)

结　论……………………………………………………………………(163)

参考文献…………………………………………………………………(170)

后　记……………………………………………………………………(186)

引 言

在 20 世纪六七十年代的法国，以菲利普·索莱尔斯（Philippe Sollers）、茱莉亚·克里斯蒂娃（Julia Kristeva）、罗兰·巴尔特（Roland Barthes）、雅克·拉康（Jacques Lacan）和雅克·德里达（Jacques Derrida）等为代表的理论家与批评家，构筑了法国先锋文学理论与批评的宏伟大厦，时至今日，仍然具有巨大的理论辐射力和影响力。克里斯蒂娃是继西蒙娜·德·波伏娃（Simone de Beauvoir）之后少有的涉足巴黎文坛和思想界腹地的女性学者。她的学术创造力旺盛，笔耕不辍，成就卓越，著作等身，在语言学、符号学、哲学、文学理论、精神分析学、小说创作等领域都有重要建树，同时作为法国先锋文学杂志《原样》（*Tel Quel*，1960—1982）的编辑和主笔，她驾轻就熟地游走于学术圈的权力核心，引领着思想潮流。在结构主义与后结构主义云谲波诡的知识浪潮中，她的思想具有双面的性质：作为理论先锋和主要活动家的克里斯蒂娃既活跃在结构主义运动的内部，捍卫重要的思想成果；又积极探索了多种超越结构主义的可能途径。

"符义分析"（sémanalyse）是克里斯蒂娃在 20 世纪六七十年代最重要的理论成果，也是她学术生涯的起点，重新爬梳和反思她这一时期的思想，对于理清她在结构主义和后结构主义浪潮中的位置，完善以重要理论家为核心的学科交往史和知识演化史，乃至深度理解 20 世纪法国先锋文学理论中核心概念的理论内核等方面，都具有不可替代的价值。如何将"符义分析"放置在历史、文化、社会等构成的坐标之上，从历史定位、基本问题及内涵演变等维度发掘其不可替代的理论品格？克里斯蒂娃自身如何对其符号学理论进行实践，对文学研究有怎样的启发？"符义分析"为何能勾连到克里斯蒂娃 20 世纪 80 年代的边缘文化研究，不同研究对象是否具有相似的理论内核?"符义分析"的推演过程中,"中国"扮演着怎样的角色,如何认识克里斯蒂娃思想中的中国元素?这些都是本书旨在回答的问题。

第一节 克里斯蒂娃"符义分析"的学术传统与理论品格定位

克里斯蒂娃在表述她的符号学理论时,用到了三个不同的术语:(1) 符义分析(la sémanalyse);(2) 符号学(la sémiologie);(3) 符号学(la sémiotique)。这三个术语,在她的符号学理论专著《符号学:符义分析探索集》(*Sēmeiōtikē: Recherches pour une sémanalyse*,1969)[①] 中,几乎是可以相互置换的。这就使得"符义分析"在法国符号学传统中的地位变得暧昧不清,而要理清其理论品格,则需要理清这一概念与 sémiologie 和 sémiotique 的关联。

瑞士语言学家费尔迪南·德·索绪尔在其著作《普通语言学教程》(*Cours de linguistique générale*) 中提出了"符号学"(sémiologie) 的设想,"我们可以设想有一门研究社会生活中符号生命的科学,它将构成社会心理学的一部分,因而也是普通心理学的一部分。我们管它叫符号学 (sémiologie)。它将告诉我们符号是由什么构成的,受什么规律支配……语言学不过是这门一般科学的一部分,将来符号学发现的规律也可以应用于语言学"[②]。一个语言符号是由一个能指和所指构成的,对于能指与所指和它们之间关系的阐释,是索绪尔所认为的符号学研究的重要内容。sémiologie 是索绪尔提出的以"符号诸系统"为研究对象的学科,语言学只是它所界定的符号学的分支,结构主义之后符号学从语言学溢出,最终发展成为文科的总方法论。其核心词如"系统""任意性"以及"意义"依赖于系统才能发生并得到解释等观念深刻影响了法国人文学科领域的发展。

法国的符号学研究在 20 世纪 60 年代末飞速发展,克里斯蒂娃用独创的

---

① 如文章《"故意错字"的符号学》(*Pour une sémiologie des paragrammes*) 使用的是 sémiologie,而著作中大部分的篇幅提到符号学,除去专属名词 sémanalyse,几乎都是使用 sémiotique。
② 索绪尔. 普通语言学教程 [M]. 高名凯,译. 北京:商务印书馆,1980:38.

术语"符义分析"（sémanalyse）来命名自身的符号学，这一专属术语的研究范围被她界定为"研究文本的意义生成及其类型，因此将穿透能指、主体与符号，正如穿透话语的语法组织，以达到语言存在内部表意活动萌芽汇聚的区域"①。在这种新的符号学理论中，语言"变为一种工作"（Faire de la langue un travail），语言的唯物主义特征被强调，它不再仅仅被看成是用于交流和理解的工具，而成为语言的实践。这一符号学的讨论出发点与索绪尔的符号学模式存在着千丝万缕的关系，具体表现在：一方面，她继续沿用索绪尔在《普通语言学教程》中提出的符号学理论的定义、概念乃至研究方法等；另一方面，她试图突破语言学的研究模式，在符号系统内部通过对符号表意过程的分析来为意指系统注入活力，"符号学要超越简单的语言学研究，转向一种由符号材料（matériau sémiotique）和不同的社会功能（fonctions sociales diverses）构成的意指系统的符号学"②。值得一提的是，她的这种超语言学模式以语言学研究的基本定义、术语、方法为基础，研究对象却又超越语言学，辐射符号学研究的各领域。由此，不难看出，克里斯蒂娃仍然是在索绪尔结构主义符号学的系统（尽管系统在她看来，必须向主体与历史敞开）之下来讨论问题，其运用的主要研究方法仍属于结构主义符号学。她所言的符号学对应的词为 sémiologie，而不是 sémiotique。在很长一段时间，这两个术语的使用，在克里斯蒂娃这里并未有太大的内涵上的区别，而且她使用 sémiologie 明显早于 sémiotique。sémiotique 一词在国际符号学学会（IASS，1969 年在巴黎成立）成立时被采用，几乎与此同时，她使用 sémiotique 的次数明显增多。

从 20 世纪 70 年代初开始，sémiologie 与 sémiotique 这两个术语所涵盖的研究内容和方法手段在法国出现了较大的区别。张智庭认为："法国的符号学探索，从大的方面讲，主要分为在 sémiologie 名下进行的结构论研究和在 sémiotique 名下进行的巴黎符号学学派研究。"③ 在法国的符号学传统中，sémiologie 所指向的是继续沿用索绪尔的术语用法，指的是早期对符号系统

---

① Julia Kristeva. «Le texte et sa science», *Sēmeiōtikē: Recherches pour une sémanalyse*. Paris：Seuil，1969：11.
② Julia kristeva，«L'éthique de la linguistique»，*Polylogue*. Paris：Seuil，1977：368—369.
③ 怀宇. 论法国符号学 [M]. 天津：南开大学出版社，2016：33.

内部和外部的研究，而 sémiotique 则是 1970 年后以格雷马斯为代表的巴黎符号学学派使用的术语。现如今，后者才是法国符号学研究的主流。克里斯蒂娃 20 世纪六七十年代的"符义分析"尽管发掘了另一个痴迷于易位构词的索绪尔，但毫无疑问沿袭的依然是索绪尔的传统，与巴黎符号学派的研究旨趣有很大的差异。

1969 年，法国符号学家、语言学家埃米尔·本维尼斯特在《语言符号学》(Sémiologie de la langue)[①] 一文中提出了两种意指模式，即"符意学方式"(le mode sémiotique) 和"语义学方式"(le mode sémantique)，前者对应着索绪尔理论的符号观，符号意义的获得是以任意性为原则，研究的是封闭系统中意义的指涉问题，而后者"语义学"模式则是将意义的生成与历史、社会、主体以及不同符号之间的分割与组合等联系起来，向外部世界开放。这均与克里斯蒂娃的理论超越索绪尔模式的诉求不谋而合。同时，本维斯尼特在对语言分析层次的讨论中凸显了词语的地位，这为克里斯蒂娃在"符义分析"中对能指的切分提供了可行的研究路径。

众所周知，人文与科学的纠葛始终存在，余波未消，从不缺少与之相关的新的话题，尤其在 20 世纪初期受到科技革命的影响和感召，大多人文领域的学者都急切寻求科学性。自索绪尔的符号学将研究对象设定为研究社会生活中符号生命的科学，符号学理论的科学性进一步被激活，而介于文学与精确科学之间的结构主义语言学，影响了 20 世纪六七十年代法国绝大多数的学者，他们试图建立一种以语言学模式为基础的文学研究模式，即所谓"科学的文学研究"，以达到类似自然科学的客观性。在文学与科学并置的语境下，如何实现用一种客观的知识体系来评价文学，实现文学研究的科学转向呢？这表现在两个维度：一方面，文学研究的语言学（科学）转向，重新划定了文学研究的边界，结构主义在方法论上追求逻辑性、科学性，以追求结论的普适性为目标，这就使得文学科学关注的对象不再是具体的作品和如何实现对作家作品的创造性的多元解释，而是文本（按照克里斯蒂娃的术

---

① 此文是 1969 年本维尼斯特应国际符号学会官方刊物《符号学》(Semiotica) 邀请所撰写的文章，后收录在他的语言学/符号学论文集《普通语言学问题》(Problèmes de linguistique générale) 一书中。

语，是意义生成的装置，本质层面是一种生产性"productivité")①，寻求的是一种普遍的原则，对文学语言普适性的一般规律的讨论；另一方面，研究方法中对科学性的追求，从可操作性的层面，表现为通过对科学模式、概念（术语）的借用，吸纳自然科学的方法进行研究，强调方法与理论的意义，使得文学研究更靠近自然科学的模式。

克里斯蒂娃在《符号学：批判的科学和/或科学的批判》（*La sémiologie: science critique et/ou critique de la science*）一文中为符号学的"科学"属性定性，认为"符号学是一种形式化（formalization），一种模式的生产（production de modèles）……通过从其他形式科学中借用模式（比如数学或逻辑学，通过这种方式化约到成为语言模式科学的某个分支），符号学能够最终成为意指系统的公理化（axiomatization）呈现"②。此处的形式化属于逻辑学的术语之一，而公理化属于数学理论的基本思想之一。克里斯蒂娃用这些精确科学的术语来说明符号学如何对其他科学的模式进行借用。新的符号学并不以建构一个可以为所有其他意指系统服务的系统为目标，而是通过对其他形式研究模式的挪用，将意指系统的内部过程置于不同的文化和历史决定因素的背景之下；并不是以挑战符号系统研究的科学性为目标，而是需要关注不同的符号系统和知识实践，在进入符号学研究时，强调其对历史的依赖。这种历史并不是线性的，而是言说主体向符号和意义的一种马赛克，是一系列的意指实践。但符号学的特性并不会停留在借用形式科学的术语来构筑符号大厦，克里斯蒂娃认为，"符号学是对它的对象和/或它的模式的重新评估，是一种对这些模式的批判，既包含它所借用的科学模式，也包含它自身作为一种稳定真理的系统"③。对科学模式和术语的借用，使得符号学出现一种混杂的效果，它具有了一种科学特点，但又无法局限于某一种科学，"符号学不能被确定为一种科学，更不用说某种科学，它是一种敞开的研究形式，是一种面向自身

---

① Oswald Ducrot, Tzvetan Todorov. *Dictionnaire encyclopédique des sciences du langage*. Paris: Seuil, 1972: 443–453.

② Julia Kristeva, « La sémiologie: science critique et/ou critique de la science », *Théorie d'ensemble*. Paris: Seuil, 1968: 84–85.

③ Julia Kristeva, « La sémiologie: science critique et/ou critique de la science », *Théorie d'ensemble*. Paris: Seuil, 1968: 85.

不停歇的自我批评"①。此处，克里斯蒂娃所揭示出的，是她对符号学的基本定性：作为一种对符号学的批判而存在。这其中隐藏的深意是，它将无法归属于某一个固定的系统，因为它所借用的模式和自身的模式都处在发展过程中，是争议中的、自我修正与自我质疑的。此处所针对的是索绪尔结构主义符号学的系统观，作为一种对符号学的批判而存在的符号学，无法被封锁在闭环中，因为其他的话语、主体与方法等均进入符号意义的生成之中。正如巴尔特在评价"符义分析"时对这一观点的赞誉，"什么是理论？它既不是一种抽象，也不是一种概括，也不是推测，它是反思（réflexivité）……科学符号学的工作融合了破坏性的回顾（retours destructeurs），对立物的共存（coexistences contrariées）与生产的歪曲（défigurations productives）"②。

除了肯定"符义分析"作为一种对符号学的批判而出现的这一鲜明立场，巴尔特丝毫不吝啬溢美之词，从克里斯蒂娃表述理论所使用的话语和被表述出来的理论之间的同质性关系来看，确立了这一符号学新路径的价值，即它不以理论实践过程中的重复和生长为目标，而是寻求理论本身的表述方式和表述结果的过程之美。巴尔特认为，克里斯蒂娃式话语的价值在于，这套话语与她通过话语建构的理论是同质的（这种同质性正是理论本身的特性），其中科学是书写的，符号的，对话的，基础是破坏性的……首先，它确认和践行了形式化（formalisation）及对它的移置（déplacement），使得数学与梦的工作具有相似性（由此招致许多诟病）。其次，以理论的名义，它承担了科学定义的术语转换。最后，她设定了一种新的知识传播类型（不是知识本身的问题，而是它的传播方式）：克里斯蒂娃的作品既具有话语性、"发展性"……同时又是一种表述、一种敲打（震惊和铭刻的痕迹）、一种萌芽。话语之所以起作用，与其说是"代表"了一种思想，不如说是在没有枯燥的写作作为中介的情形下，生成并指向思想。这就是说，克里斯蒂娃是唯一可以进行符义分析的人：她的话语不是"预科教学"（propédeutique），不以寻求"教学"（enseignement）的可能性为目标，这也意味着，相反，

---

① Julia Kristeva, «La sémiologie: science critique et/ou critique de la science», Théorie d'ensemble. Paris: Seui, 1968: 85.

② Roland Barthes, « L'ètrangère», La Quinzaine littéraire, n°94, du 1er au 15 mai 1970: 19.

这些话语转变我们，给我们词语、意义和语句，使我们能够开展工作，触发我们内在创造性的活动——置换（permutation）①。巴尔特对"符义分析"的这一注脚意义重大，"克里斯蒂娃是唯一可以进行'符义分析'的人"这一论断凸显出巴尔特眼中克里斯蒂娃的理论话语所具有的不可替代的价值与独特性：它产生、发展、服务于具体的时代语境，这套理论话语的最终指向不是应者云集，而是"曲高和寡"，它的影响不是对于世界的强大解释力，而是改变我们看待世界的眼光。

"符义分析"研究的目的是什么，在这个问题上或许没有人比它的创造者更有发言权，"通过借鉴与意义和意义规则非常接近的语言学和逻辑学，今天的符号学事业成为一项野心勃勃的、范围宽泛的工作；它寻求不同的能指表达的规律（从最简单的陈述到科学话语或者'艺术'）；它指出了特定的组合，这些组合构成或产生了不同的意指实践，在社交游戏中，这些实践以消息的形式使主体听到或者交流。掌握意指实践（对其进行整理排序），建立其类型学，定义其转换，从而通过考虑实现它的不同和多样的系统来给出意义生成的规则，概括来说，这是符号学研究的目的"②。通过对其他科学模式的批判性借用，"符义分析"以建立意指实践活动的类型学与重述意义生成的新规则为目标。此处的新规则强调意义生成过程的无限性和未完成性，意义的获得或者说表意行为变成一种难以确定、难以定位的活动，强调对结构、聚焦、排序的打碎、多元和多样，而追求一种书写的自由和创作的直觉。系统之于结构主义的重要性表现为按照结构主义的范式，系统的封闭，才能使人理解作品结构，从而需要积极捍卫结构主义的内部系统。但结构主义范式在20世纪60年代后半期发生了重要变化，引入了新的景观。克里斯蒂娃的"符义分析"将结构主义方法中被束之高阁的历史和主体维度重新拉入历史舞台，它是按照展开的方式来考察意义生产的过程，用结构化过程来代替结构，文本的生产性通过启动文本的动力机制来获得。无限的、永远开放的书写，代替了对作品稳定意义的追求，消解着叙事结构、语法和稳固逻辑。

---

① Roland Barthes, « L'ètrangère », *La Quinzaine littéraire*, n°94, du 1er au 15 mai 1970：19.
② Julia Kristeva, « Introduction：Le Lieu sémiotique », *Essays in Semiotics. sémiotique*. Edited by Julia Kristeva, Josette Rey-Debove and Donna Jean Umiker. The Hague：Mouton, 1971.

在巴尔特 1970 年发表在《文学半月刊》（*La Quinzaine littéraire*）上的《异乡人》（*L'Étrangère*）的文章末尾处，他深情地赞美了自己的这位来自保加利亚的女学生以及她的符号学研究，"克里斯蒂娃提供给我们新的分析方法和参与介入的态度：故意错字、对话性、文本、生产性、互文性，数与公式，教会我们在差异中，或者在差异之上工作，将书写与科学、历史与形式、符号的科学与符号的毁灭放在一起讨论：正是这些美丽的对立面，令人快慰（confortables）、顺从潮流（conformistes）、顽强（obstinées）且充分（suffisantes），克里斯蒂娃的作品才得以实现，从而使我们年轻的符号学科学具有异乡的特性（trait étranger），这一点比奇特（étrange）更难"[1]。巴尔特从克里斯蒂娃思想中抽象出的这个词 étranger（étrangère）不仅成为克氏符号学理论的标签，更成为她作为生命个体在法国知识分子圈立足的独特注脚。她的性别、身份等特质与理论的突围巧妙地结合在了一起，我们无法判断这是一种刻意为之还是无意的选择，可能克氏自身也无法解释清楚。但她似乎对这个词情有独钟，她在 1988 年出版的专著《陌生的自我》（*Étrangers à nous-mêmes*）中，将 étranger 与精神分析理论中无意识的运作机制相联系。2020 年接受《哲学》杂志采访时，她将标题拟定为《我是且将继续是一个'异乡人'》（*Je suis et resterai une "étrangère"*）。

第二节 "符义分析"国内外研究述评

法国本土对"符义分析"进行研究的专著非常有限，从符号学/语言学展开的研究如 1974 年出版的《克里斯蒂娃符号学中的故意错字原则和意义生成》（*Paragrammatisme et production de sens dans la sémiotique de Julia Kristeva*）[2] 论述了自索绪尔以来的故意错字原则与克里斯蒂娃符号学理论中意义生成的动态性之间的关联，着重强调了克氏对索绪尔这一概念的发掘与再创造的价值；再如 2006 年出版的《语言学之争，从马蒂内到克里斯蒂

---

[1] Roland Barthes, «L'étrangère», *La Quinzaine littéraire*, n°94, du 1er au 15 mai 1970：20.

[2] Guy Namur. *Paragrammatisme et production de sens dans la sémiotique de Julia Kristeva*. Louvain：Institut de Linguistique, 1974.

娃》(*Combats pour la linguistique, de Martinet à Kristeva*)① 是一本法国著名语言学家的采访合集，采访对象的选择和访谈的核心内容围绕结构主义语言学在法国如何发展为一种科学模式，克里斯蒂娃名列法国语言学研究代表性人物之中。1997 年出版的《从〈名士风流〉到〈武士们〉：传奇的终结》(*Des Mandarins aux Samouraïs: La Fin d'un Mythe*)② 一书从比较研究的视野分析了波伏娃的小说《名士风流》与克里斯蒂娃的小说《武士们》，将这两部作品看成是第二次世界大战后法国文学史上重要的历史痕迹。2005 年出版的《克里斯蒂娃：在文学和理论的交叉口——现代性、自反性、杂交性》(*Julia Kristeva: Au carrefour du littéraire et du théorique: Modernité, autoréflexivité et hybridité*)③ 是法国学界极为少有的关于克里斯蒂娃的专著，也较为全面地总结了克里斯蒂娃理论的特点和贡献。这些关于克里斯蒂娃研究的专著，除去第一本与本书讨论的论域有所重叠，其余著作均涉及符号学问题。

关于克里斯蒂娃符号学研究的期刊论文数量较少，且研究分散，多是围绕她 1970 年出版的专著《小说文本，一种转换性话语结构的符号学研究》(*Le Texte du roman, approach sémiologique d'une structure discursive transformationnel*) 的书评。关于《符号学：符义分析探索集》(*Sēmeiōtikē: Recherches pour une sémanalyse*, 1969) 的研究，最重要的一篇是被誉为"结构主义之母"的罗兰·巴尔特于 1970 年发表的作品《异乡人》(*L'Étrangère*)④。这篇文章毫不吝啬赞美之词，高度评价了"符义分析"对法国理论的贡献，认为克氏的研究"使符号学科学具有异乡的特性（trait étranger)，这一点比奇特（étrange）更难"。

有关克里斯蒂娃的符号学思想在法国学界的系统研究比较缺乏，原因有

---

① Jean-Claude Chevalier. *Combats pour la linguistique, de Martinet à Kristeva*. Paris: ENS, 2006.

② Josiane Leclerc Riboni. *Des Mandarins aux Samouraïs: La Fin d'un Mythe*. Paris: P. Lang, 1997.

③ Mélanie Gleize. *Julia Kristeva: Au carrefour du littéraire et du théorique. Modernité, autoréflexivité et hybridité*. Paris: L'Harmattan, 2005.

④ Roland Barthes, «L'étrangère», *La Quinzaine littéraire*, n°94, du 1er au 15 mai 1970: 19–20.

三：(1) 法国学者的研究大都沿袭法国思想传统，在分析和归纳之外充分表达了自己的理念，建构了独特的视角；(2) 当时凭借结构－后结构主义运动大放异彩的学者们马不停蹄地转移阵地，开拓新的学术版图；(3) 从理论的影响力和阐释力来看，克里斯蒂娃的"符义分析"理论尽管具有独特的理论风格，但从法国符号学整体的布局来看，它与以结构研究为主的格雷马斯（Algirdas Julien Greimas）等人的"巴黎符号学派"的理论意旨相去甚远，尽管二者均从未脱离语言学，但"符义分析"的理论增长可能由于操作的相对复杂化和对读者知识能力的要求较高而受到较大的限制。

与法国学术界对本课题研究的相对沉寂状态相似，英美学术界的研究目前仅见"相关"研究，"先行"研究并不多见。这种"相关"研究表现为对她的符号学理论研究散见于整体研究专著和论文集中，较有影响力的研究者如约翰·里奇（John Lechte）、凯利·奥利弗（Kelly Oliver）与梅根·贝克－赖克朗（Megan Becker-Leckrone）。而"先行"则表现为少数讨论结构－后结构主义的专著和论文笼统地提及了克里斯蒂娃的理论贡献，很明显这类研究与本书的研究重心并不相同。英美学界对《原样》（*Tel Que*）杂志的研究有对知识史的梳理，比较有代表性的作品如《理论时代：〈原样〉杂志历史（1960—1983）》[*The Time of Theory: A History of "Tel Quel"* (1960-1983)]，这本著作 1996 年由牛津大学出版社出版，回顾了《原样》杂志的发展史，并对这一先锋杂志提倡的有争议的文学主张进行讨论；又有收录了多篇主要人物的代表性论文的论文集，如 1998 年出版的《〈原样〉读本》（*The Tel Quel Reader*）；同时还包括从《原样》杂志的文化政治以及其与中国的关系出发进行的研究。关于"符义分析"的英文期刊论文中，不得不提的是菲利普·刘易斯的论文《革命的符号学》① （*Revolutionary Semiotics*）。该论文是关于克里斯蒂娃的博士论文《诗性语言的革命》的书评，认为"克里斯蒂娃的符号学跟随巴尔特，将语言学置于符号学之上……一方面，通过引入数学和形式逻辑的分析模型，反抗索绪尔的语音中心论；另一方面，拒绝将能指看成是所指的附庸，而坚持将所指视为一种能指"②。

---

① Philip. E. LEWIS. «Revolutionary semiotics», *Diacritics*, 1974 (3): 28—32.
② Philip. E. LEWIS. «Revolutionary semiotics», *Diacritics*, 1974 (3): 28.

这篇文章将克里斯蒂娃的符号学命名为一种"混杂符号学"（hybrid semiology），其做法十分有创见，但它的研究重心是《诗性语言的革命》中的新观点，并未对"符义分析"的理论渊源以及"符义分析"与"诗性语言"等之间的关系进行讨论。

英美学界对"符义分析"缺乏系统研究的原因有三：（1）尽管克里斯蒂娃的"互文性"理论在英语世界大放异彩，但英美学界对克里斯蒂娃20世纪六七十年代著作的译介直到80年代才开始，符号学理论专著《符号学：符号分析探索集》至今没有完整的英文译本，而只有少数的单篇文章散见于论文集，她的代表性著作《诗性语言的革命》至今只选译了原文前1/3的理论建构部分；（2）英美研究者重视对法国后结构主义与解构主义的整体研究，相关研究汗牛充栋，但缺少以通过塑造重要理论人物来重新审视20世纪六七十年代这场结构－后结构主义知识运动的思想传统和澄清基本的知识争端的研究路径，且许多知识上的误读从其接受法国理论伊始就已形成，至今没有得到纠正；（3）法国理论旅行至英语世界时存在着由于水土差异引起的理论选择和接受问题。与巴尔特、拉康、德里达不同，克里斯蒂娃主要是作为与西克苏、依里加蕾并列的法国女权主义的代表人物而被英美学界所接受的，最明显的例证是她在20世纪六七十年代的著作《中国妇女》（Des Chinoises）最早被译为英文，且至今对这本书的讨论都远胜于对她于20世纪60年代提出的"符义分析"思想的关注。

中国学界对"符义分析"的研究与英美学界呈现出相似的特征，"相关"研究较多，"先行"研究较少，但均呈现出增长趋势。"相关"研究主要表现为对克里斯蒂娃所参与的20世纪六七十年代如火如荼的结构－后结构主义运动的译介与传播。结构－后结构主义理论的中国旅行，在20世纪70年代末80年代初才开始起步，可以分为以下两个时期：（1）20世纪80年代初至90年代，国内结构主义理论的相关译著和评论文章开始逐渐增多。同时，结构主义文论的相关术语，如"共时性""历时性""组合关系""聚合关系""文本"等术语频频亮相，这些概念对中国文论和言说方式产生了极大的影响。（2）20世纪90年代至今，叙述学和符号学研究逐渐开始，并呈发展壮大之势。"文本"概念逐渐成为文学研究领域的时髦问题，取代了"作品"的核心地位。泛文本化使得文学本身成为一个意义含混的概念，文学的身份和性质问题成为中国学者关注的重要问题。克里斯蒂娃于20世纪六七十年代提出的"互文性"概念,在中国的传播与发展历经三个阶段:第一阶段是20世纪80年代,属于早期译介期;第二阶段为20世纪90年代,属于系统引介期;第三阶段为21世纪以来的逐步繁荣期。[①] 至今国内学界仍热衷于对"互文性"的讨论,且呈现出明显的跨学科研究的趋势。2012年11月,克里斯蒂娃应邀到复旦大学讲学,四次讲座呈现了她从互文分析转向精神分析研究的路径,其中第一讲即以《互文性理论对结构主义的继承与突破》为题。对互文性的研究,国内学界经历了从介绍到译介(深入研究)到运用[②]的阶段,"互文性"也几乎成为克里斯蒂娃思想的代名词。[③] 国内学者秦海鹰、钱翰、罗婷、史忠义、祝克懿、曾军、孙秀丽、崔柯等发表了一系列重要理论研究成果,其中罗婷的博士论文《克里斯特瓦的诗学研究》[④] 中已有专章介绍克里斯蒂娃的符号学思想,孙秀丽的著作《克里斯蒂娃解析符号学研究》[⑤] 与崔柯的著作《克里斯特娃的文本理论研究》[⑥] 是系统研究克里斯蒂娃符号学的专著,前者围绕克里斯蒂娃符号学的发展脉络展开,将其理论构成切割为多个相互关联的部分,后者梳理了文本理论的发展脉络,强调了这一理论对中国当代文艺理论的启示,并运用理论阐释了中国当代艺术实践,亮点很多。近几年来,克里斯蒂娃20世纪六七十年代思想的另一些关键词,如"诗性语言""多元逻辑""符号态""象征态"等也开始引起国内学者的重视,出现了一系列相关研究成果。

从整体上看,国内外对克里斯蒂娃与其与符号学研究的成果已不少,但

---

① 刘斐. 三十年代来互文性理论在中国的传播与发展 [J]. 当代修辞学,2013 (5):28–37.
② 祝克懿教授团队以《当代修辞学》杂志为平台,将互文性引入具体的语篇分析,使得互文性理论与中国学界的理论研究现实诉求相结合,推出了一系列成果。
③ 国内学术界在讨论"符义分析"时,往往将其与互文性理论从历史和逻辑层面分隔开,认为克里斯蒂娃学术思想互文性理论阶段处于20世纪60年代中期至70年代初期,符义分析阶段处于20世纪70年代,符义分析是对互文性理论的深化和升华,这一主张笔者并不认可。在克里斯蒂娃的符号学论文集《符号学:符义分析探索集》中,互文性理论很明显是包括在"符义分析"的大框架之内的,在该书最后的索引(index)部分,互文性被放置在"文本逻辑"(la logique du texte)的大分类之下。互文性与"符义分析"并非是并列关系,"符义分析"理论包含了互文性的核心内容,二者并不能从时间层面清晰地分隔开。
④ 罗婷. 克里斯特瓦的诗学研究 [M]. 北京:中国社会科学出版社,2004.
⑤ 孙秀丽. 克里斯蒂娃的解析符号学研究 [M]. 哈尔滨:黑龙江大学出版社,2016.
⑥ 崔柯. 克里斯特娃文本理论研究 [M]. 北京:中国文联出版社,2016.

仍然存在着以下明显的问题：（1）研究缺乏系统性，且呈现明显的重此轻彼倾向；过分阐释与主观臆断克里斯蒂娃的个别理论。克里斯蒂娃的互文性理论在国内具有强大的理论影响力和阐释力，国内学者热衷于谈论互文性，并将其作为一种重要的西方理论来分析中国文本。互文性的理论外延超越了文学文本，扩展至艺术、翻译、广告、电视等。这种扩展本无可厚非，因为克里斯蒂娃的互文性理论本身就超越了单一的文学文本与其他文学文本间的关系，强调文学文本与其他各种符号实践活动（各种社会现象）之间的转换和相互作用。但大多数研究者在将互文性运用于具体的不同性质的文本研究时，往往将互文性理论简单理解为一种影响研究或者渊源研究，讨论新文本对旧文本的模仿或借用，这与克里斯蒂娃互文性研究的本意是相悖的。她的互文性理论强调的是不同的符号系统之间的置换和移置。（2）研究多是介绍与阐述，缺乏整体的把握和认识论与方法论层面的反思，少有研究聚焦克里斯蒂娃新概念的理论内核以及与已有概念的根本性差异。（3）对"符义分析"的思想渊源中的重要人物如本维尼斯特、乔姆斯基的影响的认识不够，对克里斯蒂娃思想中精神分析与符号学的关系认识不充分，尤其是精神分析如何进入并扩大符号学的基本问题域认识不够。（4）中国思想对符义分析理论生长点的影响等方面认识不够。对克里斯蒂娃学术思想演变过程中的中国思想的挖掘与分析，有助于中国学者重新审视西方强势话语，探究中国思想对克里斯蒂娃的"逆向影响"。

综上所述，对克里斯蒂娃及其符号学理论的已有研究尚不充分，缺乏她早期符号学思想流变的连续、系统的认识，导致克里斯蒂娃学术思想的原貌被遮蔽了，使得克里斯蒂娃与"符义分析"的学术史定位变得暧昧不清，对其"符义分析"的研究方法在文学话语分析、文化研究中运用的实践价值、理论影响力以及可能的研究前景缺乏必要的把握。

第三节 本书的研究内容与方法

（一）对"符义分析"的思想渊源与理论基础进行分析

本书不试图穷尽"符义分析"所有的影响源头，而是根据克里斯蒂娃从历史和主体角度为结构主义注入活力的理论意旨，选择四位具有代表性的理论家。具体来说，厘清早期理论建构中克里斯蒂娃对巴赫金思想的引介和改造，对索绪尔的字谜游戏的分析与开掘，对本维尼斯特所关注的语言的主体性以及弗洛伊德思想与语言学之间关系的借用，以及她的意义生成观与乔姆斯基生成语法之间的联系与差异。而其他的理论家如弗洛伊德、拉康、马克思等对她的影响在后文的论述中将会提及。

(二) 厘清早期"符义分析"的基础论域和焦点概念

本书将重点分析克里斯蒂娃的意义生成（signifiance）概念的理论内涵，并通过比较意指（signification）和意义生成在其他理论家视域中的关联来讨论克里斯蒂娃为其赋义的特殊性。另外，从克里斯蒂娃独创的复合词"sémanalyse"的构词要素出发，讨论构词的多种可能性，并结合这个术语的英文和中文译法来说明本书选择"符义分析"作为译法的原因。互文性是"符义分析"理论的组成部分，笔者将试图回到克里斯蒂娃最早讨论和发明这个术语的原始文本，从源头厘清其发生和发展过程。

(三) 从克里斯蒂娃自身的实践、反思其方法论

本书的一大创新点即借助克里斯蒂娃自身的理论实践来对其理论进行反思，这有助于厘清其理论的阐释力。能指的微分概念，是理解她的"符义分析"方法的核心，分析和切分的方法是什么，如何将分析直接推进到基本单位，是这一方法旨在解决的问题。从20世纪六七十年代至今，克氏的学术进路中一直绵延着相似的理论倾向：反对单一的、僵硬的一维逻辑，关注语言的僵硬格局中书写的持续过程；倾向于分析，通过语言的裂缝和增殖来发掘语言内部的异质元素，与此同时，将否定性的要素考虑进来。这样的理论和实践本身，从本质上来看，是在有限与无限，封闭与开放，一元与多元之间寻找一种间性的状态或者说一种有效的平衡。

(四) "符义分析"的两个阶段的划分

本书聚焦理论演进过程中精神分析学的渗透和问题域的扩展，从克里斯蒂娃的个案来探究符号学与精神分析学对话的可能性。本书认为，她早期的"符义分析"理论的成果集中体现在《符号学：符义分析研究集》中。由于克里斯蒂娃的符号学思想在这个阶段受到精神分析学的理论影响较小，"符义分析"这种译法更符合克里斯蒂娃最初的概念设定。而在《诗性语言的革

命》中克里斯蒂娃所使用的"sémanalyse"一词是作为符号学与精神分析学相结合的新的符号学理论而提出,"符号心理分析"一词,实际上,更适合表达这一阶段她的理论意图。

(五)"符义分析"与中国

本书聚焦"符义分析"理论推演过程中中国思想所发挥的积极作用,以克里斯蒂娃与中国这一课题为个案进行讨论,从而寻找中法思想交流的可能性。分析克里斯蒂娃的理论建构对中国思想的吸收,是从跨文化研究的视野出发,对克里斯蒂娃思想的再度阐释,有利于更加充分地认识克里斯蒂娃思想的发展演变。

本书的研究方法是将克里斯蒂娃符号学理论的发展置于其产生的思想史、文学史、文化交流史和知识发展史中,着重考察以文本为认识对象的符号学理论的渊源与论域、问题域的扩张,并结合克里斯蒂娃自身的理论实践,反思这种方法论在文学理论与批评中的影响与作用,并展望其在文化研究、文学话语分析方面的重要性。本书将着力处理好"符义分析"的理论内核与笔者对"符义分析"的认识之间的关系,力图既为驳杂的"符义分析"梳理清楚线索,又清晰表明笔者对其理论生长与影响力的考察的立场和切入点。

第一章 克里斯蒂娃"符义分析"的思想渊源与理论基础

20世纪六七十年代的法国，政治局面纷繁复杂，资产阶级统治下的社会矛盾尖锐，敏锐的法国知识分子纷纷为西方僵硬的民主体制寻找出路。《原样》（*Tel Quel*）杂志是处在这种革命的社会语境中的先锋文学团体的一大阵地，它是由小说家菲利普·索列尔斯在1960年创办的，吸引了法国同时期众多杰出的文学理论家，如罗兰·巴尔特、茱莉亚·克里斯蒂娃、茨维坦·托多洛夫、雅克·德里达等。在20世纪60年代末，"原样"团体发展成为法国文学领域变革的主要阵地，在法国知识分子界树立了理论破坏者和"造反派"的形象。他们推崇文学层面的革命，努力把政治思想运用到文学理论的探索中，并认为只有通过语言层面的变革才能真正改变世界。

同时期的理论家倾向于对理论的夸张的认识，试图实现一种对压迫机器的反抗，打破惯例和习俗，寻找一种能够确保进行文化改变的武器。而这一点表现在文学研究中，即不再机械地将固有模式运用于文学文本的研究中，而是将文学文本看成是一种语言，看成是另一种话语类型，从语言的性质和实践来思考文学问题，从而反抗僵硬的政治体制对个体差异的抹除。理论家们推崇改变，积极倡导在身体、话语以及存在方式层面的变革，并以挑战传统经典和规范为目标。文学理论变革被众多理论家看成是法国社会转型时期激进的社会变革在文学层面的一种呈现，是一种在文化和意义层面的转型，是社会变革中的一个参与要素和表现形式。

克里斯蒂娃于1965年圣诞前夜从保加利亚到法国，迅速融入"原样"团体，并成为文学理论变革的主力军。克里斯蒂娃在回忆这段历史时，认为"对理论的冒险认识应该在革命的背景之下来看。这种理论层面的革命攻击

第一章 克里斯蒂娃"符义分析"的思想渊源与理论基础

了性差异的经典概念……这当然是政治需要！但是同样也超越这种需要，理论的变革爆炸性地整合进入时间和伦理的结构中"①。在这样的社会背景与理论诉求下，克里斯蒂娃试图改变符号学的研究模式，通过研究意义的指称活动，将语言结构的崩坏和社会结构的分崩离析"糅合"在一起，实现了对文本理论和革命话语的联系。克里斯蒂娃的文本理论是她的政治革命立场在文学理论方面的反映，可以看成是当时法国社会革命话语的产物。她所处的文化语境以及她自身的知识传统，为她的理论革新提供了得天独厚的条件。克里斯蒂娃的符号学理论探索正是在这样的时代语境下开展的，其理论成果是带有论战色彩的意识形态话语。在 1970 年的《文学半月刊》（*La Quinzaine littéraire*）上，被誉为"结构主义之母"的文学评论家罗兰·巴尔特用热情洋溢的语言推介他这位来自保加利亚的杰出学生——已在法国学术圈崭露头角的克里斯蒂娃："她总是消除最后的偏见，那些我们以为我们可以安心和引以为豪的偏见。她所取代的是已经说过的所指的坚持（insistance du signifié），即愚蠢；它颠覆的是权威，即纯科学的权威和演变关系（filiation）的权威。她的作品是全新的，精确的，不是科学的清教徒，而是因为它占据了它所占据的全部空间，所以准确地填满了它，迫使任何自我排斥的人发现自身处于抵抗或审查的地位。"②

"符义分析"正是在这样的社会、文学、语言、文化交集汇聚、纠葛难分的背景之下建构起来的。本章意在探讨：在变革的理论诉求下，克里斯蒂娃在革新符号学研究时所采取的方案和策略，她选择哪些理论家的理论成果作为其思想基础，从何种话题和角度切入，又通过怎样的内在逻辑和表述方式，通过对其他思想家观点的考察、勾连与重塑，搭建起自身的符号王国？

第一节 克里斯蒂娃对巴赫金对话理论的引入与改造

克里斯蒂娃能在 20 世纪 60 年代末的法国知识分子圈崭露头角，与她创

---

① Julia Kristeva. "My Memory's Hyperbole", Kelly Oliver, ed. *The Portable Kristeva*, New York: Columbia University Press, 2002: 5.

② Roland Barthes. «L'étrangère», *La Quinzaine littéraire*, n°94, du 1er au 15 mai 1970: 19.

造性地提出的两个概念密切相关。"克里斯蒂娃的两个概念在超越结构主义的行动中扮演着重要角色：互文性（intertextualité）与故意错字原则（paragrammatisme），分别从对巴赫金与索绪尔思想的引入与发展而来。"[①]建立在对巴赫金对话理论阐述基础之上的互文性理论奠定了克里斯蒂娃在西方批评理论中不可替代的位置。这种引入，并不是简单地对巴赫金思想的介绍，而是加入了很多新的个人化的创新，以适应当时的理论思潮。正如克里斯蒂娃接受采访时所言："我对他的解释，一方面，忠实于他的想法，另一方面，尝试着详细阐述与突破。"[②]

一、符号系统与外部空间

1965年底克里斯蒂娃从保加利亚到法国时，法国社会正处在结构主义思潮的统领下，而结构主义讨论的认知基础，就是将人类一切行为都试图归纳到语言研究所发掘的人类普遍的意义规律中。而这种普遍的意义规律，则发端于索绪尔的结构主义语言学理论，索绪有关结构主义语言学的思想集中体现在《普通语言学教程》中。索绪尔语言学理论认为，所有符号都是由能指和所指构成的，由于能指组合的构成要素的差异，使得所指得以确立。而语言符号的意义是由结构内部的差异导致的。索绪尔认为所有的语言活动，均是按照语言本身的结构而开展的符号象征活动。他所认为的结构，是语言学的整体概念，是不同的语言要素之间的相互关系。正是不同要素之间的相互关系的对称或者均质，使得符号系统内部能够保持一种自洽和稳定的状态。这种理论立场使得符号体系成为独立于外部世界物质性的存在，形成一种封闭的、自给自足的系统。这一时期的结构主义诗学呈现出过分强调语言的封闭性、不及物特征以及符号的任意性特征。建立在索绪尔语言基础之上的结构主义符号学，并未将符号结构所包含的外部社会纳入考察的范围，由此成了一种以结构和系统论为目的的静态理论，并最终导致思想体系的封闭。

---

① Philippe Forest. *Histoire de Tel Quel 1960—1983*. Paris：Seuil，1995：253.
② Julia Kristeva. "Intertextuality and Literary Interpretation", Ross Mitchell Guberman, ed. *Julia Kristeva Interviews*. New York：Columbia University Press，1996：189.

第一章　克里斯蒂娃"符义分析"的思想渊源与理论基础

克里斯蒂娃初到法国时，已经对巴赫金的理论有所了解。巴赫金是索绪尔语言学最重要的批评者之一，巴赫金的对话与狂欢理论，具有超越结构主义的潜在价值。在克里斯蒂娃将巴赫金引入法国文学批评界时，俄国形式主义在法国的影响力很大，但主要侧重于将俄国形式主义的基本概念移置到语言学领域，并将其应用于对叙事的分析。克里斯蒂娃的贡献在于，她引入了巴赫金对文学文本的动态理解，这与20世纪60年代中后期已然兴起的反结构主义过分形式化的倾向是直接相关的。

克里斯蒂娃从考察结构主义系统之外的内容出发，试图把握超出结构范围的内容，认为"我们有必要假定在每一个封闭集合中都存在着一个'外部空间'，否则即使体系内部差异会无限地扩展，这个体系仍保持着一种封闭的状态"①。这个"外部空间"所指向的是结构形成前后，创造和破坏结构的内容等。克里斯蒂娃将对静态的、封闭的符号结构的认识发展为关注符号系统中存在的异质性"他者"的动态要素，把握结构的动态化生成。"外部空间"被纳入考虑的范围，使得物质性的外界成为语言符号意义的组成部分，由此外部的社会和历史被写入文学文本中，对符号意义的把握与社会的外部现实得以联系起来。

"简单来说，这就意味着不能忽略先前被认为是形式的真实的制约——物质。对我而言，形式现实的逻辑形成了后来成为结构的现象或者事件的意义（从亲属关系到文学文本），由此在不依赖于'外在因素'的前提下变得可理解。而从一开始我的目标就是在已有的知识基础上，直接开展一些别的工作。"② 从能指与所指的关系来看，克里斯蒂娃试图将能指与所指的对应转向对能指的构成要素间无限生成意义的过程的认识，能指的重要性被放大，能指的运作成为打破结构桎梏的关键。克里斯蒂娃在20世纪70年代讨论诗性语言的意义生成时，再次强调了"外在性"阐释的重要价值，"尽管对外在性阐释的空白会给'正式的'语言学研究带来麻烦，但是，这一空白其实早已是符号学研究的特别问题。符号学关注的是如何具体化意指实践的

---

① 克里斯蒂娃. 诗性语言的革命［M］. 张颖，王小姣，译. 成都：四川大学出版社，2016：2.
② Julia Kristeva. "My Memory's Hyperbole", Kelly Oliver, ed. *The Portable Kristeva*. New York：Columbia University Press，2002：9.

运作过程，比如艺术、诗歌和神话这些不可化约到语言对象的意指活动过程"①。在为结构赋予动态性内涵时，意义研究被意指实践活动所取代，克里斯蒂娃通过对意指实践的运作过程的讨论实现了对结构主义的发展。

克里斯蒂娃的文本理论与结构主义的关系并不表现为一种拒绝和否定，而是将结构主义作为理论建构的基础和必须逾越的边界。她说："我对结构主义一直以来持保留态度。我更感兴趣的是后形式主义者，尤其是巴赫金。巴赫金后来在法国学术界变成一位众所周知的人物，他通过引入历史问题来逾越语言结构。'原样'团体鼓励我进一步讨论一些被后形式主义者所忽视的内容——性欲（sexuality）。"② 克里斯蒂娃从巴赫金的理论获得启发，将外在社会和历史引入文本，将"性欲"引入文本，使得文本面向社会外部现实开放，以此打破结构主义理论中封闭结构的桎梏。从理论意旨来看，克里斯蒂娃新的文本理论的目标并不是准确地阐释巴赫金的对话性理论，而是借助对巴赫金理论的引入来突破法国结构主义文论，超越索绪尔结构语言和俄国形式主义文论，从而建构一种更宽泛的、更具有动态性的符号学理论。

二、"超语言学"的研究立场

20世纪六七十年代的法国知识分子界的一大重要特征，是文学研究中传统的表现论和再现论仍然占据主流，传统的意义研究将符号的再现功能看成是"反映种种内在经验或者现实世界中的种种课题，是'呈现'（make present）人的种种思想感情或是描述现实"③。这种意义论将语言看成是正确的和无法争辩的，是人类进行再现的工具，人类主体是需要通过词语来表达某种观念或者描述现实的。

这种再现论与主体论，成为"原样"团体批判的对象。他们将传统文学理论中凡是理性占据主流的对象，如创作者、读者、意义、语言系统等作为批判的对象，用语言"实践"论来代替作家作品论，用"书写"来代替文学作品的写作。于是，写作成了一种动态的语言实践过程，不是单纯的表现或

---

① 克里斯蒂娃. 诗性语言的革命 [M]. 张颖，王小姣，译. 成都：四川大学出版社，2016：7.
② Julia Kristeva. "Kristeva in Person", Ross Mitchell Guberman, ed. *Julia Kristeva Interviews*. New York: Columbia University Press, 1996：6.
③ 伊格尔顿. 二十世纪西方文学理论 [M]. 伍晓明，译. 北京：北京大学出版社，2007：112.

者再现，不是作者对情感或者现实的反映，而是变成了一种发展中的由语言来产生意义的过程。在这种情形下，作者至高无上的地位就受到了质疑，文学活动成了一种语言的生产活动，语言层面的生成运作过程取代了稳定的文学作品。

从结构主义语言学的角度分析文学文本，文本本身是自给自足的语言实体，而对文本意义的把握，仅仅需要透过文学作品中各要素之间的相互联系来获得。而"原样"团体的理论研究者对此并不赞成，他们认为文本作为语言生产活动的产物，仅仅从语言学的角度研究文学文本中各个部分间的相互关系，并不能把握、跟随文本的发展变化，因为对文学文本的研究不仅仅涉及语言本身。"符号学装置并非语言学系统的简单延伸：它是贯穿于语言系统之中的不同运作方式；若要整合在其运作之中出现的不同情况，就只能在具体实践中完成。"① 而此处提到的一种"贯穿于语言系统之中的不同于语言学系统的运作方式"所强调的正是"超语言学"（translinguistique）的研究方法。

何为"超语言学"？作为一种研究方法，关于它的研究，最早可以追溯到巴赫金。秦海鹰在讨论克里斯蒂娃和巴赫金在理论方面的区别和联系时，总结了巴赫金"超语言学"的特点，认为"话语由'语言部分'和'非语言部分'共同组成，其中的语言部分（语言材料、语法规则等）属于语言学研究范围，非语言部分则超出了语言学的研究能力，需要借助其他学科来研究，如马克思主义设计学，或者需要建立一门能够处理非语言部分的新型语言学，即他后来提出的'超语言学'。可见超语言学是对结构语言学的必要补充，而不是否定"②。巴赫金的"超语言学"的目标是研究语言学所不能覆盖的研究内容，是试图建立一门能够处理非语言部分的新型语言学，这类语言学理论与结构主义语言学理论，分别研究非语言和语言的内容，二者处于并列关系。

在巴赫金看来，非语言的部分，就是指语境。语境是话语行为的重要组

---

① 克里斯蒂娃. 诗性语言的革命 [M]. 张颖，王小姣，译. 成都：四川大学出版社，2016：178.
② 秦海鹰. 人与文，话语与文本：克里斯特瓦互文性理论与巴赫金对话理论的联系与区别 [J]. 欧美文学论丛，2004（0）：8.

成部分,对确定说话者的意图和意义,实现意义的传达具有至关重要的作用。"巴赫金认为他所谓的,基于语言对话性发展出来的超语言学科学能够帮助研究者理解互文关系,亦即在19世纪被称为文学的'社会价值'或道德'声音'的关系。"① 通过巴赫金意义上的超语言学研究,文本所产生的社会背景和社会价值取向能够成为被考察的内容。

克里斯蒂娃同样将她的文本理论建立在"超语言学"的研究立场之上。她所认为的"超语言学"是对巴赫金的这一理论的进一步细化,巴赫金所提出的建立一种新的处理非语言部分的理论的设想,被克里斯蒂娃进一步完善。克里斯蒂娃"超语言学"的文本理论,以语言学为基础,但同时这种理论不可化约为语言学的范畴,涉及非语言的内容。由此,有关她的"超语言学"的文本理论,虽然语言学理论贯穿其中,但不可能被完全包括在语言学研究内部,即与语言学有重叠的部分也有超越的部分。通过这种文本理论,不能还原于意义的非语言部分,同样被纳入研究的体系。

于是,文本被看成是一种超语言的意义装置,在这种意义装置中,包含着两类相互补充的内容,一方面,是以传情达意为目标的语言,符合语法规范和逻辑秩序;而另一方面,则是对语言秩序进行重新分配和构筑的非语言的部分。在这种意义装置中,文本在运用语言的同时,在语言的内部对自身进行横断切割,重新分配和生成意义。她认为,"由于我将文学文本看成是另一种话语类型,所以,不得不改变研究路径,考虑到文本并不是一般交流的语言,最终采用语言学模式但对其进行修正。此时巴赫金的著作对我的影响很大,与俄国形式主义批评的构成相关,他也尝试这抓住具体的、语言未呈现在文学文本表层的内容,尽管这些内容也包含着交流的深层规则,与语言表层相关。这些规则在语言中并非主宰,但它们处在文本之中。这一点将我引向了对话、狂欢与互文性等"②。

这种"超语言学"的文本,正是克里斯蒂娃的符号学理论所关注的重心,"因此,描写词语在不同文类(文本)中特定的运作模式要求有一个超

---

① Julia Kristeva. «Le mot, le dialogue et le roman», *Sēmeiōtikē: Recherches pour une sémanalyse*. Paris: Seuil, 1969: 88–89.

② Julia Kristeva. "A Conversation with Julia Kristeva", Ross Mitchell Guberman, ed. *Julia Kristeva Interviews*. New York: Columbia University Press, 1996: 19.

第一章 克里斯蒂娃"符义分析"的思想渊源与理论基础

语言学的方法。一方面，我们必须把文类看作是不纯粹的符号系统（système sémiologique impur），'它的意义藏在语言下面，但缺少不了语言'；另一方面，跳出语言学模式的范畴，从意义扩张的原则出发，使用更大的话语单位，例如句子（phrases）、辩驳（répliques）、对话（dialogues）等。所以，我们可以提出并论证以下假说：任何文学体裁的演化都是语言结构在其各个不同层次上的无意识的外化。小说尤其是语言对话的外化"①。这段论述呈现了两个方面的内容，语言是文学作品意义必不可少的因素，文类的不纯粹体现在它与语言的关系中，意义隐藏在语言之下，必须经由语言才能获得。另外，要实现意义的无限生成，或者说要实现描述词语在不同文类之中的运作模式，则需要跳出语言学的模式，扩展话语行为的较大单位（比如句子、辩驳和对话），才能分析语言结构内部的较小话语单位（词语）的生成运作过程。

在《互文性对结构主义的继承与突破》的演讲中，克里斯蒂娃对"超语言学"的描述更加具体，认为"当我们试图描述文本中的词语功能时，就不能满足于单纯的语言学，还得使用'超语言学'方法。因为在面对一个词语时，我们面对的不仅是词语本身，还有词语后面的作者用意、读者接受、语境作用。所以我们要强调两点：第一，文学作为一个符号系统，包括语言表层以及潜伏在语言之下的层面；但语言永远是必要的中介。第二，词语以及更大的单位，如句子、对话和文本等，其功能作用并不局限于语言学；符号、语意的扩张也促使我们关注语言学之外的领域，关注其他学科，如心理学、社会学、历史学，等等"②。词语被她看成是文本的最小单位，在文本的对话空间，任何词语都处在横纵坐标轴的交叉位置，写作主体的创造，读者的解释，语境（先前的和同时的文本）均影响着它的意义。语言对文学研究必不可少，但可以超越其作用，这种超越需要借助于其他学科的理论手段和方法。克里斯蒂娃看来，文学符号学的任务，与词语的不同组合模式紧密相关，研究的是这种从词语到更大的语义单位扩张的形式机制。其他的学科

---

① Julia Kristeva. «Le mot, le dialogue et le roman», *Sēmeiōtikē: Recherches pour une sémanalyse*. Paris: Seuil, 1969: 85.

② 克里斯蒂娃. 互文性理论对结构主义的继承与突破 [J]. 当代修辞学, 2013 (5): 4.

比如心理学、社会学、历史学等均是作为语义扩张的工具。

秦海鹰对克里斯蒂娃的"超语言学"概念进行进一步的阐释，她认为："可以从三方面来理解她所说的'trans'：①走出语言：话语（文本）既由语言构成，又跨越语言、走向语言之外的更广阔的社会历史空间；②穿透语言：话语（文本）既基于语言，又刺穿和穿透语言，对语言代码进行重新分配（摧毁和重建）；③超越语言学这门学科。"① 这段论述涵盖了"超语言学"之"超"的全部内涵，既走出语言，关注话语行为，又穿透语言，瓦解和重构语言符号。穿透语言的过程，是对异质性的参与，语言符码由于语言的异质性而摧毁了旧的语言代码，话语（文本）作为一种正常功能的语言的他者而存在，成为一种意义的生产。克里斯蒂娃的文学符号学理论与她早期的语言学研究之间的关系，就表现在"超"这个字上，而这个"字"从根本上确立了她的"符义分析"的基本研究路径。

克里斯蒂娃与巴赫金的相遇，存在着很多必然因素，例如克里斯蒂娃有机会接触到后者的著作，并从中发现二人在理论诉求上的相近，如巴赫金要求摆脱索绪尔模式封闭格局的尝试，关注对象从抽象的语言向特定社会语境中个人的具体言说的转变，对话性的存在等均与克里斯蒂娃这一时期的理论推演直接相关。如何打破符号系统的封闭格局，将外部世界引入系统之中，同时如何处理好符号学和语言学之间的关系，怎样在语言学模式范围内实现突破，巴赫金均为克里斯蒂娃提供了有力的理论先导。

不过，多数的研究者均注意到，她的互文性理论与巴赫金的对话性理论存在着明显区别，在引介巴赫金思想时，由于所秉持的文学观念和所处的理论生态的差异，两人切入文学的视点有很大的差异。比如二者均试图将社会历史引入对符号意义生成的考察中，对巴赫金而言，人的参与是必不可少的因素，而对克里斯蒂娃而言，社会历史构成大的文本中的要素，参与文学实践。巴赫金在分析陀思妥耶夫斯基的小说时认为，"陀思妥耶夫斯基构思中的主人公，是具有充分价值的言论的载体，而不是默不作声的哑巴，不只是作者言语讲述的对象。作者构思主人公，就是构思主人公的言论。所以，作

---

① 秦海鹰. 人与文，话语与文本：克里斯特瓦互文性理论与巴赫金对话理论的联系与区别[J]. 欧美文学论丛，2004：27.

第一章　克里斯蒂娃"符义分析"的思想渊源与理论基础

者关于主人公的议论，也便是关于议论的议论。作者的议论是针对主人公的，亦即针对主人公的言论的，因此，对主人公便采取一种对话的态度"[①]。巴赫金所关注的对话性是建立在主体性的基础之上的，对话体小说与独白小说的区别在于是否有多个独立的意识（作者意识与他人意识）存在并进行对话，而主体意识的独立性是对话性的前提。但克里斯蒂娃的互文性中却是没有主体的位置的，或者说在20世纪60年代中后期，她借助对巴赫金理论的修正来突破结构主义的历史局限时，并未选择直面主体问题，而是集中精力处理如何将历史这一同样被结构主义压抑的因素引入文本理论之中。克里斯蒂娃对主体问题的处理，则与本维尼斯特的理论息息相关。

在一篇名为《互文性与文学解释》的采访中，克里斯蒂娃重申了她的互文性理论与巴赫金的对话性理论的区别，"一方面，文本片段、句子、言说或段落不仅仅是直接或者间接话语中两种声音的交叉，相反，是许多的声音和文本断裂的交叉，在具体的言说中，这些内容既在语义领域，又在句法和声音领域聚拢。所以这里是一种声音、句法和语义的共同参与。此处与巴赫金的不同之处在于，看到外在多元性的不同维度——既在句法领域又在句法和声音领域。另一方面，互文性理论中不同文本在不同层面的参与显示出一种特殊的精神活动。文本分析不应将自身简单局限于认定参与到最终文本中的文本，或者寻找文本源头，而应关注言说主体的具体动态性。这类主体，准确来说，并非术语层面的个人，也非一种同一性"[②]。

这段论述呈现了两大方面的内容，一方面，克里斯蒂娃认为她的互文性理论不仅适用于语义层面，而且适用于句法和声音层面。她在讨论词语在空间中的运作模式时，义素、音素等元素组合均被纳入对话的空间中、另一方面，她指出，互文性是反文学史批评的，所有的文本均在互文性的场域中运作，不局限于最终文本，不考究文本源头，拒绝文本的起点和终点，重心是将一切先前和同时代的言说均纳入文本中，文本在不停的置换和转移中走向无穷。尽管克里斯蒂娃在文章末尾提到了主体，但这类主体具有其自身的新

[①] 巴赫金. 陀思妥耶夫斯基诗学问题[M]//巴赫金全集. 白春仁、顾亚铃译. 石家庄：河北教育出版社，1998：84.

[②] Julia Kristeva. "Intertextuality and Literary Interpretation", Ross Mitchell Guberman, ed. *Julia Kristeva Interviews*. New York：Columbia University Press，1996：189—190.

属性，笔者将在讨论本维尼斯特的理论时重点说明这个问题。

互文性理论与对话理论究竟是怎样的关系？对于这一问题，钱翰并不认可国内将互文性理论通常看成对巴赫金理论的发展的做法，认为"这也许是有一定合理性的普遍错觉。因为克里斯蒂娃提出互文性概念是受到对话理论的启发，并且这两种理论所讨论的焦点都是语言之间的关系。但是对话理论的语言是人文主义视角下发出狂欢的声音的语言，而克里斯蒂娃的语言是结构主义视角下沉默的语言"①。是继承与发展，还是另辟蹊径、从岔路口分道扬镳，分歧在于，研究者在考察巴赫金对克里斯蒂娃的影响时，所秉持的基本立场是起点优先还是终点优先。起点优先者看到的是对话理论对克里斯蒂娃理论建构路线的引导，而终点优先者强调的则是二人理论的结果分歧。有趣的是，无论是前者还是后者，这一类的影响研究似乎与互文性的内核相斥，互文性是反渊源、反影响的，要破除的是起源的神话。

第二节 克里斯蒂娃与"第二个"索绪尔的发现

索绪尔的语言学理论为 20 世纪 60 年代结构主义符号学发展成一场声势浩大、席卷全球的运动提供了系统清晰的理论框架，能指/所指、语言/言语、横聚合/纵聚合、共时性/历时性这四组术语，均深刻地影响着符号学研究语言学模式的推进。但这并不是索绪尔理论的全部，除了 1906 年至 1911 年讲授普通语言学教程的实践，他也同时致力于对另一种语言现象的研究，即在 1906 年至 1909 年间关注拉丁文诗歌和吠陀梵文诗歌中隐匿神明的字谜（anagramme）② 现象。他对这些现象的关注，在后继语言学家本维尼斯特看来，是针对语言学研究未将言语活动范畴作为考察对象引起的危机寻求出路的表现，"我们看到索绪尔陷入了怎样的内心冲突。他越是深究语言的本质，就越不满意已有的概念。他试图通过对民族语言学类型的研究使自己分

---

① 钱翰. 二十世纪法国先锋文学理论和批评的"文本"概念研究 [M]. 北京：北京大学出版社，2015：235.

② Anagramme 一词的中文翻译有字谜、易位构词法、易位书写、字母位变构词等。在《拉鲁斯法语词典》中，这个词被解释为通过移动字母位置而构成的另一个词，比如说法语词 gare（火车站），即是另一个法语词 rage（狂怒）通过移动字母顺序而形成的。

心，但却总是被拉回到他最初的萦怀。也许更是为了摆脱这一思想潆绕，他后来才投入到艰巨的字母位变构词的研究中去……但是，我们现在知道了问题的关键之所在：索绪尔的危机将使语言学面目一新"①。

一、从索绪尔的字谜到克里斯蒂娃的故意错字

索绪尔有关字谜现象的笔记，直到20世纪60年代才开始引起学者们的关注，然而，它真正进入法国学术界，并不是通过克里斯蒂娃的引介，而是通过瑞士的文学评论家、《原样》杂志的撰稿人——让·斯塔洛宾斯基（Jean Starobinski）。他在1964年开始整理索绪尔生前发表的部分手稿，并对其进行评价，于1971年结集出版，书名为《词语之下隐藏的词语——费尔迪南·索绪尔的易位构词研究》（*Les mots sous les mots*，*Les anagrammes de Ferdinand de Saussure*）。② 而早在著作出版之前，斯塔洛宾斯基就陆续发表了一些索绪尔著作的片段，正是这些介绍使得正在进行符义分析研究的克里斯蒂娃找到新的理论增长点，她自认为发现了另一个索绪尔，即痴迷于易位构词的索绪尔，并迅速将索绪尔的研究与她的符号学研究相结合，在1966年发表了一篇名为《"故意错字"的符号学》（*Pour une sémiologie des paragrammes*）③ 的文章。这篇文章最早在《原样》杂志上连载，后来被收录到她的符号学论文集《符号学：符义分析探索集》中。

索绪尔通过研究希腊拉丁文的古典诗歌和印度的吠陀诗，发现了诗歌内容中存在不同意义的文字群。这些专有名词被分散排列在诗歌的行列中，而读者可以通过对这些字母或者音素重新组合，发掘诗歌隐藏的另一层面含义。而这些被隐藏的内容，往往是神的名字或者当地酋长的名字。斯塔洛宾斯基在《词语之下隐藏的词语——费尔迪南·索绪尔的字谜研究》一书的开篇指出："索绪尔的研究，从诗性文本开始，一直致力于发掘词语、名称或

---

① 埃米尔·本维尼斯特. 普通语言学问题：选译本 [M]. 王东亮，等译. 北京：生活·读书·新知三联书店，2008：29.

② 这本书的英文译本 *Words upon Words*：*The Anagrams of Ferdinand de Saussure* 于1979年出版。

③ Julia Kristeva. «Pour une sémiologie des paragrammes»，*Sēmeiōtikē*：*Recherches pour une sémanalyse*. Paris：Seuil，1969：113—146.

者背景事实的干预。他的研究所面临的困难是，他不仅需要关注长的史诗的历时性运用，而且需要关注短的字谜组合，以及关注语言的共时层面。"① 索绪尔从共时和历时的角度对史诗进行分析，既从宏观层面关注史诗的结构，又通过字谜组合发掘线性意义作用上的组成单词的要素，如音素和字母等，认为这种组合可能创造出其他意义。这种研究方法，是索绪尔的结构主义语言学无法解释也未包括在内的内容。

字谜游戏的原义上文已经提到，是一种通过变换一个词语或者短语的字母（音响）顺序来构成另一个词语或短语的方法。索绪尔在考察这一现象时，他的切入点是这些拉丁文诗歌和吠陀梵文诗歌中的音响结构，主要关注的是单音、双音或者多音的配对与重复，以及语音材料成分在诗歌文本中进行重新组合和排序即再生产时所隐藏的主题词的意义。这里所谓的主题词，它的构词依赖于各类音节和语音的组合，它的音节分散在文本中，诗人通过将这些主题的音响材料和语音片段进行切割，将其散播到诗句的空间中加以隐藏。不难看出，索绪尔的字谜游戏，是从声音层面来说的，突出的是最小声音单位——音素如何被散播在诗歌中，却具备能重新被拼凑为一个完整的主题词的潜力。

索绪尔所研究的这种字谜游戏的机制可以总结为：词语中存在着词语，文本中包含着另一个文本，被包含的词语或者文本并不遵循语言线性的表意规则，也无法按照语义对其进行切分。文本的音素或者词语的字母向另一组话语开放。秦海鹰认为，索绪尔的"字谜现象说明，线性和一维的组合方式不是符号组合的唯一模式，在符号的线性模式之下还隐藏着另一个文本的最低限度的例子"②。另一位研究者同样看到了字谜游戏中所潜在的多种可能的组合样式所具有的空间化特征及其特殊的理论品格，"多样化的组合揭示了非线性、超时间的空间，使言语迷失在无限的断裂中。意指链随着纯粹操作性的能指符号而抑扬顿挫，但这仅仅是没有本原的文本过程，因为语言已经卷入一场永不止息的指涉和回响游戏。它向自我指涉的空间敞开，犹如处

---

① Jean Starobinski. «Avant-propos», *Les mots sous les mots*, *Les anagrammes de Ferdinand de Saussure*. Paris: Gallimard, 1971: 9.
② 秦海鹰. 克里斯特瓦的互文性概念的基本含义及具体运用 [J]. 法国研究, 2006 (4): 19.

于一个四面八方充斥着镜子的大厅,每一个点都是引用,而每一个引用都是无尽的折射"①。"永不止息的指涉和回响游戏"生动地呈现出了能指符号在空间内部相互作用的过程,探索文本之下隐藏的专名,是从符号的线性模式向垂直的空间开掘,是对表面文本内在的深层可能性的探究。在这样的一种前提之下,意义的获得与生成将是动态的、无限的。而这一点正是索绪尔的字谜游戏理象吸引克里斯蒂娃的原因。

受到索绪尔影响,克里斯蒂娃提出了一种新的讨论文本与诗性语言的符号学理论,这一理论建立在对故意错字(paragramme)原则的分析之上,通过分析诗性语言中所出现的破坏意义有序传达的异质性内容,来描述文学作品,尤其是先锋艺术作品内部的复杂组合关系。她从字谜游戏中看到了文本中语言的能指是作为多个字母的组合而呈现的,基于此,她将这种字谜游戏的机制运用于扩展意指功能,将词语和符号进行重新分配,从而获得不同的意义,而诗性语言意义生成所关注的就是在某个给定的诗性文本中不同字母组合所形成的意义差异。既然诗歌中单词的能指能够脱离表意符号整体而存在,那么诗性语言就可以通过对表意符号的能指进行分割,然后对被分割的能指进行自由组合,重新配置,从而创造出新的意义。克里斯蒂娃的"故意错字"与字谜游戏的机制类似,是以突破词语组合形成的表意形式的线性法则为目标,在共时和历时两个层面考虑意义的分配关系。它使得文本呈现一种共时和历时共同建构的片状空间,既有意义的线性展开,又存在着共时的不受约束、不断生成的内容。

二、诗性语言与"故意错字的符号学"

克里斯蒂娃的论文《"故意错字"②的符号学》(*Pour une sémiologie des paragrammes*)集中讨论了这种新的诗性语言意义生成的原理。根据索绪尔的字谜游戏机制,克里斯蒂娃总结了建立在"故意错字"基础之上的有关"诗性语言"的三个命题:唯有诗性语言具有符码无限性(le langage

---

① 马津. 索绪尔的易位书写理论及其影响 [J]. 中山大学学报(社会科学版),2012 (5):81.
② paragramme 一词的中文翻译有病句、故意错字、复量等。在精神分析学中,这个词用于专指精神病患者精神错乱之时所呈现出的非语法性的表达或意义不明确的造句等不符合语法规范的行为。

poétique est la seule infinité du code）；文学文本是书写文本和阅读文本的双重行为结合的结果（le texte littérature est un double：écriture lecture）；文学文本是连接的网络（le texte littérature est un réseau de connexions）。① 从这三个命题来看，诗性语言是由符号交流的语法规范及对这种规范的破坏而产生的，二者都具有一种无限性，处在相互对话的关系中。诗性语言在此处所代表的是一种新的语言机制，而这种语言类型是对语言的相对僵化状态的打破，用语言的演变来说明语言意义的生成。"诗性语言是规则（日常语言的规范）与破坏规则（诗歌文本所独有）的不可分割的联合体（dyade inseparable）。"② 这段话透露出诗性语言的品格中确定性与不确定性的融合特点，日常语言的规范不能离场，因为规范一旦立场，破坏规范的行为随即就失去意义，同时破坏规则的行为作为诗歌文本所独有的品质，扮演着不确定性的角色，正是它赋予诗性语言以一种动态性和组合的可能性，一种打破既定秩序的路径。

第二个命题，文学文本本身是书写和阅读行为的组合，任何文本的书写必然会涉及对同时期或者历史文本的阅读，文本成为一种集合体。在文本的空间内部，活跃着的是创作者阅读过的所有文本与读者阅读过的文本，它们均参与到文学文本本身的意义建构中。对话是无处不在的，它存在于文本可以切割的任何大的和小的单位中，这其实与克里斯蒂娃在互文性理论中所强调的词语的地位相呼应。第三个命题，文学文本是结合各种关系的网络，这表明"故意错字"是创作者故意将文学文本的线性秩序打乱，呈现出一种网状特征。这种网状特征既可以使语音的最小单位音素构成网络，也可以使语义的最小单位义素构成网络，或者二者联合。在这种情形下，意义的传达不能完全实现，意义呈现出一种动态的多元特征。

借由这三个命题，克里斯蒂娃确立了诗性语言的基本特征，尽管在 1974 年的《诗性语言的革命》一书中，她依然在讨论诗性语言的问题，且将阿尔都塞（Louis Althusser）的马克思主义理论、拉康的精神分析理论纳

---

① Julia Kristeva. «Pour une sémiologie des paragrammes»，*Sēmeiōtikē：Recherches pour une sémanalyse*. Paris：Seuil，1969：114.

② Julia Kristeva. «Pour une sémiologie des paragrammes»，*Sēmeiōtikē：Recherches pour une sémanalyse*. Paris：Seuil，1969：118.

入考察的范畴，但诗性语言所追求的无限性的本质并未改变，先锋诗人马拉美和洛特雷阿蒙依然是她主要征引的对象。克里斯蒂娃的符号学理论建立在对故意错字原则的分析上，她认为，通过分析诗性语言中所出现的破坏意义有序传达的异质性内容，就能描述文学作品尤其是先锋艺术作品的复杂组合关系。克里斯蒂娃的故意错字理论表现出意义创造和产生的机制。在此理论中存在着文本以及与文本异质内容之间的对话，存在着正在创作的文本对其他文本的阅读和转换，而这文本与文本异质内容的相互作用模式正是纵向的文本意义的游戏生成过程。

索绪尔的字谜游戏与巴赫金研究相交叉的部分，在于确立词语的地位，将对词语的分析看成是切入文本空间的步骤，词是义素的组合，在句子中，不同的词语之间存在着紧密的关系，从词语出发，扩展到更大序列的关联层面，寻找这种观念性。这是对文本进行分析的新方法。克里斯蒂娃试图从这种关联性中建立一种迥异于形式逻辑的关联逻辑。她的关于"故意错字"的理论，结合了巴赫金从语义维度来讨论义素以及索绪尔从语音的角度来分析音素的做法，将这两者结合到她对诗性语言的分析和讨论中，所以她对诗性语言的分析，是直接推进到基本单位进行考虑，赋予音素和义素同等重要的价值，将二者均看成是意义生成的最小单位。这就使得她的分析具有更加广阔的空间。

此外，值得一提的是，以索绪尔语言学理论为基础建立起来的结构主义符号学观念，或者说结构主义者所探索和建构起来的文本观念，是像克里斯蒂娃这样的后结构主义者讨论文本问题的基础。从语言系统的封闭性出发来讨论意义的问题，割裂的是话语与外部世界的联系，而如何将话语与外部世界相联系，从最小的单位出发，调动并连接所有离散的单位，赋予系统以活力，从而赋予结构主义新的面向，这是克里斯蒂娃建构文本－语言空间的核心要旨，正因如此，索绪尔的字谜游戏分析才进入了她的关注视域。

第三节 话语·主体·意义生成：论本维尼斯特对克里斯蒂娃"符义分析"的影响

埃米尔·本维尼斯特（Émile Benveniste，1902—1976）是20世纪法国

享有国际声誉的语言学家、哲学家。他精通法、德、意等欧洲现代语言，同时还对多种历史语言如拉丁文、古希腊文、波斯文等有深入的研究。托多洛夫将其评价为"20世纪最伟大的语言学家"[①]。他的理论著述涵盖了普通语言学、符号学、比较语法等多个领域，成果丰硕，深刻影响了与其同时代的法国思想家。然而，国内对本维尼斯特的研究成果非常有限，从研究成果的数量来说，显然对于他的理论并未给予足够的重视，甚至稍显滞后。[②] 这种思想的重要地位与相关研究的显著缺乏之间的极不相称状态，不仅使得其思想的独创性变得暧昧不清，而且使其对法国20世纪六七十年代的重要理论家如巴尔特、拉康、克里斯蒂娃等人的影响被遮蔽了。

本维尼斯特的语言学理论关注话语行为而非语言结构本身，话语不再等同于抽象的、自给自足的语言系统，它是"行动中的语言"，从而转向了注重实际的言语活动体验，这一关注对象的转变带来了知识层面变革的契机，"在1960年代末，当时的青年知识分子已经接受这样一种观念，即人并不仅由其在生产中的位置（马克思主义）或生殖（精神分析）所定义，而是由其言语活动的体验所定义。所谓'结构主义'并不仅是一种形式主义或学校里教授的一种专业理论，而是一种存在于世的方式"[③]。作为一种人"存在于世的方式"的结构主义，为克里斯蒂娃从结构主义内部寻找超越路径提供了可能，但本维尼斯特对克里斯蒂娃的影响并非仅限于此，有学者认为，"本维尼斯特的思想破坏了结构的稳定大厦，且与结构呈现出细微的差别。他探寻印欧语言和梵语的某些词的哲学根基的探寻，而这一点与'原样'团体批

---

① Émile Benveniste. *Dernièr es Leçons: Collège de France 1968 et 1969*. Jean-Claude Coquet, Irène Fenoglio, éds. Paris: Seuil/Gallimard, 2012: 195.
② 本维尼斯特的语言学论著《普通语言学问题》（*Problèmes de linguistique generale*），是他在普通语言学和符号学领域成果的集合，第一卷和第二卷分别于1966年和1974年出版。其英译本 *Problem in General Linguistics* 于1971年出版，而中译本《普通语言学问题》直到2008年才由王东亮主持翻译，在生活·读书·新知三联书店出版出版了其选择本。近些年，国内各类学术期刊上亦有相关研究论文。笔者2014年发表在《华中师范大学学报》（人文社会科学版）上的论文《符号系统的主体与他者：论本维尼斯特对克里斯蒂娃的影响》初步分析了本维尼斯特对克里斯蒂娃的理论建构的影响。然而，随着近几年笔者研究的深入以及对新材料的发掘，发现此处的"影响"还有更大的开掘空间，本小节即是对这一问题的补充。
③ 克里斯蒂娃. 普遍的语言学与"可怜的语言学家"[J]. 龚兆华，王东亮，译. 当代修辞学，2018（3）：3.

第一章 克里斯蒂娃"符义分析"的思想渊源与理论基础

判西方的语言意识形态是不谋而合的，本维尼斯特对于'原样'团体的作家而言，是一个重要的征引对象，尤其是克里斯蒂娃"[1]。克里斯蒂娃与本维尼斯特私交甚笃[2]，2012年接受《世界报》（Le Monde）采访时，她回忆了与本维尼斯特的交往："在我的理解中，他是第一个也是唯一的严肃对待精神分析学理论的语言学家""他谦虚、严肃、一丝不苟，具有伟大的思想爆发力，具有对人类文化纽带的精致认知"[3]。本书首先将从厘清索绪尔与本维尼斯特理论的基本分歧出发，从话语、主体与双重意义生成（signifiance）出发，论证克里斯蒂娃的符义分析理论对本维尼斯特理论的继承与突破。

一、跳出结构和关注言语

索绪尔的结构主义语言学理论是以探究意义如何生成为宗旨的，到语言学家本维尼斯特，意义仍然是语言学的研究目标，只是研究的对象发生了变化。本维尼斯特对索绪尔的语言学理论给予了高度评价，认为："语言学在研究人文与社会的科学中成为一门重要学科，无论是在理论研究还是其技术发展上都是最为活跃的。而这一焕然一新的语言学，是在索绪尔那里立根的，它通过索绪尔而达到自我认识，而集合起来。"[4] 索绪尔的语言学理论区分了语言和言语两大范畴，并将其语言学的研究完全倒向语言的阵营，言语活动被束之高阁，"要解决这一困难只有一个办法：一开始就站在语言的

---

[1] Patrick French. *The Time of Theory: A History of "Tel Quel" (1960-1983)*. New York: Oxford University Press, 1995: 162.

[2] 本维尼斯特在克雷泰伊医院弥留之际，曾前去探望的克里斯蒂娃的衬衫上写下"THEO"的字样。克里斯蒂娃深情回忆起这个细节："他请我来到他的病床边，站直，很害羞地，带着青春的微笑，在我的衬衫上写字。我有些惊讶、慌乱和尴尬，也不敢猜测他想写些什么或以这种奇怪的姿势写字的原因。他摇摇头，否定了刚才的行为，开始面对着我勾勒一些扰乱人心和未被辨认出的符号。我给了他一张纸和一只圆珠笔，与他亲笔题字所使用大写字母一样，他下写了'THEO'……如今，通过阅读他已出版的著作，我并不打算为这个词提供一种解释，'THEO'将永远保持神秘，我仅是在勾勒一种解读。" Julia Kristeva. «Émile Benveniste, un linguiste qui ne dit ni ne cache, mais signifie», Préface à Émile Benveniste, *Dernières Leçons: Collège de France 1968 et 1969*. Paris: Seuil, 2012. http://www.kristeva.fr/benveniste.html.

[3] Émile Benveniste. «Il me lisait le "Rigveda" directement en Sanskrit dans le texte», *Le Monde des livres* du 20 avril 2012, http://www.kristeva.fr/benveniste_lemonde.html.

[4] 埃米尔·本维尼斯特. 普通语言学问题：选译本[M]. 王东亮，等译. 北京：生活·读书·新知三联书店，2008：38.

33

阵地上，把它当作言语活动的其他一切表现的准则……整个来看，言语活动是多方面的、性质复杂的，同时跨着物理、生理和心理几个领域"[1]。言语活动，在索绪尔看来，它没有内在的统一性，无法对个体的言语活动进行抽象和概括，而语言研究，则是把握言语活动的一般规律，具有可操作性。本维尼斯特的语言学理论建立在语言和言语区分的基础上，在批判地继承了索绪尔语言学理论基础上建立起了自身的语言学体系。

在索绪尔的研究中，意义仅仅是一种符号区分的功能而已。所有的语言活动都是按照语言本身的结构进行的符号象征活动。索绪尔理论所着重讨论的"系统"概念，实质上是语言的整体概念，或者说是不同语言要素之间的相互关系。在索绪尔看来，这种相互关系是对称的，或者说是均匀的，这样才能保证符号系统内部的自洽和稳定。本维尼斯特在对语言符号进行研究时，质疑了符号的价值，认为符号的概念本身是语言符号研究的障碍，而要想弄清符号之外的部分，就需要跳出符号（或者说概念）本身。而在克里斯蒂娃看来，她将这种理念发展成为对跳出静态的结构主义符号学所存在的局限的研究，她的符号学理论试图研究被索绪尔所忽视和排除在"结构"之外的东西，即"结构"前后的东西，创造和破坏"结构"的东西，渗入"结构"和溢出"结构"的东西等。如何赋予静态的"结构"以对立的形态，如何把握"结构"外部的内容以及"结构"内部各要素之间不均等的相互作用成为克里斯蒂娃的钻研方向。

本维尼斯特否定了索绪尔对于"系统"的过分强调，认为语言符号的意义并不是由结构的内部差异导致的，语言本身是一种交流的工具，它的本质就是话语或者不同言说者之间的对话。关注语言的对话性质，成为本维尼斯特语言学理论的重要成果之一。语言不再是封闭和自足的，说话的人和听话的人通过话语来实现对话和交流，语言转变为动态的存在。克里斯蒂娃到达法国之时，法国知识分子界正被结构主义的思潮所统领，受索绪尔影响的学术界倾向于将人类行为的研究归到语言普遍规律的"意义系统"研究。敏锐的克里斯蒂娃很快意识到语言的对话性质在结构主义的研究中被忽视，"语言预设了对话关系。然而这种语言的'对话性'特征，在结构主义对语言学

---

[1] 索绪尔. 普通语言学教程[M]. 高名凯, 译. 北京：商务印书馆, 1980: 30.

第一章 克里斯蒂娃"符义分析"的思想渊源与理论基础

的借鉴中并没有被纳入思考,无论是俄国形式主义,还是法国结构主义,都没有真正对语言的对话性产生重视"①。没有准确的文献资料显示,初入法国的克里斯蒂娃对语言对话性的关注是受到本维尼斯特的影响,她的早期论文《词语、对话和小说》(Le mot, le dialogue et le roman)表明她彼时关于对话的研究直接受益于对俄国后形式主义学者巴赫金的译介。然而,我们发现,克里斯蒂娃与本维尼斯特对"对话性"的关注,并非偶然的巧合,二者均是试图超越结构主义桎梏的理论实践,是遥相呼应的关系。

索绪尔的语言学思想并不关注作为个体语言实施者的主体,他所研究的语言是脱离了说话主体和言说的社会语境的抽象概括。在他看来,对具体人类言说活动的研究,最终可能会对业已形成的语言系统观念构成潜在的挑战,一切皆在系统中。本维尼斯特关注话语主体,也就是言语的使用者,主体被放置在一个至关重要的位置,抽象的语言系统被实际的语言运用所取代,而语言的使用者——人的重要性被凸显出来。克里斯蒂娃认为,将主体的概念引入语言学研究,这是本维尼斯特的语言学理论的重大突破。1980年,在一篇题为《知识渊源》(Intellectual Roots)的采访文章中,克里斯蒂娃承认本维尼斯特语言学的话语研究理论,与马克思主义、结构主义和精神分析一道,形成了她理论建构的基础,文中强调:"本维尼斯特的工作很重要,因为他看到了将主体的概念引入语言学的必要性。尽管乔姆斯基的语言学理论也认识到说话主体的位置(尽管是笛卡尔的主体层面讨论),但是与本维尼斯特的语言学相比较,后者打开了话语内部语义学和交互主体的领域。本维尼斯特所试图寻找的,并不是有限条件下可生成规范性句子的语法理论,他希望建构一种话语语言学,这也是他正致力完成的工作。换句话说,在话语语言学理论中对象、语言完全发生了改变。语言不再是索绪尔所认为的符号系统,也不是生成语法层面的对象,是由假定是笛卡尔式主体所产生的句子。"① 这段论述涉及克里斯蒂娃对本维尼斯特语言学理论的几个重要认识:本维尼斯特将主体理论引入语言学研究;本维尼斯特从话语内部语义学和交互主体领域入手进行研究;本维尼斯特的"说话主体"依然是笛

---

① Julia Kristeva. "Intellectual Roots", in Ross Mitchell, ed. *Julia Kristeva Interviews*. New York: Columbia University Press, 1996: 15—16.

卡尔式的主体。而克里斯蒂娃正是从这三点批判性地吸收了本维尼斯特的语言学理论和研究方法，从而开展自身理论实践的。

本维尼斯特的新的语言学理论涉及主体和主体性两个方面的问题：一方面，他的语言学理论将谁在说话（各种不同人称）作为研究对象。另一方面，语言是一种主体之间交流的工具。人总是通过与他者的言说而存在的，语言确定了人的定义。人是一种言说的主体，正是在言说中或者通过语言，人才能够成为一个主体，"人在语言中并且通过语言自立为主体。因为，实际上，唯有语言在其作为存在的现实中，奠定了'自我'的概念"①。我们可以看出，主体是言语行为的主体，通过言语活动（对话），使用句子，从而确定自我的完整和统一。

而主体性，在本维尼斯特看来，讨论的是作为个体言说行为的一般性，"我们在此论述的'主体性'是指说话人自立为主体的能力。这个概念，并不是依据每个人都会有的作为自己的感受（这个感受，如果可以被列入考虑范围的话，只不过是一种反映）而被界定，而是作为一个心理单元被界定，这个心理单元凌驾于一切由它汇集的经验之上，并确保着意识的持续性"②。所以，本维尼斯特的"主体"指的是语言表达行为实施的主体，主体是通过话语行为将自己的主体性作为统一的内容表现出来的。

二、"说话主体"（sujet parlant）与他者

本维尼斯特认为，主体首先是言说的，其次他承担着言说行为，自我意识在对话关系中得以确立。话语是说话者在互为主体的条件下承担着的语言，只有话语使语言交流成为可能。在这种情形下，话语与主体有机结合在一起。此外，语言本身已经天然地包含说话的角度问题，也就是"谁在说话"对于语言学研究具有至关重要的作用。他用话语或者对话理论取代了索绪尔的系统观，那么"谁在说话"所牵涉的就是言说的角度问题。

本维尼斯特从语言符号系统本身出发，在总结一系列的语言现象后，试

---

① 埃米尔·本维尼斯特. 普通语言学问题：选译本 [M]. 王东亮，等译. 北京：生活·读书·新知三联书店，2008：293.
② 埃米尔·本维尼斯特. 普通语言学问题：选译本 [M]. 王东亮，等译. 北京：生活·读书·新知三联书店，2008：293.

图通过人称代词来表示说话者之间的角度问题。他认为 moi（我）和 toi（你）两个代词，处在语言符号的相互指涉关系中。首先，这两个代词在人称中是互补的，"我是指'正在陈述含有我这一语言载体的当下话语时位的个体'。由此我们可以在引入'言说'状态的同时得出你的相应的定义，即'在含有你这一语言载体的当下话语时位中被言说到的个体'。以上定义将我和你视为言语活动范畴并以它们在言语活动中的地位为参照"①。

从他上述关于人称代词的分析中，我们可以看出本维尼斯特所探讨的"说话主体"并非独立、单一的，而是主体间性的。简而言之，我在说"我"的时候，也就自然意味着"你"的存在，同样地，说"你"也就意味着"我"的存在，即只要是话语，就必然涉及两个主体之间的对话（你们和我们是你和我的关系的延伸）。这种关系，也就是话语的发出者（自我）和话语的接收者（他者）之间的关系。本维尼斯特"人称的两极"理论认为，在对话关系中，自我和他者的关系，是既对立又互补的。我使用"我"这个单词，意味着我认为有某个"你"的接受者存在着，那么在这个接受者将他自身看成是"我"时，我就变成了"你"。从这一点上看，自我与他者还是可逆的。尽管二者是不能等同或者对称的，在任何场合下，都会存在着先验的位置的区分，主体只能通过"我"来产生，但是两者的位置可以发生改变。

通过语言交流中自我和他者之间的对话关系的讨论，本维尼斯特注意到，在语言表达中，只有在被规定的瞬间，只有在被规定与语言表达行为的主体与接受者的关系中，意义才得以存在。因此，"自我"和"他者"是只能根据现实的使用情况才能确定意义的词，而本维尼斯特认为这是侵入语言的言语存在的痕迹。简而言之，在语言的传达过程中，非语言本身的材料被保留下来，这是外在的文化规约或者其他外部现实因素的影响残留下来的痕迹。

对语言中代词"他"的发现，进一步强化了异质的他者的存在合理性。本维尼斯特指出，除去"你""我"这两个人称代词之外，还存在着"他"这一不在场的缺席者。"'第三人称'其实是指人称关联中未加标记的那个成

---

① 埃米尔·本维尼斯特. 普通语言学问题：选译本 [M]. 王东亮，等译. 北京：生活·读书·新知三联书店，2008：284.

员……在代词的形式类别中,所谓'第三人称'在性质和功能上都与我和你截然不同。"① 也就是说,在言语活动中,"你"和"我"是可逆的,但是"他"无论在哪一种语言活动中,都是处在"你"和"我"之外的,扮演着多余的角色。于是,"他"成了语言中非主体的存在。有学者指出"这样的情形有些恐怖,很像是一种非语言的语言,充满着不确定的语言"②。语言系统中存在的他者的理论,被本维尼斯特通过对人称代词的研究得以确立下来。而克里斯蒂娃对本维尼斯特的这一理论的继承与发展,是通过她的"过程中的主体"概念来论证的。

克里斯蒂娃在《诗性语言的革命》的第一章,就提到了现代语言学研究的两种趋势,她认为有一种趋势"是在形式论的'符号过程'的层面讨论问题,被严格地归入语用论和语义论中。通过提出阐释主体概念(在本维尼斯特、库莉奥莉的层面),这种理论将逻辑的形式关系、预先假定的关系和言语行为的对话者之间的关系放置在深层的结构中。阐释主体的概念,直接来源于胡塞尔和本维尼斯特,它通过范畴直觉引入语用领域、逻辑关系,以及具有语言学和超语言学两种特征的交互主体关系"③。

与胡塞尔现象学意义上的主体一致,本维尼斯特所讨论的"说话主体"指的是阐释主体。尽管对这类主体的研究是从深层次研究交互主体之间的关系的,主体性和个体性是通过言语行为来确立的,但是这类主体使用符号,创造句子,传达意义,本质上仍属于笛卡尔式的理性的主体范围,也就是克里斯蒂娃所谓的受社会法则规范的主体。于是,克里斯蒂娃的主体理论是从本维尼斯特出发,在吸收他主体理论的"说话主体"的部分特点的同时,将其作为必须逾越的边界。

"(我的学术研究)第一个方向是对'说话主体'的研究,包括(对)主体性与阐述行为(acte de l'enonciation)的研究,而不仅关注作为阐述结果的话语。这里我要特别说明一下,语言学家本维尼斯特是我的老师。法国新近出版了一部本维尼斯特的书,是他在法兰西著名教育机构法兰西学院

---

① 埃米尔·本维尼斯特. 普通语言学问题:选译本 [M]. 王东亮,等译. 北京:生活·读书·新知三联书店,2008:289.
② 尚杰. 本伍尼斯特的语言哲学观 [J]. 同济大学学报(社会科学版),2013(1):21.
③ 克里斯蒂娃. 诗性语言的革命 [M]. 张颖,王小姣,译. 成都:四川大学出版社,2016:8.

第一章　克里斯蒂娃"符义分析"的思想渊源与理论基础

(Collège de France) 所上的课；我为此书写了序。本维尼斯特对我的帮助很大。"① 借鉴了本维尼斯特对说话主体的关注，克里斯蒂娃将对主体性和阐述行为的研究作为挑战语言本身的系统和结构的尝试。

如何超越本维尼斯特的主体观以及胡塞尔的现象学层面的主体观？如何质疑并超越受到社会规范约束的、语言的逻辑意义层面的主体观？对克里斯蒂娃而言，本维尼斯特学术中不容忽视的一个维度，是将弗洛伊德的无意识理论引入语言学理论，并将其服务于主体的运作，在一篇题为《克里斯蒂娃面对面》(*Julia Kristeva in Person*) 的采访文章中，她指出："正如我所说的，在我初到法国时，我并不十分了解弗洛伊德。本维尼斯特对我的影响很大。他是一位杰出的语言学家，对哲学和精神分析很感兴趣，他是少有的几个将弗洛伊德理论吸收进自身研究的语言学家之一。他发表过一篇有关弗洛伊德研究的论文，拉康让他讨论在弗洛伊德理论中语言所扮演的角色。这篇论文被收录到他的论文集中，对我而言，这篇论文提供了对弗洛伊德和他所建构王国的权威介绍。"② 这篇论文即收录在《普通语言学问题》中的《精神分析与语言的功能》一文，这篇文章对于了解克里斯蒂娃从本维尼斯特理论中所吸收的营养具有重要的作用。

在这篇文章中，本维尼斯特谈到一种特殊的话语形式，即精神分析师与被分析者之间的话语。在这类话语形式中，分析者所关注的就是对方的话语，分析者从被分析者的话语行为中发现破绽。他说："精神分析学家进行治疗的依据就是病人这个主体对他说的话，他通过病人对他说的话来观察病人，通过病人的语言行为（'虚构'行为）来研究病人。而透过这些话语，他会逐渐看出需要他去解释的另一番话语，埋藏于病人无意识中的某个情结，治疗的成功正是取决于能否将这个情结揭示出来，而且如果治疗成功的话，那就会反过来证明判断的正确。"③ 在精神分析的工作中，被分析者进

---

① 克里斯蒂娃. 互文性理论对结构主义的继承与突破 [J]. 黄蓓，译. 当代修辞学，2013 (5)：3.
② Julia Kristeva. "Julia Kristeva in Person", Ross Mitchell, ed. *Julia Kristeva Interviews*. New York：Columbia University Press, 1996：8.
③ 埃米尔·本维尼斯特. 普通语言学问题：选译本 [M]. 王东亮，等译. 北京：生活·读书·新知三联书店，2008：98.

行"自由联想",分析者通过对话对被分析者无意识地进行干预,从而发掘隐藏在被分析者无意识中的内容。这与释梦的原理是类似的,通过对梦的解析,挖掘隐藏在无意识中的梦者的驱力(pulsion)。在被分析者的"自由联想"的过程中,存在着另外一种"言语活动",这一套言语活动与被分析者规范性的语言活动是同时存在的,源自无意识。本维尼斯特指出:"精神分析家遇到并逐一探究的各种性质的病症全都是病人最初的一个动机的产物。"①

由此可见,本维尼斯特从关注人称代词发现存在于对话关系中的"他者",发展到关注存在于对话系统中的无意识层面的非主体性的东西,弗洛伊德的无意识理论成为至关重要的工具。作为一般语言学研究所忽视的内容,无意识扮演着他者的角色。正是从本维尼斯特开始,无意识的运作与语言学紧密联系起来。受到本维尼斯特的直接影响,克里斯蒂娃将处在无意识领域的驱力和法则、客观真理以及制度支配下的文化空间结合起来,探讨主体的状态。克里斯蒂娃运用存在于与肉体相关联的无意识中的驱力来反抗受法则控制的、规范性的言语活动,从而颠覆统一的主体理论。而这一路径,正是她从本维尼斯特的理论论证路径中延展开的,在她看来,"在充满理论话语的学术界,他(本维尼斯特)试图将鲜活肉体的某种体验与从超现实主义到阿尔托的那种爆炸性的语言联系起来"。此时,主体不再是理性的、意识统一的主体,而是成为无意识与意识相结合的主体。所有言语活动的对话本质和对立物的并存,社会、历史以及其他因素嵌入符号系统,言语活动表意行为的复杂性,意义与非意义的混杂,主体与非主体的共存,使得意义被分割,从而突破单一的逻辑,呈现出一种多元化趋势。

本维尼斯特是处在法国结构主义和后结构主义浪潮之中的重要的语言学家和哲学家,他主张语言学研究应回到话语实践中,拒绝将视野放置在符号或者符号系统的结构本身,同时认为语言自身已经先天地包含了说话角度的问题,语言的本质②就是主体之间的对话。在本维尼斯特看来,他所建立的

---

① 埃米尔·本维尼斯特. 普通语言学问题: 选译本 [M]. 王东亮, 等译. 北京: 生活·读书·新知三联书店, 2008: 98.
② 克里斯蒂娃. 普遍的语言学与"可怜的语言学家" [J]. 龚兆华, 王东亮, 译. 当代修辞学, 2018 (3): 5.

新的语言学是建立在说话者和交谈者的相互关系上的一种交谈（interlocution）语言学，它的核心要义是语言，进而包括整个外部世界，甚至是个体的内部世界，均是以"我/你"（moi/toi）的形式结合在一起。

三、意义生成与"符义分析"的基本方法

2013年11月，在巴黎高师举办的手稿研究与语言学理论研讨会上，克里斯蒂娃对"THEO"这一神秘的待解符号进行了解读，认为"'THEO'这个词正是代表在两个身体相遇中，在主体间性中实现的意义生成的无穷性（l'infini de la signifiance）。本维尼斯特在《普通语言学问题》中已明确说明了主体间性的运转机制。简单用一个词来概括，那就是意义生成"①。本维尼斯特在《普通语言学问题》一书的第二卷的《语言符号学》（*Sémiologie de la langue*，1969）一文中界定了 signifiance 这个概念，认为"所有符号系统的共同特点，及其从属于符号学的衡量标准，是它们具有意指的特性（propriété de signifier），即意指性，并由能够意指的单位即符号组成"②。本维尼斯特使用所讨论的 signifiance 这个概念强调的是意指活动所具有的特性，而克里斯蒂娃更强调意义生成的动态过程。这在二者的理论建构中是存在着明显差异的。

以与索绪尔理论中意义产生相区分为目的，本维尼斯特提出了意指性的两种基本类型，"语言是通过一种特有的、非他莫属的、不能被其他任何系统所仿效的方式进行意指的。它被赋予了双重的意指性。这确实是个独一无二的范例。语言结合了两种不同的意指方式，我们将其中一种称为符意学方式（le mode sémiotique），另一种称为语义学方式（le mode sémantique）"③。

---

① 参见 http://www.kristeva.fr/autour-d-emile-benveniste.html，本文收录在《围绕本维尼斯特——论文字》（*Autour d'Émile Benveniste: Sur l'écriture*），Jean-Claude Coquet, Julia Kristeva et al，ed. Paris：Seuil，2016.

② 埃米尔·本维尼斯特. 普通语言学问题：选译本［M］. 王东亮，等译. 北京：生活·读书·新知三联书店，2008：124. 在此中译本中，译者将 signifiance 译成意指性，笔者赞同将本维尼斯特此概念译成"意指性"，因为在界定此术语时，他强调的是特性（propriété）。而克里斯蒂娃在使用此概念时更多强调意义生成的动态过程（procès），故克里斯蒂娃所使用的这个术语，笔者更倾向于译成"意义生成"。

③ 埃米尔·本维尼斯特. 普通语言学问题：选译本［M］. 王东亮，等译. 北京：生活·读书·新知三联书店，2008：137—138.

"符意学方式"和"语义学方式"这两种意指性具有不同的范围、标准与特定性,属于不同的观念范畴和概念领域。符意学方式"从符号自身来看,它对自身是纯粹的同一性,对于任何他者是纯粹的相异性,它是语言的意指基础,是陈述的必要材料。语言共同体中的所有成员承认它有所意指时,它才存在。它在每个成员身上唤起的,大体上是相同的联想和对应关系。这就是符意学的范围和标准"[1]。本维尼斯特所总结的这种意指性,就是索绪尔关于语言符号的理论。任何一个符号要被识别,则需要与其他的符号进行区分,明确它的界限,比如法语词 arbre(树),它不是 orbre,这个词在法语中是不存在的。而在区分两个词时,除了对相同的能指进行比较,比如上面提到的 arbre/orbre,sabre(军刀)/sobre(朴素的),还可以将它与一些相邻的所指进行比较,如 sabre(军刀)/fusil(步枪)/剑(épée)。这种意指性的典型特点就是识别符号的意义。语言共同体的所有成员认可这种区分,能指与所指的连接固定,同一个词能引起对话双方相同的联想和对应,则交流得以达成。而它与外部世界并没有连接,是在系统内部通过区分来获得意义。

与此不同的另一种语义学方式,"把我们引入由话语生成的特定的意指方式。这里提出的问题,与作为信息生产者的语言有关,而信息不能被简化为一系列需要分别辨认的单位。并不是符号叠加产生意义,相反是从总体上构想的意义('意向性')被实现,被划分为个别的'符号',这些符号就是词。其次,语义学必定要涉及到所有的指涉物,而符意学从原则上将与任何指涉无关"[2]。按照本维尼斯特的理论,"语言包括两个不同领域,每个领域都需要有它自己的一套概念机制。索绪尔关于语言符号的理论将为我们所说的符意学提供研究基础。而语义学则应该被看作属于另一领域,需要一套新的概念和定义机制"[3]。语义学模式所关心的并不是意义能否在系统内部由

---

[1] 埃米尔·本维尼斯特. 普通语言学问题: 选译本 [M]. 王东亮, 等译. 北京: 生活·读书·新知三联书店, 2008: 138-139.
[2] 埃米尔·本维尼斯特. 普通语言学问题: 选译本 [M]. 王东亮, 等译. 北京: 生活·读书·新知三联书店, 2008: 139.
[3] 埃米尔·本维尼斯特. 普通语言学问题: 选译本 [M]. 王东亮, 等译. 北京: 生活·读书·新知三联书店, 2008: 140.

第一章 克里斯蒂娃"符义分析"的思想渊源与理论基础

于区分得以识别,而是意义能否在话语活动中被理解。这种意义的生成具有两个方面的典型特征:(1)它与信息生产者的语言有关,符号的发出者从总体上具有某种意向性,或者说需要传达某种意义,这些内容被划分为小单位——词,接收者通过对词的分析来获取意义。(2)语义学层面的意义生成不可能仅处于系统内部,它需要对外部的现实世界开放,符号的指涉物需要出场。本维尼斯特在另一篇名为《结构主义与语言学》的采访中,将这一问题表述得更为具体,"语义,就是由语流、由对情境的呼应以及由不同符号之间的配合所产生的'意'。这绝对是无法预见的。这是向世界的开放。而符意,是自身封闭的意义,可以说只囿于自身"①。语义学的意义生成,是面向外部,语流、语境以及不同符号之间的关系,均影响意义生成,它是开放的,符号系统的外部内容能够参与到意义之中,而这一点在符意学的意义生成中是不可能实现的,因为它处在封闭的系统中。对语义学模式的开掘,有助于超越符号的概念,使得外部世界内容能够渗透到意义的生成中,这就使得意义活动具有一种动态的可能性。

语言之所以能够与外部世界、思想文化发生关联,不仅仅是由于语言是思想的工具这种观念被摒弃,个体通过陈述行为,激活潜在的语言,使得语言变为现实并将自身建构为主体,而且由于语言本身意指过程中的语义学模式,句子将符号的所指连接起来。本氏的意指模式中的语义学模式对克里斯蒂娃的影响并不仅仅提供了超越索绪尔符号学理论的视角,而且将其引向了符义分析活动的具体实践中。

具体来说,本维尼斯特的语义学模式强调组合关系和聚合关系在意义生成过程中的重要性,在《语义分析的层次》一文中,他将这种关系的作用机制强调得更具体,"整个分析步骤的宗旨,是通过那些将构成成分连接为一体的关系来界定这些构成成分。这些成分在于两项操作:①切分(segmentation);②替换(substition)。这两项操作相互决定而其他一切操作都取决于它们"②。这种切分正是组合关系的体现,聚合关系则体现在替

---

① 埃米尔·本维尼斯特. 普通语言学问题:选译本 [M]. 王东亮,等译. 北京:生活·读书·新知三联书店,2008:53.
② 埃米尔·本维尼斯特. 普通语言学问题:选译本 [M]. 王东亮,等译. 北京:生活·读书·新知三联书店,2008:184.

换的操作中。层次的作用,在于确保了语言能指的物质性存在,使得能指的分割成为可能。具体来说,"通过每个成分所出现的全部环境来界定每个成分,并同时考察下述两种关系:该成分和同时出现在陈述的同一部分中的其他成分之间的关系(组合关系);该成分和可以与之相互代替的其他成分之间的关系(聚合关系)"①。克里斯蒂娃的符义分析的理论动力正是来源于本维尼斯特的这一观念,以"可交流和拥有语法结构和的意义链条"② 作为切分与替换的对象来研究文本的意义生成过程及其类型。本维尼斯特对语言的语义属性的开掘,使得克里斯蒂娃对意义生成过程的动态探索具有了操作的可能性。"语言可以根据其独特的内部结构(区别性单位、排列符号的能力、符合组合规则的句法属性)无限地生产意义。"③

　　从具体的操作层面来看,本维尼斯特认为分析活动需从词切入进行分析,这更是成为克里斯蒂娃进行符义分析的基本方法。如本维尼斯特认为,"词因为具有双重性而具有承上启下的功能性地位。一方面,它分解为处于更低层次的音位单位,另一方面,它又作为意指单位而同其他意指单位一起进入更高的层次"④。值得一提的是,在语言学模型中,音位的价值体现在,它是能够区分两个不同意指的词语的最小语言单位,不可以化约为字母、音节和声音,每个音位通过与其他音位的关系得以确定存在。"词能被定义为可以实现句子的最小的自由意指单位,并且其自身也被一些音位所实现。在实际应用中,词尤其被视为组合要素,是经验陈述的构成成分。"⑤ 词,在本氏进行语言分析活动中扮演着关键性的角色,在他的理论中,词被定义为最小的意指单位,所针对的是索绪尔将语言定义为符号系统时将符号看成是最小单位,因为在"语义学"模式的意义生成中,连接与组合关系取代了符

---

① 埃米尔·本维尼斯特. 普通语言学问题:选译本 [M]. 王东亮, 等译. 北京: 生活·读书·新知三联书店, 2008: 184.
② Julia Kristeva. «Le texte et sa science», *Sēmeiōtikē: Recherches pour une sémanalyse*. Paris: Seuil, 1969: 11.
③ 朱江月. "人在语言中":本维尼斯特对语言与社会关系的阐述 [J]. 当代修辞学, 2014 (4): 59.
④ 埃米尔·本维尼斯特. 普通语言学问题:选译本 [M]. 王东亮, 等译. 北京: 生活·读书·新知三联书店, 2008: 188.
⑤ 埃米尔·本维尼斯特. 普通语言学问题:选译本 [M]. 王东亮, 等译. 北京: 生活·读书·新知三联书店, 2008: 189.

第一章 克里斯蒂娃"符义分析"的思想渊源与理论基础

意学模式意义生成中的任意性原则,最小单位由符号变成词。举例来说,任何一个符号,如"花"在法语中是 fleur,英语中是 flower,按照本维尼斯特的语义学模式,"花"不仅仅是符号,它还可以被连接到主体间的话语中,如"谢谢你送我的花",此时"花"处在言说者言语活动的语义组合中。它可以被分解成更小的单位——音位,也可以组合为更高层次的单位——句子。由此可见,句子是由词构成的,而言说主体之间交流的话语的片段是由不同词语连接构成的句子,句子在此是一个层次单位,于本维尼斯特而言是极其重要的,因为它体现出的是"行动中的语言"中话语的灵活性和因场景更换的多种可能性。针对词的切分与替换活动能够实现对语言符号的层次分析,这一分析有助于将极端复杂的语言降解至可控的分析环节上。

在克里斯蒂娃的重要文章《词语、对话与小说》中,她将词语①放置在文本空间的特殊地位,词语是文本的最小单位,与本维尼斯特相似,她同样认为词语可被分解为更小的单位,也可同样组合为更高层次,"研究词语的地位,首先意味着研究句子中的词(作为义素的组合)与其他词语之间的分节情况,然后在更大序列的关联层面重新找到同样的功能(关系)"②。词语到义素是语义的切割,词语到更大的言语单位(如句子、对话、小说等)是语义的组合,这种语义的扩张正是由词语的向下分解与向上组合的不同模式所呈现的。克里斯蒂娃早期的符义分析是对意义生成过程的大的言语单位的切分,并通过对词语义素部分的聚合内容的联想与外部世界如社会、文化、历史等发生关联。

本维尼斯特关于言语活动的普遍理论的研究提供了一种超越索绪尔模式和向"行动中的语言"进发的多种可能性。他的思想与20世纪整个西方的文学思潮联系在一起,其中关于陈述问题与主体性问题的讨论,关于"符意"和"语义"两种意指模式的区分,改变了法国20世纪60年代末语言学与符号学研究的整体面貌。

本维尼斯特从话语实践出发建构的理论体系,对克里斯蒂娃的影响主要

---

① 此处的"词语"与本维尼斯特的"词"均是法文词 mot。
② Julia Kristeva, «Le mot, le dialogue et le roman», *Sēmeiōtikē: Recherches pour une sémanalyse*. Paris: Seuil, 1969: 84.

45

表现在以下三个方面①：首先，本维尼斯特对于"说话主体"的发现，影响了克里斯蒂娃的"过程中的主体"理论，二者均认为主体通过现实的言语活动来实现。然而，对于主体的性质，克里斯蒂娃又将本维尼斯特的理论当作重要的、必须超越的边界，并对他的主体观进行批判性的思考。其次，本维尼斯特将弗洛伊德的无意识理论引入语言学的研究，直接影响并促使克里斯蒂娃在符合句法规范的语言中寻找异质的他者。本维尼斯特发现了线性符号上存在着具有其他意义的东西，克里斯蒂娃发现了隐藏在诗性语言中的、无意识层面另一种语言模态的运作。二者都打破了学界对符号的常规认识，挖掘出传达性的语言中所存在的潜在力量。符号不再是稳定的统一体，符号的意义是不确定的，符号的意义处于一种动态的生成过程中。符号表意活动是意义和非意义的集合体，其中，意义表现在具有逻辑意义、以传情达意为目标的语言，仍然是人类表意活动的基础；非意义是指在符号体系的高楼大厦内涌动的永不停歇的无意识活动，它们试图在符号体系中占据一席之地，这使得人类意识中所追寻的意义始终处于一种不确定的流动之中。本维尼斯特和克里斯蒂娃对对话和异质性的强调，无疑颠覆了逻各斯中心主义语言观的意义确定论，威胁到意义、真理、主体、法则等概念的独立性、稳定性和纯粹性，同时在某种程度上瓦解了逻各斯中心主义的二元对立思维模式，符号概念本身的内涵也被质疑。最后，本维尼斯特在《普通语言学问题》一书中重点思考的两种意指模式即符意学和语义学，前者对应着索绪尔理论的符号观，符号意义的获得是以任意性为原则，而语义学模式则是将意义的生成与历史、环境以及不同符号之间的分割与组合等方面联系起来，向外部世界开放，这均与克里斯蒂娃的理论诉求不谋而合。同时，本维斯尼特的语言分析层次的讨论中凸显词语的地位，这为克里斯蒂娃的"符义分析"提供了可行的研究路径。在某种程度上，我们甚至可以认为，本维尼斯特对克里斯蒂娃符号学理论的影响并不亚于巴赫金。

---

① 随着新资料的挖掘和研究的深入，笔者发现本维尼斯特对克里斯蒂娃的影响可能还包含其他方面，如2011年才整理出版的本氏诗歌语言研究的手稿中关于诗歌语言和日常语言的区分、对马拉美的研究、对韵律的强调等，与克里斯蒂娃《诗性语言的革命》中所关注的内容有明显的相关性。关于本维尼斯特研究诗歌语言手稿的研究，参见龚兆华. 本维尼斯特论诗歌语言与日常语言之别[J]. 当代修辞学，2016 (6)：50-60.

克里斯蒂娃认为:"符号学它应当是一种开放的研究,不断地回归自身,在进行自我批判的同时自我完善。"① 本维尼斯特以及克里斯蒂娃的理论实践,均是通过在符号学的框架内注入非意义的异质性内容和寻求新的意义生成模式,以此突破索绪尔的语言学模式。从整个符号学的宏观发展来看,这正是符号学理论作为一种具有强大批判性、解构性、规约性理论的自我批判、修正的结果。

第四节 论克里斯蒂娃"符义分析"对乔姆斯基转换生成语法的批判性接受

初出茅庐的茱莉亚·克里斯蒂娃1965年到达巴黎时,法国正处于结构主义(structuralisme)研究范式或结构论符号学(sémiologie)的全盛时期。她很快推翻了正在研究的有关新小说的课题,开始着手符号学思想的研究,并从符号学的角度研究作为文类的小说的构成。20世纪60年代末70年代初,她在语言学和符号学方面的研究成果主要集中在三本专著《语言,这个未知的世界》(Le langage, cet inconnu, 1969)、《符号学:符义分析探索集》(Sēmeiotikē: Recherches pour une sémanalyse, 1969)与《小说文本,一种转换性话语结构的符号学研究》(Le texte du roman, approach sémiologique d'une structure discursive transformationnel, 1970)中。

克里斯蒂娃符号学思想的演进与关键概念的提出,与20世纪60年代后期乔姆斯基(Noam Chomsky)的转换生成语法在法国的传播节奏几乎一致。这一时期乔姆斯基思想在法国的传播与接受,与尼古拉·吕威(Ruwet Nicole)的贡献密不可分,早在1966年,他就在《语言》(Langages)杂志上发表论文介绍乔姆斯基的生成语法。吕威于1967年完成并出版博士学位论文《生成语法引论》(Introduction à la grammaire générative),随后的两年间,他的"生成"观与"转换"观在法国迅速传播,与结构主义向后结构主义范式转换的知识浪潮相连接,并与结构论符号学向后结构主义的符号

---

① Julia Kristeva, «Le sémiologie: science critique et/ou critique de la science», Théorie d'ensemble. Paris: Seuil, 1968: 85.

学发展相应和，名声大噪。

乔姆斯基的著作影响了包括克里斯蒂娃在内的许多法国知识分子，正如克里斯蒂娃在接受《结构主义/解构主义史》(Histoire du structuralisme)①的作者弗朗索瓦·多斯（François Dosse）访谈时认为："我怀着极大的兴趣阅读了乔姆斯基的著作，因为她的模型比语音学模型更具动态性。我觉得，这可能回应了那时我刚刚开始设想的那种意义观。"②何为她"刚刚开始设想的那种意义观"？克里斯蒂娃是如何经由对乔姆斯基转换生成语法的批判与突围来建构"符义分析"论的，换言之，乔姆斯基的"生成"概念如何推动她的理论推演进程？这将是本节试图讨论的问题。

一、克里斯蒂娃"符义分析"的理论诉求与乔姆斯基的"生成"概念

上文提到，克里斯蒂娃认为乔姆斯基的转换生成语法模型具有动态性，与她"刚刚开始设想的那种意义观"能相呼应，这是哪一种意义观呢？20世纪60年代围绕法国结构主义进行的符号学研究强调结构分析，此时的文本被当作是一个结构整体，是自足的、完成的和封闭的词语系统，意义是从系统中获得的。而克里斯蒂娃的"符义分析"则旗帜鲜明地旨在探索一种新的意指理论，以研究表意实践活动为目标，此时的文本作为被分析的对象，是一种结构过程。"分解符号并从中找到某种新的外在性，可以翻转和组合的场所的某种新的空间，即意义生成的空间。"③这种意义生成的新空间，包含着意义生成的过程。

克里斯蒂娃为意指注入动态性，研究文本中的意指活动的尝试，从表象来看，与生成语法理论存在着贴合之处。弗朗索瓦·多斯认为："乔姆斯基的时尚非常诱人，因为它提供了下列可能性：使结构具有动态性，同时调和

---

① 本书法文原文分上下两部，主标题为《结构主义史》(Histoire du structuralisme)，其中上部的副标题为《符号之域：1945—1966年》(Le champ du signe, 1945-1966)，下部的副标题为《哀鸣之歌：1967年至今》(Le chant du cygnet: 1967 à nos jours)。国内译者将上下两部分别翻译为"结构主义史"和"解构主义史"。

② 多斯. 结构主义史/解构主义史 [M]. 季广茂, 译. 北京：金城出版社，2012：14.

③ Julia Kristeva. « L'engendrement de la formule », Sēmeiōtikē: Recherches pour une sémanalyse. Paris: Seuil, 1969: 218.

第一章　克里斯蒂娃"符义分析"的思想渊源与理论基础

发生（gènese）与结构（structure）之间的对峙，尽管乔姆斯基无意于此。"① 多斯指出，这种贴合之处的根源在于乔姆斯基理论重构了意义的发生与结构之间的关系，并对其进行进一步推演。乔姆斯基的最早著作《句法结构》的核心概念就是生成，他在研究语言时，从形式结构上考虑问题，试图用类似数学的科学演绎的方法，将语法过程公式化，从而建立一种一般语言结构理论。他认为语言中无穷多的句子是依赖一组有限的形式规则，按照一定的公式或步骤而生成的。自然语言的基本单位是离散的名词、动词等，它们遵照一定的形式规则，通过移动从深层结构而生成现实语言的句子。其中"语法转换规则 T 用一个指定的成分结构在一条指定的符号链上发生作用，从而用一个新的、推导出来的成分结构把这一条或者一套指定的符号链转换为一个新的符号链"②。以这种生成语法理论为基础，可以发现"建立在这一理论基础上的符号学不再把意义当作只阐明其结构的一种已知，而是看成等待再生的一种句法"③。不难看出，在理论诉求和观念变革层面，乔姆斯基的"生成"概念能适配"符义分析"对意义生成动态运作过程的探索。

然而，克里斯蒂娃并没有全盘接纳乔姆斯基的"生成"概念，在接受弗朗索瓦·多斯采访时，她谈论起与乔姆斯基之间的交谈，认为："我们之间的谈话令我感到十分失望，因为他蔑视与语体学和诗学有关的一切事物。在他看来，这些现象不过是些装饰品而已。"多斯认为："她并没有真正采纳其观念。她拒绝了有关天赋的解说和'总是处于那里'这种语言学观念。在她看来，与现象学和弗洛伊德的思想相比，这些东西总是次要的。"④ 克里斯蒂娃在其 2016 年出版的访谈录中再次回忆道："雅各布森在乔姆斯基波斯顿的处所将我介绍给他，他此时正致力于将语义学融合到生成语法之中，跟我解释说语言学与诗性语言没有任何关系。"⑤ 无论是克里斯蒂娃认为乔姆斯基"蔑视语体学和诗学"，还是多斯认为克里斯蒂娃对乔姆斯基"有关天赋

---

① 多斯. 结构主义史/解构主义史 [M]. 季广茂，译. 北京：金城出版社，2012：14.
② 乔姆斯基. 句法结构 [M]. 黄长著，等译. 北京：中国社会科学出版社，1979：41.
③ 怀宇. 论法国符号学 [M]. 天津：南开大学出版社，2016：38.
④ 多斯. 结构主义史/解构主义史 [M]. 季广茂，译. 北京：金城出版社，2012：14.
⑤ Julia Kristeva. *Je me voyage*. Paris：Fayard，2016：95.

的解说和'总是处于那里'的语言学观念"的拒绝,均表明了克里斯蒂娃与乔姆斯基在"生成"观念这一表象背后的深层理论内涵之间的巨大鸿沟。乔姆斯基讨论语言的生成能力以及表层结构和深层结构区分的基础,是他持有的特定的天赋语言观,即人天生具有学习语言的能力,这种能力生而有之,由基因决定。语言只是用来交流的工具,人的思想的塑造与语言并不相关,是独立完成的。乔姆斯基的深层结构观和人类天性观,是促成克里斯蒂娃与其基本的语言观念背道而驰的原因。

强调语言的工具性,拒绝语言与主体性的关联,这种观念无法满足克里斯蒂娃理论推演的诉求。尽管在《笛卡尔的语言学——理性主义思想史的一章》中乔姆斯基强调了说话主体(sujet parlant,又译"言说主体")的重要性,但他所认为的主体是被封闭在语法结构中的,连贯的,具有统一意识的。克里斯蒂娃认为"(乔姆斯基的分析方法)提出了把语言系统视为一个生成过程的观念,其中的每个序列和规则都遵循着一个以说话主体的意识为轴心的前后连贯的整体,而说话主体所享有的自由则只是服从语法性的规范而已"[①]。在乔姆斯基特定天赋观的视野下,说话主体是并且只能是规范的服从者,拘囿于语法规则的范围内。而这样的主体是克里斯蒂娃所拒绝的,"乔姆斯基的语言学尽管认识到了说话主体的位置(笛卡尔形式层面),但是与本维尼斯特所打开的话语内部的语义以及交互主体领域相距甚远"[②]。而建立在这样的一类说话主体基础之上的转换分析,则是"以说话主体的理性构想来考虑的一个心理过程的句法图络"[③]。这并非克里斯蒂娃所寻求的转换分析。

"符义分析"的符号学理论是建立在一种新的主体观基础之上,这一类言说主体,并非连贯的实体,而是一种不稳定的、分裂的存在。语言对于主体而言并非简单交流的工具,而是语言建构了主体性,这类主体与心理分析

---

① 克里斯蒂娃. 语言,这未知的世界 [M]. 马新民,译. 上海:复旦大学出版社,2015:275.

② Julia Kristeva. *Julia Kristeva Interviews*, ed. Ross Mitchell Guberman. New York: Columbia University Press, 1996, pp. 15—16.

③ 克里斯蒂娃. 语言,这未知的世界 [M]. 马新民,译. 上海:复旦大学出版社,2015:275.

理论中无意识的驱力相关,处在理性与非理性、意识与无意识的边界之上,处在不断运动的过程中。这一观点主要受到语言学家本维尼斯特的影响①,本维尼斯特与乔姆斯基在主体与语言关系的问题上的矛盾不可调和,克里斯蒂娃站到了本维尼斯特阵营一边。这一类主体不被拘囿于语法规则中,而是处于语言活动的边界之处。"这将是一个在能指中并通过能指自我解构(se détruit)并自我重构(se reconstruit)的主体。"② "符义分析"是从意义及其主体的表层出发,向纵深之处开掘,发掘意义的生成过程以及主体的形成与崩坏过程。这个纵切面,文本透过表意手段、主体能指以及符号的运作实现对文本意义生成的探索。

乔姆斯基强调语言的工具性,为普遍语法确立了框架,句子在形式规则内部实现稳定转换与生成,其背后的思想基础是笛卡尔理性主义的理论传统。正如克里斯蒂娃所言,"乔姆斯基精密的描写、它严密的条理性和动态性为探求理性确定性的读者带来的快感,掩盖不了这种研究方法深刻的基础含义。它不研究语言的多元性,也不研究言语的多重功能,它所证明的是主-谓逻辑体系的严密性"③。克里斯蒂娃关注的是作为对象的语言所具有的唯物主义特征,即语言并不仅仅是一种交流的工具,而是与主体息息相关的、动态的语言实践。这背后的运作基础是她试图突破结构主义范式,为其注入活力的努力,其根源是在20世纪60年代末这一特定历史时期学界对以理性主义为基础的整体论、有机论和系统论的反叛。

二、乔姆斯基的深层结构/表层结构与克里斯蒂娃的生成文本/现象文本

乔姆斯基的《句法理论的若干问题》是继《句法结构》之后的在其早期的另一部代表性著作。他用成对概念——深层结构与表层结构来讨论句法结构问题,在《句法结构》的基础上补充了语义方面的内容。他认为,句子的意义要通过语义规则从深层结构中得出,而语音则要通过语音学上的规则从

---

① 张颖. 符号系统的主体和他者:论本维尼斯特对克里斯蒂娃的影响[J]. 华中师范大学学报,2014,53(6):103—109.
② 克里斯蒂娃. 语言,这未知的世界[M]. 马新民,译. 上海:复旦大学出版社,2015:277.
③ 克里斯蒂娃. 语言,这未知的世界[M]. 马新民,译. 上海:复旦大学出版社,2015:277.

表层结构中得出，即语义规则对深层结构做出语义解释；语音规则对表层结构做出语音解释。换言之，在交流的过程中，言说者实际说出或听到的话语是语言中的物质，是表层结构，它说明的是语音。而言说者表达出的句子的意思则是深层结构，它说明的是意义。相同的深层结构可以由不同的表层结构来表述，而不同的深层结构也可以由相同的表层结构来表述。

在《句法理论的若干问题》一书中，乔姆斯基认为："句法部分由一个基础和一个转换部分组成，基础生成深层结构，而转换部分则把深层结构转化为表层结构。为了进行语义解释，一个句子的深层结构服从于语义部分，而该句子的表层结构则进入语音部分并接受语音解释。然后，一部语法的最终作用便是把语义解释与语音解释联系起来——也就是说旨在阐明一个句子是如何得到解释的。"① 这里的"基础"指的是短语结构规则、次范畴规则和词库方面的内容。语言所承载的思想（所表达的意义），在乔姆斯基看来，是先天固有的，是人脑中存在的语义结构，而"转换"的形式操作，将深层结构转换成表层结构。此处深层结构所决定的句子的意义，并不仅仅是纯粹语义上的，它还包含了语法层面的内容，比如词语、短语以及句子间的相互关系。乔姆斯基在《句法理论的若干问题》中所强调的转换语法的核心，就是如何通过转换规则，将深层结构转换成为表层结构。

克里斯蒂娃在《公式的产生》（*L'engendrement de la formule*）一文中讨论"生成文本/现象文本"问题时，对生成语法的深层结构/表层结构进行了分析，她认为，生成语法理论"引入了某种综合视野，后者把话语行为呈现为某种生成程序"（un procès de génération），这是对生成语法在视野或新观念引入的价值层面上的认同。这之后，她分三个层次论述了生成语法的深层结构可能存在的问题。首先，她质疑深层结构的目的单一，认为乔姆斯基深层结构的目的仅限于生成语句，表示语句是非语法化的、非句法化的直线型的抽象结构（基本主谓形式），而绝不上溯并观察直线型语句结构（主谓句）之前可能出现的各种不同的结构阶段。她认为，乔姆斯基的深层结构理论忽略了主谓句产生之前的内容，如词语可能引发的多方面的阐释等。其次，她质疑深层结构与表层结构的形态层面的雷同，认为二者成分相同，无任何变化

---

① 乔姆斯基. 句法理论的若干问题 [M]. 黄长著，等译. 北京：中国社会出版社，1986：134.

第一章　克里斯蒂娃"符义分析"的思想渊源与理论基础

程序：乔姆斯基的生成模式中看不到任何一成分类型向另一成分类型、一种逻辑类型向另一逻辑类型的过渡。克里斯蒂娃认为从深层结构转换成表层结构，形态或者逻辑类型并未发生变化，而只是一种对语义内容进行的语音输出。最后，她质疑了生成语法的"生成"概念的理论实质，认为"所谓的生成语法并不生成任何东西，只是提出一种生成原则（le principe de la génération），假设出一个深层结构，作为表层结构的原型（archétype）"①。此处她质疑的是生成语法中"生成"的动态性和真实指向，认为乔姆斯基是用"生成原则"代替实际的生成活动，深层结构与表层结构之间并不存在形态的差异。

此处的三点批判，正对应着克里斯蒂娃赋予她的生成文本②/现象文本所具有的独特的理论内涵，尤其表现在对生成文本的解释上。首先，生成文本与深层结构不同，"是语言运作的一个抽象层面，它绝不反映语句的结构，而是先于并超越这些结构，制作它们的'既往病史'（Anamnèse）"。"既往病史"是一个医学上的词，克里斯蒂娃化用它来说明生成文本所统括的对象，包含着主谓句或者线性的语句结构之前的结构阶段，她实际强调的是存在于语言中的能指功能。其次，生成文本/现象文本在形态层面是存在差异的，生成文本存在于语言内部，"它们的极限不是为现象文本生成某种语句（主谓句），而是从能指运作过程的各个阶段所占用某种能指"③。生成文本是将语言的横断面截开而产生的语言能指层面的动态生成过程，而现象文本是构成结构的语言现象，涉及的是意义和交流的问题，同时假定了阐释的主体和接收者。最后，生成文本的生成，是将意义的生成过程带入表层的内容，它是现象文本的萌芽状态，将现象文本进行逻辑切割和重组，从而使得现象文本成为具有多重逻辑的共鸣体。表意运行的过程中，生成文本的序列

---

① Julia Kristeva. « L'engendrement de la formule », *Sēmeiōtikē: Recherches pour une sémanalyse*. Paris: Seuil, 1969: 221.

② géno-texte 除了被译成"生成文本"，也被译成"基因文本"。phéno-texte 通常被译成"现象文本"。

③ Julia Kristeva. « L'engendrement de la formule », *Sēmeiōtikē: Recherches pour une sémanalyse*. Paris: Seuil, 1969: 221.

"可能是现象文本的一个词、一系列词、一个名词句、一段、一种无意义等"①，相对于现象文本处在表层，用于交流和传达，生成文本所体现出的是对意指的生产，二者共存于克里斯蒂娃的文本表意活动中。这是生成文本/现象文本相较于深层结构/表层结构的独特品格，也是克里斯蒂娃借助与乔姆斯基的理论对话所进行的对"生成"概念的探索。

需要强调的是，意义生成（成义过程）或意指活动本身，在克里斯蒂娃的理论中，"将是双重的行为：①语言网络的生产；②处于介绍成义过程地位的这个'我'的产生"②。与生成文本/现象文本的步调一致，主体"我"并非纯粹的笛卡尔式的主体，言说行为并非纯粹的"我思"的产物，而是与心理分析的无意识理论相勾连，处在语言活动的边界之处。而乔姆斯基"生成"概念中的主体问题并未进入他的关注视线。

三、转换生成语法与小说文本的"转换方法"

克里斯蒂娃在其1970年出版的著作《小说文本，一种转换性话语结构的符号学研究》中，将小说文本作为一种转换性话语结构来进行研究，这其中即涉及对乔姆斯基转换生成语法的运用，又涉及她对文本转换方法问题的新探索，目的是探究"一些复杂的符号系统，比如小说"③。克里斯蒂娃1968年发表的论文《文本的结构化问题》（*Problèmes de la structuration du texte*）与收录在其符号学论文集中的文章《封闭的文本》（*Le texte clos*）与《小说文本》中讨论的内容相似，均涉及文本结构层面的吸收和转换问题。

在《文本的结构化问题》一文的前半部分与《小说文本》的三四章，克里斯蒂娃花了很大篇幅实践了乔姆斯基的转换生成语法模式，并借此来对小说的内在结构进行分析。具体来说，她将小说看成长句，将小说中的人物看成是组成长句的词，将小说中的场景看成长句的从句或者复合句，她试图通

---

① Julia Kristeva. « L'engendrement de la formule », *Sēmeiōtikē: Recherches pour une sémanalyse*. Paris: Seuil, 1969: 221.

② Julia Kristeva. « L'engendrement de la formule », *Sēmeiōtikē: Recherches pour une sémanalyse*, Paris: Seuil, 1969: 219.

③ Julia Kristeva. *Le Texte du Roman: approche sémiologique d'une structure discursive transformationnel*. Paris: Mouton Publishers, 1970: 37.

第一章 克里斯蒂娃"符义分析"的思想渊源与理论基础

过将转化生成语法的基本原则与小说的内在结构和意义生成联系在一起,将语言层面的能指与所指的变化,与小说内部结构中的形式和内容的变化对应起来。她发现,用乔姆斯基的术语来说,小说的表层结构和深层结构分别对应着句法的描述与语义的阐释,表层结构即形式或能指层面的变化,并不能表现具有语义价值的语法关系,或者说,小说的意义(价值判断或作者的思想意图)即它的所指,并不受表层结构的能指转换的影响。简言之,小说话语所承载的含义可以脱离语句形式层面的变化而存在。

但克里斯蒂娃在完成这种对应分析后,发觉了运用转化生成语法研究小说内部结构所存在的局限性,因为讨论这一切的前提是小说被看成是一个封闭的文本,小说的转换生成只是在系统内部的稳定转换。她指出:"很明显,转换分析并不能包含全部的特征,因为转换分析是'符号'思维的同谋,转化转换分析预设了能指/所指的二分法,并将研究建立在这种二分法的基础之上。这表现为当所指保持静止不变时,能指的转换是可能的……因此转化生成语法原则存在着局限性,这种分析方式适合说明一种封闭结构的内部变化,但是它无法把握这一封闭结构在社会文本或者历史文本的嵌入。"[①]

为具体把握小说题材的社会历史维度,克里斯蒂娃将乔姆斯基的转换生成语法进一步发展,提出了一种"转换方法"(une méthode transformationnelle)。她指出:"转换方法把一个既定的文本结构中的各个序列(或代码)看作是对取自其他文本的序列或代码的'转换式'。具体到法国 15 世纪的小说结构,它们可以认为是对其它几种代码——经院哲学(la scolastique)、典雅爱情诗(la poésie)、城市的口头(广告)文学(la literature orale/publicitaire de la ville)、狂欢节(le carnival)——的转换结果。这种转换方法引导我们把文学结构置于社会整体之中,将社会整体看成是一个文本的整体。我们将这种产生在同一个文本内部的文本相互作用称为互文性。"[②] 这四种社会历史文本(经院哲学、典雅爱情诗、城市口头/广告文学和狂欢节),在克里斯蒂娃看来,是法国 15 世纪小说的四种互文因素。这四种文本是克里斯蒂娃对她在《词语、对话和

[①] Julia Kristeva. «Problèmes de la structuration du texte», *Théorie d'ensemble*. Paris: Seuil, 1968: 312.

[②] Julia Kristeva. «Problèmes de la structuration du texte», *Théorie d'ensemble*. Paris: Seuil, 1968: 312.

小说》中提出的先前文本和同时代文本的进一步补充，具体来说，经院哲学和典雅爱情诗是属于先前文本，而城市文学/广告文学和狂欢节则是属于同时代文本，四种文本混合在同一个文本空间中，呈现一种多声部局面，这就是克里斯蒂娃所提出的社会历史文本在小说系统内部转换生成的结果，而这体现出了文学作品所具有的社会历史价值。

值得一提的是，这四种社会历史文本具有不同性质。这种异质性主要表现在它们既可能是以语言为基础的文学文本，如经院哲学等，又可能是社会现象如狂欢节等。克里斯蒂娃在说明转换场域中转换生成过程时，将语言以及所以类型的意义实践活动，如艺术、电影、音乐等社会现象均纳入文本的意义生成中，表现为语言的符号系统与非语言的符号系统交错生成，各种不同的社会意义指称活动被混杂地写入文本的空间中。

她尝试着将乔姆斯基的转换生成法则运用到对小说结构的分析中，肯定了转换生成语法在共时层面考察小说内在结构的转换生成时的有效性，但同时提出转换生成语法在分析小说文本的社会文本和历史文本方面的局限，从历时转换的层面提出了"转换方法"，考察处于系统之外的各种社会历史因素在文本中的转换，将社会整体看成是一个文本整体，分析社会中不同的代码在文本中的相互作用。这种将共时与历时相结合来考察小说文本生成模式的方法，也是克里斯蒂娃符号学理论的另一个核心概念"互文性"（inter-textualité）的理论内核。

在1974年出版的专著《诗性语言的革命》中，她再次讨论了"互文性"的问题，认为"这个术语暗含着从一个或者多个符号系统到另一个符号系统的转移，但是这个属于经常被认为是陈旧的'影响研究'。所以，我们倾向于使用'转移'（transposition）这个概念，因为'转移'指出了从一个符号系统到另一个符号系统的通道，这一通道需要一种新的命名方式——一种描述和指示的场域性。若我们能认识到任何意指实践活动都是某一领域不同意指系统（一种互文性）间的转移的场所，我们就能理解意指系统表述的'所在之处'和它指示的'对象'从来不是单一的、完整的、与自身统一的、而总是多样的、破碎的，和类似于表格模式的"[①]。"互文性"是用来表现一

[①] 克里斯蒂娃. 诗性语言的革命 [M]. 张颖，王小姣，译. 成都：四川大学出版社，2016：43.

第一章　克里斯蒂娃"符义分析"的思想渊源与理论基础

个意指系统到另一个意指系统的转移或者移置，任何的意指实践活动均是不同的意指系统在转换场域中进行的转换生成，将不同的符号系统进行转移，在这样的情形下，意指系统的"所在之处"与所指示的"对象"会形成一种网络关系，如她所言，是"多样的、破碎的、类似于表格模式的"。克里斯蒂娃与乔姆斯基在转换问题上的分歧，在于她认为乔姆斯基的转化生成语法理论只将变化的重心放置在处理语言系统内部，没有也不太可能跳出语言系统，而她所强调的是如何将语言系统外部的不同符号系统均纳入转换和相互作用的场域中来。

乔姆斯基的转换生成语法理论旅行至法国，影响了包括克里斯蒂娃在内的众多法国语言学家和符号学家，对于他思想的内核与结构主义的范式之间存在的微妙的关联，多斯认为，"它（乔姆斯基的著作）既是作为结构主义再次崛起的标志也是作为结构主义的危机符出现的。它戏剧性地改变了记号学的配置"[①]。克里斯蒂娃对其著作的接受、实践与扩展，均是在结构主义向后结构主义转型以及扩展符号学研究的边界的理论诉求下进行的。"符义分析"是一种独具特色的符号学理论，它从根本上挑战的是已有的符号学研究的强批判性和规约性。

乔姆斯基思想中的"生成"概念对克里斯蒂娃的影响，更多的是体现在视野和观念层面。后者在为结构注入活力，打破符号系统的封闭性追求上，与前者对生成的形式规则的强调，呈现出相似的理论诉求表象。但克里斯蒂娃很快意识到乔姆斯基几乎不考虑语境和主体的观念，虽然将语句作为动态的变化过程进行考察，但依然处在语言系统内部，而在这样的前提下，触及不同性质的符号系统的转换以及主体性与语言关系的考察将是不可能完成的任务。二者在以上问题中的分歧，是迥异的理论诉求早已预先设定的，而在"生成"问题上两位理论家的对话，足以互为镜像，映射出各自的思想内核。

克里斯蒂娃认为乔姆斯基的生成语法只停留在提出生成原则层面，并不能生成任何东西，而她所提出的生成文本概念，在她的论述中，具有与乔姆斯基不同的理论品格。然而，不得不提的是，生成文本如何将意义的生成过程带到表层的步骤，如何将交流和沟通现象文本进行切割和重组是克里斯蒂

[①] 多斯. 结构主义史/解构主义史［M］. 季广茂，译. 北京：金城出版社，2012：17.

娃理论的难题，钱翰在《二十世纪法国先锋文学理论和批评的"文本"概念研究》一书中认为："生成文本是一个非常抽象和晦涩的概念……没有任何一个现实的文本可以被称之为生成文本，或者说，我们既不能看到也不能触摸到生成文本。当然，某些文本更能够向我们提示生成文本的可能性，例如先锋文本，例如马拉美的诗或乔伊斯的小说。"[①] 生成文本具有进行实践的可能性，但在现实的具体意指活动中，始终不可能如现象文本般被理解与阐释，而是表现为能指在文本中永不结束的运动过程。它不再是结构内部的稳定转换的生成，那么，它是否进入了生成的另一种难以控制的阶段？

---

① 钱翰. 二十世纪法国先锋文学理论和批评的"文本"概念研究[M]. 北京：北京大学出版社，2015：212.

第二章 克里斯蒂娃"早期符义分析"的基础论域与焦点概念

克里斯蒂娃是 20 世纪六七十年代法国精英知识分子团体"原样"成员之一。在法国社会被结构主义语言学的研究热潮所笼罩之时,她提出了以质疑作者权威和符号系统的稳定性为出发点的关注意义生成的"符义分析"理论,将社会、历史等外部世界引入文本研究,并关注言说主体的复杂性,从而为结构主义带来新的面向,推动从结构主义向后结构主义的转型。克里斯蒂娃在文本论中将语言中的异质性引入语言活动,认为语言具有自身的意义生成过程。语言不再仅仅被看成是一种交流的工具,而成为一个复杂的、多种力量的交织的动态系统。

第一节 "意义生成"与"符义分析"的基础论域

在开始与符义分析相关的讨论之初,克里斯蒂娃就确立了她展开讨论的前提,即语言不仅仅是意义的载体或者用于传情达意的工具,而是某种工作(un travail),具有物质性(la matérialité)特征。在这一前提下,要认识语言,则意味着要进入语言,从话语的表层向深处开掘,探索意义以及主体的生成过程。克里斯蒂娃在进行这种理论探索时,其核心概念即意义生成,用以意指和区分。正如她在《文本与文本科学》(Le texte et sa science)一文中所言,"符义分析研究的是文本中的意义生成及其类型(la signifiance et sa types),从而穿越能指、主体和符号,正如透过话语的语法组织一样,从而到达该区域,这是语言存在中能指萌芽(les germes)汇聚之处"①。"符义分析"所讨论的是文本中的意义生成及其类型,她的论域的展开是以意义生成为基础的,在本节中,笔者尝试将意义生成与"符义分析"连接在一起展开研究,先理清意义生成的理论内涵,再进一步讨论她的符号学理论的核心问题。

一、signifiance 与 signification:一组概念

意义生成并非克里斯蒂娃所创造的新概念,却是理解她的符义分析理论的核心概念。尽管埃米尔·本维尼斯特在《语言符号学》(*Sémiologie de la langue*)一文中细致地区分了两种不同性质的意义生成,并将其与语言符号学的讨论联系在一起,但他亦非这个概念的第一位使用者。美国哲学家和符号学家查尔斯·威廉·莫里斯(Charles W. Morris)1964 年出版的《意指和意义生成》(*Signification and Signifiance*)②、美国文学评论家埃里克·唐纳德·赫希(E. D. Hirsch)1967 年出版的《解释的合法性》(*Validity in Interpretation*)③ 中都谈到了意义生成这个说法。这些均在本维尼斯特讨论这个概念之前,但对克里斯蒂娃的这一概念产生关键影响的,依然是本维尼斯特对这一概念的借用与解释。本小节将尝试着对克里斯蒂娃意义生成的理论内核进行整理,理清它与本维尼斯特理论之间的关系,且试图重点分析意义生成与"意指"(signification)在符号学研究中的相关性以及关于 signifiance 一词的中文译名之争。

signification 与 signifiance 常常是作为一组概念出场的,尽管在不同理论家的著述中,二者被赋予的内涵不尽相同。当然,这也并不意味着讨论 signifiance 就必须讨论 signification,反之亦然。例如索绪尔关注的重心是 signification,一般中文翻译成"意指",强调的是能指与所指之间的一种关系形式,或者是指将能指与所指联系起来的行为。而本维尼斯特在讨论语言的符号学问题时,其关注点则是意义生成。

---

① Julia Kristeva. «Le texte et sa science», *Sēmeiōtikē: Recherches pour une sémanalyse*. Paris: Seuil, 1969: 11.
② Charles W. Morris. *Signification and Signifiance*. Cambridge: MIT Press, 1964.
③ E. D. Hirsch. *Validity in Interpretation*. New Haven: Yale University Press, 1967.

第二章　克里斯蒂娃"早期符义分析"的基础论域与焦点概念

比较有代表性将两个术语联合在一起讨论的观点，如莫里斯在《意指与意义生成》中认为，这两个术语的含义是对立的，某部著作的意指是由作者创造的有意的结构，而意义生成指向的则是将意指与读者的关注、兴趣、看待方式等的连接。① 此处，莫里斯指明了这两个概念最明显的差异，意指是与作者相关的，是著作（文本）的发出者所创造或构筑的有意结构，而意义生成则属于读者，是将意指与读者的关切相联结的部分。比利时逻辑学家和哲学家让·拉德里（Jean Ladrière）在 1984 年发表的《意指与意义生成》一文中用一句话点明了意指与意义生成的关系："通过意义生成，意指发生了。"（la signifiance est se par quoi la signification advient）② 这句话点明了这两个术语之间紧密的关系，意义生成是意指出现的过程。而这一观点与法国符号学思想中对这两个术语的界定是有相似性的。

钱翰在讨论文学与现实的关系问题时，认为存在着两种截然相反的评价体系，一种认为文学的本质是再现现实，而另一种则是否定前者，认为文学需要与现实拉开距离，转向对语言本身的关注。所以根据后一种文学观念，当文学摆脱现实的桎梏，不再追求对现实世界再现的真实时，"文本的审美性与是否符合外界现实没有任何关系，恰恰相反，应该摆脱现实的控制，走向语言的自由，使文本具有生成力。优秀的文本是能够自由生成的文本，它的作用是能够不断生发的意义生成（signifiance），而不是表达确定的涵义（signification）"③。在这本著作中，signifiance 也被译成"意指过程"或"意指活动"。后一种文学观念从根本上是反再现论的，这种文本理论将判断作品好坏的标尺放在是否能与再现保持足够的距离，能够具有自由生成的能力。在这种情形下，是否表达确切的内涵、传达某种价值观念则退居到次要的位置。尽管在此处作者将 signification 译成"涵义"，但不难看出，意义生成与涵义这两个术语在此处是处在对立位置的。前者是动态的、不稳定的、可生成的，后者则是静态的、稳定的、确定的。

克里斯蒂娃的文本理论所呈现的是关于文学与现实关系的讨论，后者明

---

① E. D. Hirsch, *Validity in Interpretation*. New Haven: Yale University Press, 1967.
② Jean Ladrière, «Signification et signifiance», *Synthèse*, 59 (avril 1984), p. 59.
③ 钱翰. 二十世纪法国先锋文学理论与批评的"文本"概念研究 [M]. 北京：北京大学出版社，2015：91—92.

显是属于后一种文学观念。张智庭在分析克里斯蒂娃的"符义分析"时认为，她的符号学思想"集中在她建立的'意指活动'（signifiance）概念上，以此为纲，就可以把她的全部论述联系起来。与表明'能指'与'所指'之间的连带关系的意指（signification）不同，她的'意指活动'是指对文本所呈现的每一处都作词源学、形态学、句法学、转换生成语法、精神分析学甚至是与其他文本之间的关系的联想，而且读者的各种能力也在其中起着重要的作用，因为读者也成了意义的生产者"①。signifiance 在此处被译成"意指活动"，与意指处在相对的位置上。前者强调的是意指的过程，说明的是意义如何从一种萌芽状态开始得以不断生成，最终呈现在用于交流的语言活动中。这段论述的另一个重要之处在于突出了"意指活动"的过程如何可能的路径，词源学、形态学、句法学等如何在意义生成中扮演角色，它如何改变了读者在文学活动中的地位均等问题，是后文将要重点关注和分析的问题。

二、克里斯蒂娃意义生成的理论内涵

克里斯蒂娃究竟是如何界定意义生成概念的？这一概念在其理论的嬗变过程中内涵是否发生了改变？克里斯蒂娃在《文本与文本科学》（*Le texte et sa science*）中清晰地界定了意义生成②一词的理论内涵，"我们把发生于语言内部的这种分化（différenciation）、成层（stratification）以及交锋（confrontation）的工作称为意义生成，该工作沿着言说主体的线索（la ligne du sujet parlant）积淀为拥有句法结构的可传达的意义链条（une chaîne signifiante communicative et grammaticalement structurée）"③。在界定这个概念时，克里斯蒂娃提到了三个关键词，其中 différenciation 是生物学/医学术语，一般译成"分化"，强调的是细胞在形态结构和生理功能上产生差异的过程。克里斯蒂娃在此处使用这个术语是为了说明在意义生成过程

---

① 张智庭，张颖. 法国符号学研究面面观：张智庭教授访谈［M］//传播符号学访谈录：新媒体语境下的对话. 成都：四川大学出版社，2017：265.
② 史忠义在《符号学：符义分析探索集》中将 signifiance 译成"成义过程"。
③ Julia Kristeva, «Le texte et sa science», *Sēmeiōtikē: Recherches pour une sémanalyse*. Paris: Seuil, 1969: 11.

第二章　克里斯蒂娃"早期符义分析"的基础论域与焦点概念

中能指的分裂和差异化过程，类似于生物学上的细胞分化。成层（stratification）多见于地质术语，一般译成"成层现象"，她借用这个术语，是为了说明在语言内部能指重新排列、组合或合成的可能性。而第三个概念confrontation并非一个专业术语，表示的是较量、交锋和对质的意思，她使用这个术语，所表现的是在语言内部能指萌芽汇聚的过程中，用以交流的、符合结构的表述所受到的异质力量冲撞的动态过程。

这三个词展现了意指过程中三个同时发生和发展的动态阶段，表明了在意义网络中能指的分裂、联结与异质力量混合的复杂实践。这种表意活动的特殊性，是呈分化与层状结构状态的，语言具有多层和多重性，呈现出一种多声部的复杂的网状结构，与此相关的主体同样不是笛卡尔式，而是能够被精神分析等理论所洞察和分析的主体。"符义分析"所针对的正是这种意义生成过程，试图反映这一过程的多种层面如何在文本中汇聚，并为其提供一种形式规则。

在《诗性语言的革命》导论部分的结尾，克里斯蒂娃再一次界定了"意义生成"这个概念，认为："我们所说的意义生成，准确地说，是指无限的、无尽的（illimité et jamais clos）生成过程，是驱力（pulsions）面向语言，在语言之中，并跨越语言的不停歇的运作过程；同时是驱力面向交换系统及其主导者（即主体和他所处的各种机制），存在于二者之中，并通过它们而不停运作的过程。这种异质的过程（procès hétérogène），既不是混乱的、无秩序的基础，又不是精神分裂症的堡垒，而是一种结构化的和解构化的实践，一条通往主体的局限和社会有限性的路径。从而，当且仅当这一时刻，享乐（jouissance）和革命得以存在。"① 在 1974 年出版的这本书中，克里斯蒂娃在讨论意义生成的问题时，较《文本与文本科学》中对这一术语的界定，加入了无意识的驱力的内容。"驱力"这一概念最早源于弗洛伊德的精神分析理论，弗洛伊德将这个概念与身体联系在一起，是指根植于生理层面的推动人类追求某种欲望的内在心理推动力。弗洛伊德意义上的驱力通常是"无意识的"，并不能为意识主体所察觉。克里斯蒂娃在使用这个概念时，将驱力看成是沟通精神和肉体的中介，是自然与文化之间转换的工具。在符义

---

① 克里斯蒂娃. 诗性语言的革命［M］. 张颖，王小姣，译. 成都：四川大学出版社，2016：5.

分析中，她所强调的驱力是具有破坏性的死亡驱力。驱力在意义生成中扮演着极其重要的角色，它是诗性语言中活跃的否定性的力量，是对《文本与文本科学》一文中在界定意义生成时的关键词交锋（confrontation）的进一步细化。这一时期的意义生成是20世纪70年代精神分析理论全面渗透到"符义分析"之后理论上的扩展。这种具有破坏性的死亡驱力，成为意义生成过程中否定的、不安分的力量，意义生成的过程是结构化和解构化的过程，主体的稳定性以及社会的有限性在此都受到意义生成过程的动态过程的冲击。

除了根据克里斯蒂娃自身的界定来理清意义生成的理论内涵之外，借助于本维尼斯特在《语言符号学》（*Sémiologie de la langue*，1969）一文中对同一概念的讨论，有助于认清意义生成的思想内核。本维尼斯特在《普通语言学问题》一书中专章讨论过 signifiance 这个概念，他认为，"所有符号系统的共同特点，及其从属于符号学的衡量标准，是它们具有意指的特性（propriété de signifier），即意指性，并由能够意指的单位即符号组成"[①]。此处意指的特性，指向的是意指过程中意义的生成方式的差异。本维尼斯特对这一问题的重大贡献在于区分了两种不同意指方式，即他所说的意指性。本维尼斯特在讨论语言符号学问题时对意指双重模式的区分，提供了一些新的认识意义生成的可能性。索绪尔的符号是符意单位，即具有意义的单位，它没有历史与外部环境的参与，只有一个直接意义。这一意义是系统化的、二元的、封闭的。而本维尼斯特的探索旨在超越索绪尔的符号观，开辟一个新的意指层面，将话语问题引入语言学研究，将外部世界中丰富的指涉物引入意指活动。他所说的话语，是语义单位，意义是向外部世界、历史等敞开的。而这种定义体系一旦超越语言学，向其他更广阔的领域开放，则可能涉及对其他语言类型、文化现象等的解释。

具体到克里斯蒂娃的"意义生成"的文本实践，无限性是其最基本的特征。文本研究的目的，并不是构建普遍的规律，而是从复数、多元和差异中实现对传统文学批评的超越。在讨论意义生成问题时，不难发现，克里斯蒂娃倾向于选择先锋文本，马拉美和洛特雷阿蒙的诗歌及乔伊斯的作品均是她

---

① 埃米尔·本维尼斯特. 普通语言学问题：选译本 [M]. 王东亮，等译. 北京：生活·读书·新知三联书店，2008：124.

第二章　克里斯蒂娃"早期符义分析"的基础论域与焦点概念

讨论和分析的对象。这一类文本的"意义生成"具有明显的两个层面结合的特征：一方面，它们是符意学层面的，任何一个给定的词语都需要被识别，需要在系统中与其他词语区分开来，这一类区别的词语可能是具有相同部分的能指，也可能是具有相邻的所指，这些词语均会成为在"符义分析"中扩展和联想的对象；另一方面，它们是语义学层面的，任何一个词语都不是独立存在的，而是处在文本空间的内部，先前的同时代的内容被写入它的意义之中，且写作主体和读者同样参与到意义的生成过程。而对于这种生成是如何实现的问题，在后文我们将会详细地讨论。

三、复合概念符义分析构成要素的争议

克里斯蒂娃在1969年出版的符号学理论专著《符号学：符义分析研究》（*Sēmeiōtikē：Recherches pour une sémanalyse*）的标题由两个部分构成，Sēmeiōtikē 是希腊词，她并未解释这个词在其著作中的内涵。本维尼斯特在《语言符号学》中讨论语言与符号学的关系时，提到这个术语在其他理论家如约翰·洛克与皮尔斯思想中的"出场"，"约翰·洛克曾从被构想为语言科学的逻辑学出发，用 Sēmeiōtikē 来指称有关符号和意指的科学，皮尔斯以 semeiotic 的形式，沿用了这一称谓，并终生致力于这一概念的阐发。他为了能在符号学范围内对逻辑学、数学、物理学以及心理学和宗教等观念进行分析，作出了不懈努力"[①]。克里斯蒂娃在《符号学：批判的科学和/或科学的批判》（*La sémiologie：science critique et/ou critique de la science*）中认为"符号学是一种形式化（formalization），一种模式的生产（production de modèles）……通过从其他形式科学中借用模式（比如数学或逻辑学，通过这种方式化约到成为语言模式科学的某个分支），符号学能够最终成为意指系统的公理化（axiomatization）呈现"[②]。在克里斯蒂娃的符号学理论中，她一直尝试着将其他科学的模式和研究方法运用于对符号的研究中，以科学的名义探索符号的形式规则。这一点是与传统的文学作品研究中的主观性和

[①] 埃米尔·本维尼斯特. 普通语言学问题：选译本 [M]. 王东亮，等译. 北京：生活·读书·新知三联书店，2008：114.

[②] Julia Kristeva, «La sémiologie：science critique et/ou critique de la science», *Théorie d'ensemble*. Paris：Seuil, 1968：84-85.

相对性所不一致的。

该书标题的另一部分的关键词 sémanalyse 是克里斯蒂娃发明的,在她的论文中有对这个概念的词义的界定(上文已经提到),但这一明显的复合词究竟是由哪两个(多个)词组合而成,她却从未讨论过。这就使得这一被创造的概念由于创造者本身理论的嬗变以及使用这一术语的场景的不同而产生了不同的内涵。在英语学界的翻译和中文学界的翻译中,对此词的阐释莫衷一是。[①] 究竟应该通过还原这一概念生产的语境来进行分析、谈论再翻译,还是应该根据 20 世纪 70 年代初理论推演中的内涵来重新界定,是围绕这一术语翻译产生的难题。

sémanalyse 一词的后半段包含了 analyse 这个法语词,按照《拉鲁斯词典》的解释,一般是分析的意思。而对应着不同的学科领域,它的意思也不同,比如在数学领域,它指代分析法和解析法,而在精神分析领域则可表示精神分析治疗,这个 analyse 也可以是 psychanalyse 的缩写。而前面的"sém-"是哪一个词的缩略则有多种可能性,包含着这一前缀的词比如 sémantique 是指语义学,sémiologie 是指符号学,而 sème 则是语素、词素方法的意义(包括精神分析学)。若这几种可能性随意的搭配则可能有多种情形,比如 sémiologie 与 psychanalyse/analyse,sémantique 与 psychanalyse/analyse,sème 与 psychanalyse/analyse。在这样的情形下,这个术语是由哪些因素构成的则需要回归到这一概念的创造者将其创造出来时的语境。克里斯蒂娃 1965 年底从保加利亚到达巴黎,那时她对于弗洛伊德的精神分析学思想并不了解,对于拉康对于弗洛伊德思想的革新也并不熟悉,实际上,她直到 20 世纪 70 年代中期才被法国精神分析学会接收为正式会员,她对精神分析理论的接触和术语的使用选择在 20 世纪 60 年代末到 70 年代初存在一个逐步发展的过程,在这个概念产生之初,精神分析可能作为分析的方法之一出现,但并没有占据主流。她的符号学分析方法,就是对组成一句话的每一个单词(符号单位)找出其可能存在的全部意义,实现意义的多声部重奏,其中当然也会包括精神分析学的方法和依赖这种方法而可能获得的解释。所以,若将 sémanalyse 这个词中的 analyse 完全理解为精神分析学方面的内容,理据层面是欠缺

---

① 国内学者多数译成"解析符号学","解析"一词是 analyse 在数学领域的译法。

第二章 克里斯蒂娃"早期符义分析"的基础论域与焦点概念

的,也缺乏说服力。

将"sém-"这个前缀,看成是sémantique(语义学的)、sémiologie(符号学的),或者sème(义素)均有能自圆其说的地方。比如克里斯蒂娃将词语看成是义素的组合,她的符号学研究方法,从具体的操作层面来看,即研究词语在句子乃至更大序列的关联层面与其他词语之间的关系,讨论不同的语义组和序列中能指在意义生成空间中的动态过程。她在《封闭的文本》(《Le texte clos》)一文中以小说举例,认为"被视作文本的小说,是一种符号学的实践,可以读到各种各样的话语的综合和轨迹。对我们而言,话语不是最小意义单位(最低限度的实体)。它是一个运作过程,或者更进一步说,是组织各种运作材料的运动,在书面文本研究中,这些材料是词语或者是作为义素的词语的序列(语句、段落)"[1]。她的符号学分析方法,是在切分到最小的意指单位的同时,注重赋予符号的语义特征以一定的位置。所以,综合这一术语的理论意旨与可能的组合选择来看,笔者更倾向于将其翻译成"符义分析"。

笔者认为克里斯蒂娃的符号学思想按照精神分析理论参与其中的深度和广度两个方面经历了两个阶段的发展。早期"符义分析"理论,其理论成果集中体现在《符号学:符义分析研究集》中。由于克里斯蒂娃的符号学思想在这个阶段受到精神分析学的理论影响较小,本书将sémanalyse(英文为semanalysis)译为"符义分析",这种译法更符合克里斯蒂娃最初的概念设定。而在《诗性语言的革命》中克里斯蒂娃所使用的sémanalyse这个词是作为符号学与精神分析学相结合的新的符号学理论而提出的,"符号心理分析",实质上更适合这一阶段的理论意图。阿姆斯特丹大学的学者玛加·范·梅赫伦(Marga van Mechelen)在讨论克里斯蒂娃符号学理论的第二阶段时,使用的是psychosemiotics(符号心理分析)这个词,旨在更清楚地说明精神分析学理论对克里斯蒂娃这一阶段符号学思想的影响。英语世界大多将其译成semanalysis,看成是semiotics与psychoanalysis的组合。哈佛大学出版社出版的《批评理论词典》收录了scmanalysis一词,将其定义为

---

[1] Julia Kristeva. «Le texte clos», Sēmeiōtikē: Recherches pour une sémanalyse. Paris: Seuil, 1969: 53.

通过符号学和精神分析融合来生成一种分析方法，能够同时理解文本生产的过程和解释的过程。①不难理解，精神分析学理论全面渗透以后，尤其是在《诗性语言的革命》中精神分析成为重要的符号学研究方法，问题域得以扩展后，这个概念的内涵得以改变和延伸。但为了实现本书前后讨论术语的一致，此处依然使用"符义分析"一词。

第二节 "互文性"理论

从20世纪60年代至今，克里斯蒂娃或创造了众多全新的理论术语，如互文性、现象文本、生成文本、符号态、象征态等，或为某些已有术语注入新的内核，如意义生成、子宫间、驱力、实践等，但没有哪一个术语的理论影响力和辐射力能超过互文性。尽管这个术语的内涵随着时间的推移也在不断地发生变异，后来的理论家对这一概念的运用已经与克里斯蒂娃对它的定义相去甚远，但所有与之相关的讨论都无法回避这个概念原初的内涵。因此，回到克里斯蒂娃最早讨论和发明这个术语的原始文本，从源头理清其发生和发展过程是必要的。互文性作为克里斯蒂娃文本理论的核心，首先是在其1966年发表的论文《词语、对话与小说》（*Le mot, le dialogue et le roman*）中提出的，在其1967年发表的文章《封闭的文本》（*Le texte clos*）中进一步扩展。本节将追根溯源，理清这一概念在克里斯蒂娃的理论中演进的来龙去脉。

《词语、对话与小说》与《封闭的文本》均收录在克里斯蒂娃1969年出版的符号学论文集《符号学：符义分析研究》（*Sēmeiōtikē：Recherches pour une sémanalyse*）中。这本符号学论文集跨越了符号学、语言学、文学理论等学科范畴，将文本看成是超语言的生产活动，并以此为基础讨论文本的意义生成过程。《文本的结构化问题》这篇文章同样提到了互文性问题，这在上文分析乔姆斯基的转换生成语法与小说文本的"转换方法"时已提到。这篇文章被收录在"原样"团体1968年集体出版的论文集《整体理论》

---

① Ian Buchana. *A Dictionary of Critical Theory*. New York：Oxford University Press，2010. 网上词典参见 http://www.oxfordreference.com/view/10.1093/oi/authority.20110803100453802.

第二章　克里斯蒂娃"早期符义分析"的基础论域与焦点概念

(*Théorie d'ensemble*) 中。这本论文集收录了福柯、巴尔特、索莱尔斯、克里斯蒂娃等同时期理论家的重要论文，是《原样》杂志集体宣言式的文集。

一、《词语、对话与小说》

在《词语、对话与小说》这篇论文中，克里斯蒂娃从词语的地位、对话和"双值性"三个维度解读了巴赫金的理论，并以巴赫金的理论为基础，提出了互文性理论。克里斯蒂娃强调互文性理论背后的逻辑关系，认为巴赫金的理论打破了亚里士多德的传统思想，强调一种对话逻辑，这为文本研究提供了新视角。

词语是克里斯蒂娃基于巴赫金理论提炼出的一个关键词。克里斯蒂娃强调了词语在为文本研究注入活力，改变结构主义的静态结构层面的重要性，即强调了词语的功能和角色。"'文学词语'不再被看成是一个具有固定含义的'点'，而是一个多重文本的'平面交叉'，是多重写作间的对话。书写者包括作者、读者（角色）以及当前或者过去的社会背景。"[①] 词语成为交叉点，成为最小的结构单位。词语内部各个要素间相互关联，同时词在句子中与其他词相互关联，从而扩展到段落、篇章等更大的语义单位，这成为讨论文本间相互关系的起点。克里斯蒂娃对词语位置的讨论，结合了索绪尔的结构主义语言学理论中的组合轴和聚合轴概念，将词语放在两个坐标交叉的位置。

词语作为最小的文本单位，处在水平轴和垂直轴的交叉位置上。它的含义不再是固定的，而是处在文本与文本的交汇点。在这种情形下，在文本与文本的交汇处，至少包含着一个其他文本。词语，成为连接作者、读者和整个社会语境的核心词，它在这三个维度之间发挥作用，确保作者与读者、文本与先前文本和同时文本之间的相互作用关系。正是建立在文本空间理论的基础上，克里斯蒂娃提出了她著名的互文性概念，"任何文本的建构都是引文的镶嵌组合，任何文本都是对其它文本的吸收与转化。由此，互文性的概

---

① Julia Kristeva. «Le mot, le dialogue et le roman», *Sēmeiōtikē: Recherches pour une sémanalyse*. Paris: Seuil, 1969: 83.

念取代了互主体性的概念，诗性语言至少是被作为双重语言被解读的"①。

从处在横纵聚合轴结合处的词语出发，克里斯蒂娃进一步讨论了存在于横坐标轴的作者与读者，以及纵坐标轴的文本与语境之间的对话关系。她认为巴赫金的对话理论（le dialogisme）一方面发掘了语言的对话性，因为任何语言都预设了一个接受的对象；另一方面，对话理论将言说的主体以及文本发展的历史（包括先前文本和同时代文本）都引入对话研究。这就使得对话理论的使用范围得到极大的扩展，"对话性"成为一个跨学科的重要概念。以读者写作为例，写作过程中既有作者的主体性参与，同时写作活动又是作者和读者之间的交流。

建立在"对话性"理论的基础上，克里斯蒂娃又着重强调了巴赫金理论中的"双值性"（l'ambivalence）概念。克里斯蒂娃将"双值性"理解为存在与词语、句子、篇章中交叉重叠的多种话语，这些不同话语代表着不同的甚至相互对立的价值观念。多种话语在文本中共存，从而使得文本呈现出一种众声喧哗的状态，文本意义呈现出一种多声部的特征。巴赫金对"双值性"的讨论主要集中在复调小说和狂欢话语中，他并没有对"对话性"与"双值性"做明显的区分。

克里斯蒂娃在《词语、对话与小说》一文中将"双值性"的重要性凸显出来，将"双值性"看成是对话理论的最大限度的呈现。"双值性"在克里斯蒂娃的理论中作为对立并存的代名词，表现为拒绝同一，保持对立。她强调："对话性与双值性合而为一，使得作者在以同一种方式进入历史时，能够表达出两种道德价值：否定时也是肯定。从对话性和双值性可以得出以下结论：在某一文本的内部空间及文本与文本之间，诗性语言具有双重性。"②

可以看出，克里斯蒂娃强调"双值性"的目的是发展一种"诗性语言"。这种具有双重性的"诗性语言"代表着另一种语言逻辑，这种语言逻辑形式，在克里斯蒂娃看来是与科学逻辑完全不同的形式。她用 0-1 来表示科学逻辑，这种逻辑以同一律为基本模式，是一种独语-单数的逻辑。它所反

---

① Julia Kristeva. «Le mot, le dialogue et le roman», *Sēmeiōtikē: Recherches pour une sémanalyse*. Paris: Seuil, 1969: 85.

② Julia Kristeva. «Le mot, le dialogue et le roman», *Sēmeiōtikē: Recherches pour une sémanalyse*. Paris: Seuil, 1969: 89.

第二章 克里斯蒂娃"早期符义分析"的基础论域与焦点概念

映的是传统的二元对立思维。而克里斯蒂娃用 0—2 来表示诗性语言的逻辑,"在诗学逻辑中,连续体的能量观念能够具体体现在 0—2 区间内,以 0 为起始标志,1 则被绝对地僭越了"①。这种诗性逻辑是反同一律和二元对立的,是对话和双数的关系逻辑。从文本关系来看,文本本身可以跨越文本与非文本的绝对界限,相互排斥和对立的内容可以同时存在于一个文本中。

笔者认为,建构一种与亚里士多德逻辑相对的关系逻辑,是克里斯蒂娃对巴赫金理论进行解读的最终落脚点。提炼出一种同构于诗性语言的诗性逻辑形式,是克里斯蒂娃对巴赫金理论扩展和延伸的结果。在《词语、对话与小说》一文的末尾,克里斯蒂娃对巴赫金的理论发出进一步追问:"是否巴赫金的原始方法,即将词语及其将词语的无限生成对话的能力(对引文的注释),是否看得太过于简单和有效呢?"②克里斯蒂娃在《词语、对话与小说》这篇文章的末尾,认为巴赫金将词语看成最小文本单位讨论其生成对的能力并不恰当,鉴于此,她在 1967 年发表的作品《封闭的文本》中集中讨论了这个问题。

二、《封闭的文本》

在《封闭的文本》中,克里斯蒂娃首先对文本的概念进行了详细的阐释,她认为"文本可以界定为是一种超语言的装置,它通过将用于传情达意的交流的话语,与不同的先前的或者共时的言说联系在一起,来重置语言的秩序"③。这种情形下,文本具有了生产性的特征。文本与语言之间是一种重置的关系,这意味着文本的生成包含了毁灭和重建两个维度。此外,在某个文本空间内部,不同的来自其他文本的言说聚拢在一起,相互作用。在《封闭的文本》中,克里斯蒂娃对文本间相互关系的讨论,是从逻辑分类层面展开的。

---

① Julia Kristeva. «Le mot, le dialogue et le roman», *Sēmeiōtikē: Recherches pour une sémanalyse*. Paris: Seuil, 1969: 90.

② Julia Kristeva. «Le mot, le dialogue et le roman», *Sēmeiōtikē: Recherches pour une sémanalyse*. Paris: Seuil, 1969: 111.

③ Julia Kristeva. «Le texte clo», *Sēmeiōtikē: Recherches pour une sémanalyse*. Paris: Seuil, 1969: 52.

克里斯蒂娃在《词语、对话与小说》中提出的互文性，指代的是先前文本和历史文本，而文本是整个社会历史政治等状况的反映，由此文本具有社会历史性特征。整个社会历史文化被看成是一个大文本，不同的文本被安置在这个整体文本中，成为其中的一部分。在这篇论文中，克里斯蒂娃提出了一个新的概念："意识形态素"（idéologème）。为论证文本与社会历史的外部关系，她试图用"意识形态素"这个概念来代替巴赫金词语在对话中的中心位置的观点。她指出："意识形态素处在某一个给定的文本组织（某种符号实践）和语句（句段）的交汇，它要么被吸收进入自身的空间，要么指向外在的文本的空间（符号实践）。意识形态素是在每个文本结构的不同层面上可以读到的、'物化了'的互文功能，它随着整个文本的进程而展开，赋予文本以历史和社会的坐标。"[①] 通过"意识形态素"这一概念，克里斯蒂娃试图细化社会历史话语进入文本的过程，将文本的互文功能直接通过"意识形态素"的作用体现出来。这种"意识形态素"将不同的话语转换进入整体的文本，同时将这种政治的文本转换进入社会和历史的文本。

克里斯蒂娃对这个问题的谈论涉及两个同时开展、并行不悖的过程。一方面，"意识形态素"将众多不可化约到文本中的不同的话语（如革命话语、狂欢节话语等）转换到狭义的文本（小说文本）中；另一方面，将小说文本整体性地插入历史和社会的广义的文本中。读者可以通过对文本的阅读，寻找到文本在生成过程中所具有的不同的社会和历史语境。由此可见，文本是复合文本交叉形成的结果，历史的、社会的、文化的内容向文本插入，与此同时，文本向历史插入。这就形成了一个不停歇运动的过程，历史被写入文本中，文本成为携带者历史的发展的文本。

在《封闭的文本》中，克里斯蒂娃将"意识形态素"看成是代表着不同历史时期的思维范式的词。小说的"意识形态素"集中呈现了互文性的功能。小说文本被认为是多种不同言说方式的集合，这些言说是与小说创作的整体性联系在一起的。文本的互文功能，从细微之处来看，正是通过小说的"意识形态素"来呈现的。小说文本内部不同言说之间的相互关系，呈现出

---

① Julia Kristeva. «Le texte clos», *Sēmeiōtikē: Recherches pour une sémanalyse*. Paris: Seuil, 1969: 53.

第二章　克里斯蒂娃"早期符义分析"的基础论域与焦点概念

小说文本中书写和言说的关系。而小说的文本秩序建立在不同言说的相互关系上，小说是一种依赖于符号的意识形态素的文本，由此"意识形态素"所表现出的是欧洲文化在特定历史时期的思维范式层面的变革。

克里斯蒂娃认为符号的概念从一种先验封闭的情形，向一种语言实践发生转变，意识形态素的作用是能帮助把握符号内在的思想价值。她指出，在欧洲社会，两次明显的思维范式的变革是以符号概念的改变为根据的，表现为从"象征"（le symbole）到"符号"（le signe）。13 到 15 世纪的欧洲社会与文化都属于"象征"意识形态素，或者是象征模式，而从 15 世纪文艺复兴开始到 19 世纪末，则是属于"符号"意识形态素，或者是符号模式。而 19 世纪末到 20 世纪初，"符号"模式开始出现动摇，克里斯蒂娃认为一种新的模式开始取代"符号"模式。在这篇文章中，克里斯蒂娃集中讨论和区分了前两种模式。

克里斯蒂娃在综合吸收了索绪尔和皮尔斯的符号学理论后，对"象征"与"符号"这两种模式做出她理解上的区分。她认为，要区分这两种模式，需要从纵向和横向两个维度来看。从纵向上看，她认为，二者都是在符号和对象之间建立联系，但"象征"的指称对象属于不可知的、不可再现的普遍的超验领域，是一些普遍观念或共相；而在"符号"中，超验的基础被抽离，"符号"的所指涉对象相较于"象征"更加具体。"象征"与其所指称的对象之间的关系是单一而明确的、互不相通的，二者间没有相似关系。而"符号"与其指称的对象间的关系却是多元的、发散式的。

"象征"和"符号"从横向功能的维度来看，各自内部意指单位的组合方式或逻辑连接方式不同。克里斯蒂娃借用数理逻辑中的"析取"（disjonction）概念（即"选言判断"）来说明"象征"模式和"符号"模式各自的逻辑特点。"在以'象征'模式为基础的符号实践中，矛盾通过一种'排他式析取'（disjonction exclusive）即不对等或者不联结（−/−）；而在以符号模式为基础的符号实践中，符号的矛盾是依靠'非析取式'（non-disjonction）来解决的。"①

---

① Julia Kristeva. «Le texte clos», *Sēmeiōtikē: Recherches pour une sémanalyse*. Paris: Seuil, 1969: 58.

数理逻辑经常被认为是符号逻辑，因为它需要建立一套表意符号体系，对具体事物进行抽象性的符号研究。克里斯蒂娃所使用的"析取词"是二元命题的联合词，是判断复合命题之真假对错的计算式之一，用逻辑符号来表示就是"p∨q"，意思是"p或q"，如善或恶、褒或贬、是或否、曲或直。

这种析取式根据p或q的真假情况存在着两种可能，若p与q两项中只有一项为真，则称为"排他式析取"。克里斯蒂娃认为，象征逻辑属于"排他式析取"（或"不相容或不对等的析取式"），即两个词项不对等，不可能同时为真。由此可知，"象征"思维是不允许含混和回避矛盾的。这种思维模式的本质，其实就是一种二元对立思维。

"符号"思维也属于析取式逻辑，但它与"象征"的区别在于，它是"非析取式"，即它加入了否定性，p与q两项不再泾渭分明，两个词项是等值的，同时为真。也就是说，"是或否"中的"或"被否定，变成了"是－否"，既是，也否；既曲，也直。这种以"符号"思维为基础的非析取式逻辑正是克里斯蒂娃在《词语、对话与小说》中着重强调和论述的"双值性"。这种逻辑形式是与亚里士多德逻辑不同的诗性逻辑。

通过讨论"象征"思维与"符号"思维的差异，克里斯蒂娃试图将文学体裁的发展放置在思维的逻辑发展的维度下。克里斯蒂娃以小说体裁为考察对象，说明思维模式从"象征"到"符号"的转变。她认为，在欧洲文化体裁的发展变迁中，运用"象征"模式的是史诗，这也就是克里斯蒂娃在《词语、对话与小说》中所提到的独白语体，而"符号"模式所对应的是小说，这与《词语、对话与小说》中的对话语体相对应。从数理逻辑的层面来看，史诗与小说均呈现为二元的"析取"特征，均呈现出两项基本内容。史诗呈现的是一种"析取式"，它是一种二元对立，非此即彼的，而小说所呈现的是一种"非析取式"。在小说中，两项内容是对立并存的，联合发声的，呈现为一种二重唱。

为具体分析"符号"意识形态素的作用，克里斯蒂娃选取了安托万·德·拉萨尔（Antoine de La Sale）的小说《圣特莱的小约翰》（*Petit Jehan de Saintré*）为文本分析的对象。安托万·德·拉萨尔的小说《圣特莱的小约翰》是一部中世纪晚期关于爱与骑士制度的教育小说。小说呈现了宫廷文化中物质文明、传统的性别角色和社会分层等内容，但这并不是克里斯蒂娃

第二章 克里斯蒂娃"早期符义分析"的基础论域与焦点概念

的关注重心。它被认为是法国文学史上第一部现代小说,也被认为是第一部历史小说。小说写作于 1456 年,一位名为约翰的年轻侍卫在 13 岁时遇到一位寡居的贵妇人,在她的调教下,这位年轻人成长为一名经验丰富、才华横溢的骑士。而当约翰长大成熟以后,他试图通过独立的骑士冒险来反抗和摆脱贵妇的控制,这位贵妇气冲冲地回到她的国家,与一位身材魁梧的修道院院长交往。约翰发现了他们的联系,对贵妇背叛行为的愤怒转向为失去的爱情和荣誉复仇,在这过程中,他毁掉了贵妇的荣誉。这部小说是对中世纪骑士文化的百科全书式的写作,是中世纪后期以及现代小说兴起的奠基之作。

克里斯蒂娃对这部作品进行了最细致的文本分析,是她对互文性理论进行的文本实践,起到贯穿"象征"与"符号"模式的作用。这部小说处在从象征思维向符号思维转型的时期,也就是从中世纪的话语类型向文艺复兴话语类型的转型期,既有象征思维模式的参与,"符号"模式的显著特点也得以表现出来。在一次采访中,克里斯蒂娃重申了选择这部小说的原因,她说:"我希望提出另一个问题,小说是如何将自身建构为一种文体的。所以我将注意力转向研究文艺复兴小说的结构。我选择了一本不著名的小说,名为《圣特莱的小约翰》。这部引人入胜的著作呈现出小说是如何从剧院、狂欢化问题以及说教和学院话语中得来的。安托万·德·拉萨尔的小说呈现出一种新鲜的人类生活的概念,表现出一种对语言和叙述的敏锐意识。"①

《圣特莱的小约翰》这部小说中的两个人物,约翰和贵妇都被认为处在两种言说话语之间,包含了象征和符号两种模式。贵妇在小说结构中扮演的是双重角色,她不仅是受人崇拜的、声名远扬的贵妇人,而且也是不忠诚的和默默无闻的,即她不再是不对等的"排他式析取"而是处于"非析取式"的对等状态,她是神圣不可侵犯的,也是低俗的,她是母亲,也是情妇。于是,贵妇人成了一种含混的统一体,多种品质同时存在于一个个体之中。

而约翰同样是一个"非析取式"的人物,不同的对立的品质在约翰身上是对等的,他既是普通学生,又是英雄,既被爱护,又被背叛,既是情夫,又是被士兵爱戴的英雄。在克里斯蒂娃的分析中,她甚至认为约翰跨越了性

---

① Julia Kristeva. "Julia Kristeva in Person", Ross Mitchell Guberman, ed. *Julia Kristeva Interviews*. New York: Columbia University Press, 1996: 9.

别之间的不对等界限，成了一个雌雄同体的人物，"约翰自身的'非析取式'的功能赋予他一种新的角色，使他成为社会中阴性和阳性交换的对象，而社会中的阴性和阳性将社会文本的各元素联系在一起，使之成为'非析取式'的符号所主导的系统"①。

克里斯蒂娃按照性质差异分析了小说文本的社会历史来源，并将其整体划分为两大类：称赞的描述（la description laudative）以及引文（la citation）。其中，称赞的描述，指的是同时代世俗的社会文本，它们在 14 世纪和 15 世纪的法国很著名。这类文本在小说中引入了集市的叫卖声和斗嘴的声音，或者是具有中世纪狂欢节特征的平民话语，表现为反抗禁忌、无视权威的插科打诨、张冠李戴式的表达等，是中世纪末市井社会的经济生活文本，是市井的口头文学。这类文本大多表现为言说、声音本身和口头表达，小说书写转变为一种对口头交流的转录。这种市井交流的语言的"杂语性"，被克里斯蒂娃上升为一种语音文学，它在多种声音和话语循环的结构中运作，这种称赞的描述最终逐渐失去单一性，而转变为一种语义含混：赞扬和指责同时存在。具体到《圣特莱的小约翰》中，引文是指小说文本中对历史文本的借用。这种借用包括了运用小说结构上演绎推理式的篇章结构、贵妇的形象，以及主人公与贵妇的相互关系等。"它们完整地从自身的空间转移到正在书写的小说空间，它们在引语的标记或者是抄袭中被转写。"② 这些神圣的历史文本通过转换的方式进入作者书写的文本空间中。

从小说的整体来看，称赞的描述和引文的相互镶嵌呈现出市民社会的口头语言进入书面语言的事实，这种发生在 15 世纪的文体变革，被认为是小说体裁诞生的重要标志。当历史文本和同时代文本被引入小说文本，这两类文本原先所具有的单一含义变得含混多义，构成了一个具有多重意义的新文本，这种多声部的新文本是社会历史文本在作为语义转换场的小说空间转换生成的结果。按照克里斯蒂娃的分析手法，先前的或者同时的话语在新的结构中找到不同的位置，重新排列组合，从而使得小说的意义发生改变。通过

---

① Julia Kristeva. «Le texte clos», *Sēmeiōtikē: Recherches pour une sémanalyse*. Paris: Seuil, 1969: 71.

② Julia Kristeva. «Le texte clos», *Sēmeiōtikē: Recherches pour une sémanalyse*. Paris: Seuil, 1969: 74.

第二章 克里斯蒂娃"早期符义分析"的基础论域与焦点概念

对《圣特莱的小约翰》进行细致的文本分析，克里斯蒂娃将小说这种以符号的含混的意识形态素为基础的文体的起源与重要性确立下来，使小说成为多种文本异质交叉的镶嵌画。历史文本与同时代文本被选入小说的文本集合，相互中和，预示着一种新的文本风格的产生。

克里斯蒂娃在考虑文本间的相互关系时，发生中和作用的文本之间往往是不同质的，并不是一种 A 对 B 简单的模拟，而是不同文本所代表的不同符号系统之间的转换。萨莫瓦约（Tiphaine Samoyault）在《互文性》（*L'intertextualité*）一书中的开篇就指出，克里斯蒂娃是这个术语的所有者，小节标题为"词语的诞生：茱莉亚·克里斯蒂娃"（«Naissance du mot：Julia Kristeva»）。他明晰了克里斯蒂娃的互文性研究与传统的考据研究的区别，认为"用一个关联的体系（système de relation）来替代实证和隐喻的链条，在这个链条上，隐喻是变换的、连续的和流动的，而在关联的体系中，隐喻却结成网，互相纠缠和对应"[①]。传统的考据研究与互文性研究均是在表述文本间的相互关系，但二者存在着本质的区别：考据中的实证的目的是将所有的材料整合到对作品的解释之上，而互文性则是处在网络之中，意义处在生成的过程之中。互文性中所强调的关联，文本与文本间的关系，并不以结果为导向，它更重视的是系统之间的转移以及新系统产生的可能性。异质文本间进行对话，才能最大限度地将不同类型的社会实践纳入对文本的考量中来，这也是与克里斯蒂娃对文本的广义界定相吻合的。"克里斯特瓦的互文性理论则一再要求考虑文学文本对其他非文学或非语言的符号系统（即各种社会实践）的转换，也就是考察文学文本怎样把其他类型的社会实践重新写入自己的空间……作为后结构主义批评的一个关键概念，互文性的根本意义在于质疑同一性，关注相异性。"[②]

[①] Tiphaine Samoyault. *L'intertextualité: Mémoire de la littérature*. Paris: Armand Colin, 2008: 10.

[②] 秦海鹰. 克里斯蒂特瓦的互文性概念的基本含义及具体运用[J]. 法国研究, 2006（4）: 26—27.

第三章 克里斯蒂娃的"符义分析"的实践与方法论反思

克里斯蒂娃的"符义分析"从索绪尔的符号学模式中跳出,结合了本维尼斯特的符号学研究方法,杂糅了语言学、现象学、马克思主义、心理分析理论等,发展成为一种新的研究范式。尽管它常常作为一种具有革命色彩的反叛理论出现,变革行为本身比变革内容获得的关注更多,理论的解释力究竟如何似乎一直未占据理论研究的核心位置,且"由于操作的复杂和读者方面的知识限制,今天看来,在法国和在我国从者不多",但毫无疑问,讨论这一理论的实践问题是难以回避的研究维度:一方面,这有助于把握这一理论建构本身的多个面向,更好地认清其特殊之处;另一方面,从理论到实践的讨论路径,本就顺理成章。而它的发明者克里斯蒂娃是如何实践自身的理论的,这种实践提供了怎样的方法论指导,无疑是所有讨论实践问题的路径中最好的一个。

第一节 克里斯蒂娃对马拉美诗歌的"符义分析"实践

马拉美(Stéphane Mallarmé)是西方现代诗歌史上的标志性人物,是19世纪法国诗坛现代主义和象征主义诗歌的领袖人物。他的诗以晦涩、难懂、怪诞著称,常常与日常语言彻底决裂,通过打破话语形式的进程,彻底抛弃日常语言的形式规则和构造原则,使得话语所透露的信息与句法结构的完整性均被破坏。由于其作品中词语意义、声音和造型均发生改变,使得理解其意义的难度陡增。法国20世纪主要的文论家和思想家在讨论文学语言及文学思想的变革时,马拉美的诗歌文本或者诗学理论多数会成为被征引的

第三章 克里斯蒂娃的"符义分析"的实践与方法论反思

对象,如菲利浦·索莱尔斯(Philippe Sollers)认为:"马拉美所发现的文学,比文学还要文学……或者不如说:一切经历就如暴裂的危机,在那里文学既在回避也在揭示,在消失也在确定意义,还提出了意义不确定的本来问题。"① 在索莱尔斯的眼中,马拉美的书写改变了文学的格局,意义是有待形成的,是在生成过程之中的。莫里斯·布朗肖(Maurice Blanchot)在《文学空间》一书中用一章讨论了"马拉美的体验",将马拉美看成是第一个真正关注语言本身的诗人,并认为"被视为独立物的诗歌是自足的,是一种仅为其自己而创造的语言之物,即语言单子,除了语言的本质,没有任何的本质,无任何东西在其中得到反映"②。无独有偶,克里斯蒂娃认为"先锋文学体验已成为新的话语(主体)的实验室"③,同样关注到马拉美诗歌的语言所具有的本质特征,认为马拉美对诗学史的贡献,在于肯定语言的主导作用,打破了惯常的以词为单位的结构方式,超越了语法的束缚,将牵涉语言的"所有可能"聚拢在一起。她甚至认为"马拉美诗歌并非抽象的象征主义,而是表达一种'狂喜和恐怖的旋风'……每个元音、辅音、音节或单词都是一堆光彩夺目的东西(constellation),一种无限的界限(borne à l'infini)……这种特点可称为'能指微分'(différentielle signifiante),目的是邀请读者以不同的方式来阅读,就像《骰子一掷,改变不了偶然》(*Un coup de dés jamais n'abolira la hazard*),它是由意义和感官的运动所带动的"④。克里斯蒂娃在实践"符义分析"理论时,选取的对象正是马拉美诗歌文本的意义生成。与其说克里斯蒂娃为马拉美的诗提供了一种解释,不如说马拉美的诗歌创作呼应了克里斯蒂娃的思想。

克里斯蒂娃的关注对象不是用于传情达意的语言,而是隐藏在语言中的、没有在文本中呈现出来的内容,她研究的是语言的"边界状态"。克里斯蒂娃认为先锋诗歌文本,如马拉美的诗歌探索,是从诗歌语言形式的极限层面出发,超越"摹仿论",传统的主体经验论当然也无法解读,所以需从形式论层面讨论文本意义的动态生成过程。克里斯蒂娃强调文本的"自律

---

① 菲利普·索莱尔斯. 极限体验与书写[M]. 上海:华东师范大学出版社,2015:84.
② 布朗肖. 文学空间[M]. 顾嘉琛,译. 北京:商务印书馆,2003:24.
③ Julia Kristeva. «Comment parler à la littérature», *Polylogue*. Paris:Seuil,1977.
④ Julia Kristeva. *Je me voyage*. Paris:fayard,2016:181-182.

性"和"不及物性",把语言的决定性和能动性推向极端状态。文本成为一种可操作的、动态生成的纯粹能指①空间,成为唯一存在的实在,而无意识的主体是在语言的结构中重建起来的。

克里斯蒂娃认为:"符号学的生产将具有在两种生产力之间传递的特殊性:书写与科学;符号学因此将成为消除二者之间区别的地方。"② "符义分析"融"书写"与"科学"为一体,前者强调追求文学实践中书写的动态与生产,亦寻求科学的精妙与理性。她将马拉美、洛特雷阿蒙等先锋诗人的文学文本看成一种生产活动,认为他们的文本已不可能化约为一种单纯的再现,"符义分析"的目的是对这种先锋诗学文本实践的生成过程进行分析,并理清其中的转换和生产过程。本书关注克里斯蒂娃早期如何分析马拉美的诗歌代表作《骰子一掷,改变不了偶然》,借由她自身对"符义分析"理论的实践,窥见其在符号学领域探索的内核。

一、克里斯蒂娃的文本理论与马拉美诗歌的"相遇"

克里斯蒂娃关于诗性语言的意义生成的观点,最早是在她的著作《符号学:符义分析探索集》③ (*Sēmeiōtikē: Recherches pour une sémanalyse*,1969)中提出来的。她所说的 sème(意义单位)也被译为"义素"。任何由符号体系所构成的文本都是由表层和深层两种结构构成的。在文本的表层,即"现象文本",通过具有符号关系的语句结构表达出来,而在深层结构中,"义素"作为一种固定单元总是处于活跃运动的状态。克氏的文本是某种具有意义的符号不间断地进行能指化的实践活动,这一实践不受传统形式逻辑的约束,故不能通过演绎推理的方式加以解读。而文本和文本间的运作,采

---

① 本文中涉及的"能指"与"所指"是符号学的基本术语,源于索绪尔理论,他把符号视为能指与所指的结合。能指是符号的可感知部分,在不十分严格地讨论符号学时,符号也就是符号的能指。而符号的意义称为所指,但所指究竟是什么,却歧义百出,赵毅衡用同义反复的方式下过一个定义,即所指就是能指指向的东西。参见赵毅衡. 符号学原理与推演[M]. 南京:南京大学出版社,2011:90—91.

② Julia Kristeva. «L'expansion de la sémiotique», *Information sur les sciences sociales*, octobre, 1967, vo. 6. n°5. p. 181

③ 史忠义的中译本将本书译成《符号学:符义分析探索集》,笔者认为是恰当的,本书第二章第一节已讨论过这个问题。

第三章 克里斯蒂娃的"符义分析"的实践与方法论反思

用的是某种类似于由语法规则和对话活动混合构成的特殊方式。任何文本的内容和结构都必须在文本间加以考察,因为构成文本内容及意义的诸因素,并不仅仅是负载意义的符号及其相互交织构成的关系网,而是还包含渗透于其间的多层次的对话要素。

克里斯蒂娃的"符义分析"理论构成成分驳杂,掺杂了微积分、逻辑律和数论知识等,如抽象数(le nombre)和"能指微分"的概念。如她常使用的"数"的概念,指的是文本符号超出单纯的表意范畴,具有排列、组合和标志功能,活动空间广泛。传统意义上的文本是静态的、描述性的,由一两个字母或者音位构成的意义单位叠加而成,而"数"被视为超越语句的文本序列,这样它穿越并违背了词、句、段的规律,拥有无限的意义单位,由书写符号和语音构成,各种语言及表意实践将已使用过和将会使用的无限的语言组合方式和意义资源引入其中,于是,文本就呈现为无限数列的组合。同时,这些无限数列的组合呈现为动态过程,实际上就是说语言处于不断运动中。"能指的微分"涵盖了构成文本的义素成分和语音成分,涵盖它的全部意义,包括同音异义、同形异义、所从属的词汇及其他各种象征的含义等。所以,克里斯蒂娃的"能指的微分"理论可从两方面理解:一方面是指能指的单位划分趋向无限小,另一方面是指能指的组合选项趋于无限多。

克里斯蒂娃将此理论引入诗歌语言分析中,带来诗性语言的革命,她认为诗歌中的每一个符号成分(能指)都具有活力,且处在变化中,而变化的目的在于构图。这样,诗歌文本就摆脱了单一的线性逻辑(由于语法通常成为语言符号排序的一种制约力量,故而语法也被视作线性逻辑的一种表现),而表现为一种多元的无定向运动。能指单位不断被细分,以至于达到无穷无尽的组合,无固定的联结方式,无明确的规律可言,是产生,发展,解体,再产生,以至于无穷的生产过程。这样,克里斯蒂娃将传统符号学中的意指关系(即把能指与所指联系起来的行为)进一步发展为意义生成过程,一般来说,意指的主体是比较明确的,而意义生成的主体是不断裂变的,因此其意义非常模糊和不确定。在表意实践活动中,克里斯蒂娃在表面文字即现象文本背后,看到不断变化的意义生成活动和一个无限大的意义生殖空间,消弭了不同文类和不同艺术间的分野。

克里斯蒂娃的这种理论假说在马拉美诗歌中找到了共鸣,因此马拉美诗歌被当作她阐发理论的例证就自然而然了。马拉美的诗歌创作总是试图突破诗歌的语言结构,其词语的运动不受惯常规则的制约,长段句子经常被拆分为若干短句,以便词语不受句法限制,获得自由。而马拉美的代表作《骰子一掷,改变不了偶然》正是这类诗歌的代表作。这首诗具有自由的诗体和独具一格的版式,粗细不一的印刷字体,间隔不一、长短各异的诗行,断裂、散播的句法关系和微妙的音韵效果。马拉美在这首诗的序言中说:"它除了阅读的空间而外没有任何新玩意儿。实际上,白色承载着重要性……在每次意象中断或进入诗行时,纸页参与了诗,接受着别的意象的继续。"[1] 在马拉美的诗歌中,词和句子、短语,并不是一种线性的投射,而是扩展和分散在书页的空间,秦海鹰教授指出:"马拉美极富魅力但也极为晦涩的语言风格,其突出特点是把正常的句法结构完全打破、拆散、支离,使词语处于多种句构,多种词义,多种词性的阅读可能性中,并在句段的范围内极大限度的挖掘音和义的相互暗示关系。"[2] 甚至从外观上看,整首诗所象征的是一种文本的多维空间(不同的字体和间距、对图形的模仿、版式构图等);从视觉上看,其又将无所不能的空间特点暴露在一维的平面;从阅读实践上看,诗歌似乎成了一个自足体,存在无限多的意义生成路径,这也说明了诗歌超越了线性的叙述模式。

不难发现,马拉美的诗歌中处处存在着断裂(cut-up),意义是省略的或者隐晦的,而任何读者在阅读这一类诗歌时,往往需要将自己的想法即个体性的阐释投射在意义空缺的位置,作为对诗歌空白、断裂之处的意义补充,这事实上在美学交流中形成了极端重要的一环。

二、马拉美的文本实践与意义生成的能指游戏

在马拉美的诗学理论中,他对诗歌创作艺术多元性的强调,是以能指而非所指为重心的。这里涉及用于交流的语言的最小单位和克里斯蒂娃及马拉美关于意义的文本的最小单位的对比,前者是命题(proposition)(也就是

---

[1] 《马拉美全集》的法文译本,Stéphane Mallarmé. *Oeuvres complètes*. Paris: Gallimard, 1945. 中译本参考马拉美. 马拉美诗全集[M]. 葛雷, 译. 浙江: 浙江文艺出版社, 1997: 117.

[2] 秦海鹰. 文学如何存在——马拉美与二十世纪文学批评[J]. 外国文学评论, 1995 (3): 9.

第三章　克里斯蒂娃的"符义分析"的实践与方法论反思

主语加谓语构成的矩阵），而克里斯蒂娃与马拉美均认为现象文本的最小单位是表意复合体（complexe signifiant）。要想对诗歌进行分析，必须从复合的能指开始，而现象文本的这一单位被进一步划分为修饰语（modifiant Ma）和被修饰语（modifié Me）。"这种复合的能指具备以下的特征：它的范围被限定在两个停顿之间；它具有半结束和停顿式的音调起伏变化；不同层面的复合的能指联合，仅仅贴合在一起得以构成文本。"① 而对于能指的微分，正是从对词的切割开始，"语言中不计其数的词是同源的。对这个句子的理解，是在共鸣的语调中实现的，这种共鸣是给每个词从意义的无限处的一个点来理解，也就是语言能指的微分"②。这些微分的能指的集合代替了符号的完整性，它不"尊重"词汇的界限，将两个词素集合在一起，将其中一个分解成为音位，文本的最小单位正是这种表意的微分。

《骰子一掷，改变不了偶然》这一怪诞文本中的诗句如碎片般肆意散落，诗人用最大号字排列的就是散播在这些诗句碎片中的标题，也就是全诗唯一的主句 Un coup de dés jamais n'abolira la hazard，而克里斯蒂娃的分析是从这个主句的每个词语开始的。在《"符义分析"与意义的生成：关于马拉美〈骰子一掷，改变不了偶然〉的文学符号学的若干问题》（«Sémanalyse et production de sens, quelques problèmes de Sémiotique littéraire à propos d'un texte de Malarmé: *Un coup de dés*»）这篇文章中，克里斯蒂娃将句子以词为单位进行拆分，并分析了"能指的微分"如何在句中的每一个词之上得以实现。

首先，un 指定了不可分割的整体性，快速地遮蔽了 coup 后面的 de，克里斯蒂娃认为这有利于多样性的转换，呈现出一种 un coup de dés—un…deux de's。这个 coup 还经常和音乐以及光明联系在一起，马拉美经常用 coup 这个词来描述光明。"我们为何会看到马拉美使用这个词，是因为将其

---

① Julia Kristeva. «Semanalyse et production de sens, quelques problèmes de Sémiotique littéraire à propos d'un texte de Malarmé: *Un coup de dés*», *Essais de sémiotique poétique*. Paris: Larousse, 1972: 226.

② Julia Kristeva. «Semanalyse et production de sens, quelques problèmes de Sémiotique littéraire à propos d'un texte de Malarmé: *Un coup de dés*», *Essais de sémiotique poétique*. Paris: Larousse, 1972: 230.

看成是撤退、延伸和躲避的系列，在阅读中能够引起文本内部全部的坚持的虚构的素材。"① 此外，从音位的角度来看，coup 的下沉音素 u 与相对应的 dés 的明晰的音素 e 呈现出一种对立状态。

de's 是一种否定的前缀，或者直接被认为是一种否定。而"dé 这个术语，从词源上看，是来源于 datum（数据）这个词（这是已定的）：诗歌，意义的生成，是一种赠送，一种礼物；de 不是给接收者的礼物，而是一种打得粉碎的牺牲——一种骰子的牺牲——其中言说的主体取消了以至于到达了能指的无限处，能指的无限永远都不能废除"②。

jamais 其中的 ja 和 mais 与 plus 这个单词的意思有交叉，这个词标记着与 dés 相反的或者否定的意思，是一种剩余，展开的是时间之外和主体之外的意义生成过程，jamais 这个词是与线性时间的存在相对。

克里斯蒂娃认为 n'abolira——〈abolir〉这个词看起来与运气、水池、空心的容器联系在一起。"〈Aboli〉这个词的能指微分携带了'空的''中空的''漩涡'，是与《骰子一掷，改变不了偶然》这首诗的开头的"无底洞"（l'abîmé）和末尾的"旋涡"（gouffre）联系在一起的。"③ 从 abolira 这个词中，克里斯蒂娃分析出了各种可能的含义，罗列出这个单词中可能存在的意义成分，如 lira、ira 在法语中包含狂怒的、疯狂的意思，lyra 包含抒情诗的意思等，这类词呈现出多种意义的集合。由此，她认为马拉美的诗性语言表现为一种多元的文本意义组合。

而 le hasard（偶然）这个词可以理解为命运、运气，且意味着无法预见的和无穷的机会，是对理性的秩序的逃避。偶然性用来描述简陋的现实，是必然性的对立面。诗歌创作成为一种与现实社会的背离，也是一种与正常

---

① Julia Kristeva. «Semanalyse et production de sens, quelques problèmes de Sémiotiquelittéraire à propos d'un texte de Malarmé: *Un coup de dés*», *Essais de sémiotique poétique*. Paris: Larousse, 1972: 230.

② Julia Kristeva. «Semanalyse et production de sens, quelques problèmes de Sémiotique littéraire à propos d'un texte de Malarmé: *Un coup de dés*», *Essais de sémiotique poétique*. Paris: Larousse, 1972: 231.

③ Julia Kristeva. «Semanalyse et production de sens, Quelques Problèmes de Sémiotique littéraire à propos d'un texte de Malarmé: *Un coup de dés*», *Essais de sémiotique poétique*. Paris: Larousse, 1972: 231.

交流语言的背离。克里斯蒂娃还发现，在这句完整的话中，要说出"偶然"（hasard）需要说出 dé，"骰子一掷，改变不了偶然"这句话本身是一种重言式的"套套逻辑"（即因为完全没有内容，而不可能错）。整句应该是 Un coup de dés jamais n'abolira le (coup de) dé，此处表明了骰子的选择，赋予主语以谓语成分，在此扣住了 dé，回到如同表意组合的修饰层面。所以这首诗的标题本身和诗句本身，就是一种表意组，拒绝陈述主体的任何事物。在形式外，这首诗中还包含着诗人对"偶然"和"绝对"的关系的思考。"骰子一掷"，用来比喻写诗和思想，而"偶然"的原意就是指游戏或者骰子，所以这句话的意思是"偶然的游戏永远消除不了偶然"，这是通过逻辑的套层形成了悖论。克里斯蒂娃认为马拉美通过这种形式表现出纯粹诗歌的不可实现性。

《骰子一掷，改变不了偶然》在一种易变的、偶然的选择中，呈现出多种差异和切分的可能性，将 coup、cou、coût、coupe 和 couper 区别开，同样，un、deux 和 des 的系列，des coup 中音段或字母的换位，也存在多种差异。诗歌的多义空间，在"意义生成"的无限过程中打开。诗歌中词的关系，相互之间是作为一种遥远的、相互变异的镜像而存在的。读者可以在短语中追溯到其他序列的痕迹，在这些序列中它们相互区分。由此，在阅读此类先锋诗歌时，诗歌意义呈现为一种复杂的语义集合，读者对文本的阅读，是透过表面的"现象文本"而对纵深之处的意义生成过程进行探索。诗歌中所包含的完整句子 Un coup de dés jamais n'abolira la hazard 的线性逻辑意义被破坏，隐藏在文本下的多义性随着读者的阅读而浮出水面，将单一逻辑细分，使得多种意义并存。

克里斯蒂娃将诗歌看成是一种文本实践，是一种同时加以否定和更新的逻辑，这是隐藏在诗歌语言的修辞意义和文学意义之下的逻辑意义。她对诗歌的讨论实质上为整个结构主义的传统注入动态要素，认为诗性语言呈现为一种意义生成的能指游戏。

三、诗性语言与反常

克里斯蒂娃的诗性语言是一种意指过程，它是言说主体意义生成的符号系统，且这类主体处在社会和历史的变革中。这一概念修正或抽离了文学

（诗歌）和语言学中关于诗性语言的既有概念所具有的意义，对传统意义上的语言、文字乃至社会秩序构成挑战与颠覆，其背后所隐藏的是对语言的无限可能性和意义的生成能力的信任和诉求。

在马拉美的《骰子一掷，改变不了偶然》一诗中，各种字体、字号不同的单词或字母构成了类似乐谱的文本，无法表意的"词语组合"随处可见，被不连贯地显示出来，并且行和页跳跃着，不在一个直线序列中。这些要素的存在，使得这首诗呈现出一种不协和音与主节奏共存的张力，甚至与意义无关的声响效果和强度曲线也混入诗歌中，使读者无法从言说内容出发来加以理解。空白和版式、韵律与节奏的变化，成为令读者既困惑又被吸引的因素。诗歌结构显示出对现实和逻辑常规秩序以及情感常规秩序的破坏，和对语言律动力量的操作，充满了暗示性和矛盾性。

这类先锋诗歌的语言发生变形，使阅读者不得不适应语言风格的晦涩和作者书写习惯的另类。诗歌的语言具备了一种实验的性质，词与词之间的结合不以语法、意义为规则，实物和逻辑层面发生错位，多重意义涌入诗中。"以词语和图像来吟唱神秘，对这隐秘的感知让灵魂颤抖，它正被引向陌生之处。"① 克里斯蒂娃从俄国形式主义理论中获得营养，将以先锋文本为代表的诗性语言理解为一种对日常状态的偏离，并且从对日常语言的偏离发展到一种彻底的无序状态，这不仅体现在修辞和语法层面，更重要的是一种从音位出发的彻底的陌生化。

克里斯蒂娃着重强调诗歌中字词的音韵和词的双重含义，那些诗歌语词带着偶然性和暗示性，词语和词语之间遍布跨越和断裂，句子的结构被许多插入语拉扯撕裂，由此造成文本多义性和歧义性，甚至很多义项是异质矛盾的，也使得整首诗歌在内容上呈现出碎片化特征，在形式上实现了彻底解放。她认为，在马拉美诗歌语言中符号的运作与弗洛伊德描述的梦的原初过程的机制相类似。"原初的过程并不一定要以符号为研究对象，而是扩展到痕迹，到精神空间的铭刻，它们与符号具有不同的秩序，而是通过颜色、声

---

① 弗里德里希. 现代诗歌的结构：19世纪中期至20世纪中期的抒情诗［M］. 李双志，译. 南京：译林出版社，2010：83.

第三章 克里斯蒂娃的"符义分析"的实践与方法论反思

音、频率表现出来,也就是声调和韵律。"① 克里斯蒂娃认为,诗性语言与科学话语的区别,在于前者是通过对已有系统的颠覆和对新结构的建立来实现的。而马拉美的这首诗正是通过对微分的能指的使用,从而进入一种能指的游戏中,把它们置于循环中。克里斯蒂娃认为:"所有的诗学活动对意指链和意义的结构的"歪曲"都可以从这个角度来考虑,即它们都是屈服于第一次象征化的剩余物(拉康)的攻击"②。她将所有的诗性活动(包括意指不明确的、暧昧的活动,能指和所指之间出现断裂,无法一一对应的现象),都看成是对意指链条和意义结构的歪曲、对常规的偏离和对内部意义层次的破坏,从而产生一种对常态的反叛。

根据克里斯蒂娃的理论,诗歌在本质上就是反形式的,事实上,从更深层次的角度来看,是反美学的、反命名的,因此,诗歌从本质上来说,追求的不是美、形式、本能、正确或者高雅,相反,诗歌总是与"政治革命"一类相关的词汇联系在一起,比如断裂、渗透、破裂、粉碎、否定、谋杀等。诗歌,被克里斯蒂娃界定为反抗文化的一种武器。"一种新的意指格局处在形成的过程中,这种构造是由质疑正式的组合、句法和叙述开始的,通过引进韵律和诗性的意义分歧,线性叙述通过一种线性句法反映出来。这种新的诗歌既不是诗性的,又不是散文体的——它将它的韵律引入句法的线条中,在某种层面上,赋予诗意的散文中;但是它支持将命名看成真理的可能性,由此支持外延的可能性,在某种层面上,它理论化诗歌。一个新的文体、一种新的语言类型——文本,在这些元音变化中产生。它颠覆了句法和叙述的结构,因此某种文本类似的同源关系通过法语呈现出曙光。"③

在马拉美的诗歌创作中,他刻意地抵触读者阅读,从而使得作品呈现出一种多义性,保持一种开放的状态,而持续拥有未解和待解之义。他的诗歌通过一系列的媒介和技巧创造出其他的艺术样式,具有独特的文本和艺术化

---

① Julia Kristeva. "A Conversation with Julia Kristeva", Ross Mitchell Guberman ed. *Julia Kristeva Interviews*. New York: Columbia University, 1996: 23.

② 克里斯蒂娃. 诗性语言的革命 [M]. 张颖,王小姣,译. 成都: 四川大学出版社,2016: 32—33.

③ Julia Kristeva. *La Révolution du langage poétique: l'avant-garde à la fin du XIXe siècle. Lautréamont et Mallarmé*. Paris: Seuil, 1974: 289. (中译本未译出)。

的图像，预示着一种超越不同媒介的新的艺术形式的诞生。严格的法则和规范成为众矢之的，克里斯蒂娃和马拉美同时敏锐地认识到这种诗学层面的变革大多可能具有一种政治斗争的意味。她在《诗性语言的革命》的尾声"智识的喧嚣"（Furieux d'intelligence）中强调，"源自浪漫主义或者象征主义的洛特雷阿蒙以及马拉美的文本，标志着一个先锋艺术变异的关键时刻：先锋文本不再是哲学一直想要掌控的主体间关系的指标，而是借实践之名，变为可以操控社会客观变革的因素——当且仅当这一变革关乎言说主体之时"①。马拉美极度碎片化的先锋诗歌颠覆了单一且枯燥的能指与所指的结构关系，不再仅仅被当成是简单的文体或者语言层面的实验，而成为一种与言说主体息息相关的，能质疑社会有限性的语言实践。

克里斯蒂娃对《骰子一掷，改变不了偶然》的分析，细微到不可再分割的能指层面，"我想通过仔细查看记忆和幻想的网络到达语言感觉的核心"②。这就限定了她的理论的实际可操作空间。另外，克里斯蒂娃在对诗歌文本进行分析的时候，倾向于理论先行，先建构理论后分析文本，或者说根据理论目标去寻找匹配的文本。所以，她的文本分析方法是从操作过程而不是从结果出发来展开论证的，这也就限制了她的理论建构的适用范围和可操作空间。而传统的研究，过程一定是假设，只有通过严密的逻辑论证所推论出的结果才是具有普适性的。克里斯蒂娃的理论建构和对马拉美诗歌的创造性阐释，更多的是一种模拟，一种建立在一定的理论基础上的假设与想象，呈现了众多可能中的一种，丰富了马拉美诗歌的含义。"在面对马拉美时，我尝试着运用一种一边倒的理论，与此同时马拉美著作中许多重要的方面会被忽略……在某种程度上来说，文学作品是无穷无尽的，这也能解释为何它能存在几个世纪，也暗示出它存在着无数的解释可能性。"③ 读者对诗歌的阅读和阐释，是一种继续创作，不可终结，向开放的阐释过程迈进。

---

① 克里斯蒂娃. 诗性语言的革命 [M]. 张颖，王小姣，译. 成都：四川大学出版社，2016：181.

② Julia Kristeva. "On the Samurai", Ross Mitchell Guberman, ed. *Julia Kristeva Interviews*. New York：Columbia University Press，1996：244.

③ Julia Kristeva. "A Conversation with Julia Kristeva", Ross Mitchell Guberman, ed. *Julia Kristeva Interviews*. New York：Columbia University Press，1996：28.

克里斯蒂娃的诗学文本实践最终所呈现的是一种逾越的姿态，这种姿态在提供一种逾越语言或者文字的可能性时，同时又不得不面临着被封闭在语言文字内部而无法逃脱的现实，因为当诗歌创作或者对诗歌文本的解读以逾越为目标时，就意味着界限总是在起作用，是无法忽略的。所以，克里斯蒂娃研究的全部意义，在于提供一种质询的姿态，她的研究为解读马拉美诗歌提供了一种创新性的阐释，她的这种分析方式的实质，是一种讨论新的文本解读方式的必要性以及可能性的尝试。

第二节　对"符义分析"方法论的总结与反思

上一小节聚焦了克里斯蒂娃自身对"符义分析"的实践，借由对马拉美诗歌的阐释，她提供了一种"符义分析"的方法，以区别于传统意义上的作品分析。本小节将试图分析两个问题，以进一步理清她的符号学理论的方法论特色：一方面，她是如何对符义进行分析的？频繁出场的"能指的微分"中"微分"究竟指什么？何为"符义分析"的最小单位？另一方面，"符义分析"与传统的作品分析的核心差别在哪里？

克里斯蒂娃指出的所谓文本的意义生成，强调的是在写作过程中语言能指层面的游戏，是在文本相互作用的关系网络中写作主体不停地摧毁旧的语言，重新建构新的语言的过程。在《诗性语言的革命》中她对马拉美诗歌文本进行符号学分析时指出，"马拉美的文本将提供一种从语素音位（morphophonémique）和句法（syntaxique）层面描绘'符号态'装置的可能性"[①]。此时的语素音位和句法层面均是克里斯蒂娃对马拉美文本进行切割的路径。此处的另一关键词"符号态"是克里斯蒂娃理论的关键词，与"象征态"同为意指过程的两种模态之一，前者所代表的是诗歌问题中所充斥着的难以分析的节奏、韵律以及音调等，而后者则处在语言的逻辑和规则层面，在用于交流的语言中表现为借助语法和句法规范。在进行作品分析时，克里斯蒂娃的注意力总是放在作品的意义生成过程中这两种模态的相互

[①] 《诗性语言的革命》中译本只译出前 1/3 的理论建构部分，此处参见 Julia Kristeva. *La révolution du langage poétique*. Paris：Seuil，1974：207.（中译本未译出）。

作用上，尤其是"符号态"在语言层面对"象征态"的挑战与消解，关注符号实践活动的意义从萌芽到传达某种意义的整个过程。无论是她在索绪尔的字谜游戏基础上提出的"故意错字"原则，分析语言的能指在网状的复杂关系中被粉碎、分散和组合的过程，还是上文中对马拉美的一句诗"骰子一掷，改变不了偶然"的分析，均呈现出如下的共同倾向：被分析的意义远远超出原文；均赋予符号的语义特征以一定的位置，讨论的是意指单位系统的问题，通过切分最小的意指单位，将能指微分到不可再分割的层面。这种分析方法的明显特征就是从词语中分配出多种义素，从而质疑和分解词语能指的完整性。

一、"能指的微分"之"微分"的内涵与最小单位

而要了解这种分析方法的边界和限度，就必须理清一个词——"微分"（différentielle）的内涵。微分本是数学常用术语，克里斯蒂娃将其用于对能指的分析中，认为"微分是能指和所指的重铸（refonte），它变成了供读者同时阅读的多功能熔炉（foyer）。这些功能是：该语音集或书写符号集的能指可以涵盖的全部意义（同音异义词或同形异义词 homonymes）；所有与该集的所指一致的全部意义（同义词/近义词 synonymes）；这些集的所有同音异义词或同形异义词和所有近义词，不仅存在于某种既定的语言中，而且在它作为无限的点所从属的所有语言中；各种不同的神话、科学、意识形态文集等中的所有象征性词义（acceptions symboliques）"[①]。这段话包含了两大重要内容："微分"的性质和功能（具体内容）。从性质上来看，"微分"是对能指和所指之间意指关系的重新改写，它强调的是意指活动的过程。当这种意指过程向读者敞开时，读者可以通过阅读，从中分析出多元的意义。而在分析"微分"的具体内容时，克里斯蒂娃将其切分为四种可能的情况，首先，此处的 homonymes 中词根是 onym，表示名字，前缀 hom 表示相同，这个词的意思是同音（形）异义词，即与原词所指不同，但能指（语音集或书写符号集）相同，比如法语词 sceau、seau 与 sot 发音一致，但分别表示

---

① Julia Kristeva. «L'engendrement de la formule», *Sēmeiōtikē*: *Recherches pour une sémanalyse*. Paris：Seuil，1969：240.

第三章　克里斯蒂娃的"符义分析"的实践与方法论反思

的是印章、桶与傻子的意思。其次，此处的 synonymes 被翻译成近义词/同义词，按照《拉鲁斯词典》的解释，指的是两个或者更多的词具有相同的语法功能，具有同样的或者相近的意义，比如法语动词 briser、casser、rompre 均表示折断、打碎的意思。这三个词的所指是一致的，而具有完全不同的能指。同音（形）异义词和同义词/近义词占领了"微分"的大部分内容，因为二者分别是从所指不同、能指相似与能指不同、所指相似/相同进行的筛选过程。再次，在这里是将这两类词所从属的语言系统进一步扩大，从一种既定的语言发展到全部可能的语言中，这就大大扩展了这类词语的范围和数量。最后，"微分"是从神话、科学和意识形态等所代表的文化层面进一步扩展，从跨文化的角度来匹配象征性的词义，这一个维度的增加能实现不同文化间词义的选择与匹配，丰富"微分"的文化内涵。

在克里斯蒂娃看来，每一个词语均会引发多方面的联想与阐释。而通过"微分"，生成文本得以过渡发展到现象文本，将意义生成的空间带入现象文本的线性的、符合句法和语法规律的叙述中。"现象文本"与"生成文本"，这两种相异质的文本间对话的相互关系，呈现为两种对立物的共存。在《封闭的文本》中，克里斯蒂娃对文本的概念进行了清晰的界定。她将文本看成一种超语言的装置，这一意义生成的装置重置了语言的秩序。而对语言秩序的重新分配，既包含了线性层面意义的有秩序的展开，又包括了不受语法规范的诗性语言的破坏性生成。如果说从索绪尔思想中开掘和发展的"故意错字"的原理是在保障诗性语言的意义生成的无限性，那么"现象文本"与"生成文本"的关系，则是它的外在表现形式，从"生成文本"到"现象文本"的意义生成过程就是能指重新分配组合的过程。

对"现象文本"和"生成文本"的界定，克里斯蒂娃最早是在其著作《定式的产出》（*L'engenderment de la formule*）中进行的，她认为："生成文本是一种语言功能的抽象概念，它并不反映句子结构，又不先于或者超越句子结构，而是具有一种存在于语言中的能指的功能，它不可化约到呈现在正式交流语言（它的整体以及结合法则）中的言说。生成文本是与语言分析的分类一起运作的，它并不是为了生成一种现象文本层面的句子（主语＋谓语），而是为了生成一种处在能指功能过程中不同阶段的能指。在现象文本中，它是作为一个词，一段连续的词，一个名词句，一个段落，或者是无意义等存在的。"① 从这段论述可以看出，"生成文本"是作为一种语言能指的生产活动而出现的文本，它是与用于交流的语言相异质的内容。它的作用，并不是成为"现象文本"表面的某一部分，或者具体来说，成为用于交流的语言的一部分，而是成为一种语言的能指，这可以看成是一种生产活动，是从纵向的维度将意义的深层次内容带到文本表面来。"现象文本"则是符合句法规范的，呈现出来的语言现象，它是以实现意义的传达为目标的表层文本，可以看成是"生成文本"作用的"临时"停滞的结果。之所以是临时的，是因为"现象文本"随时会受到"生成文本"的摧毁和粉碎，文本表层的意义总是被无意义的内容所贯穿。现象文本是一种表层的展开，生成文本则应看成是向纵深方向发展的文本的横截面的过程。文本处在"现象文本"与"生成文本"的边界处，一方面它将用于传情达意的语言与先前的或者共时的言说联系在一起，不同性质的符号系统均被写入语言系统之中；另一方面，每个单个文本内部都存在着两种文本之间的相互斗争与斡旋。

"能指的微分"中最小的单位是什么？克里斯蒂娃认为，"通过穿越和跨越词语和句子，符号和结构，自我生产的能指把能指的无限性（infinité signifiante）处置为书写单位或语音单位（unités graphique ou phoniques）"②。此处的"书写单位或语音单位"是能指在自我生产过程中被分割成的"义素"成分与语音成分。

进一步说，她认为，"书写单位与语音单位"是"从现象文本中分离出的最小的能指集（ensemble signifiant minimal）。一个'集'要形成，可以拆散词语或者不遵从其边界，或者包括两个词素（lexèmes），或者将另一词素打碎为音素（phonème），目的是将其带入某种意义的不确定系列，却永远可以在不同文本和文化中找到的意义生成。这种能指集呈现为一种'单位'，指示某种无限性，它更多的是一种可测量的多元性（multiplicité

---

① Julia Kristeva. «L'engenderment de la formule», *Sēmeiōtikē: Recherches pour une sémanalyse*. Paris: Seuil, 1969: 221.
② Julia Kristeva. «L'engenderment de la formule», *Sēmeiōtikē: Recherches pour une sémanalyse*. Paris: Seuil, 1969: 232.

第三章　克里斯蒂娃的"符义分析"的实践与方法论反思

mesurable），因为它是被局部化和具体化（localisée et concrétisée）"①。现象文本被切割成最小的能指集，就是不可再被分割的义素和音素的内容。这种集的存在具有明显的特征：一方面，它具有一种切割与配置的无限性本质，因为意义生成是能指层面的游戏，而不是以指称某种指涉物或者呈现所指为目标，能指集的存在，表明意义本身是不确定的，不同的文本和文化均积极参与到意指过程中；另一方面，可测量的多元性、局部化和具体化，笔者认为其所代表的是能指集所具有的一种相对有限的品格。无论是拆散词语或者打碎音素，这种生成均具有物质性，而不仅仅是概念的层面。可测量的多元性，表现出无限的本质与相对有限的运作之间的结合，而局部化和具体化所反映出的则是能指运作过程联想、探究、寻找的部分实现的叠加。能指的无限，在克里斯蒂娃的研究中，是作为"多元和偶然的配置（répartition plural et contingente）"来呈现的，是配置的偶然和多元使得能指的分割与组合具有无限的表象。

在《词语、对话与小说》一文中，克里斯蒂娃在分析巴赫金思想时认为巴赫金"将词语的地位（statut du mot）界定为最小的结构单位，并把文本置于历史和社会当中"②。词语是义素的组合，她通过建构文本空间内词语的特殊地位，将不同词语在句子中与其他词语的组合，从小的序列到大的序列进行整合，从词语到更大的言语单位比如句子、对话、小说等，描述语义扩展的阶段与过程，从而给词语这一文本的最小单位在写作主体与接收者与先前和同时文本之间重新确定其重要性。词语存在于文本的空间内部，不同的语义组合之间相互关联，她认为这才是文学符号学研究的任务，即"在文本的对话空间中，找到与词语（序列）不同组合模式相对应的各种形式机制"③。

无论是在《词语、对话与小说》一文中对词语的地位的确立与文本空间

---

① Julia Kristeva. « L'engenderment de la formule », *Sēmeiōtikē: Recherches pour une sémanalyse*. Paris: Seuil, 1969: 233.

② Julia Kristeva. « Le mot, le dialogue et le roman », *Sēmeiōtikē: Recherches pour une sémanalyse*. Paris: Seuil, 1969: 83.

③ Julia Kristeva. « Le mot, le dialogue et le roman », *Sēmeiōtikē: Recherches pour une sémanalyse*. Paris: Seuil, 1969: 85.

的三个维度的划分：写作主体、读者和外部文本的相互关系的讨论，还是在《定式的产出》一文中对"能指的微分"的分析与实践，克里斯蒂娃均通过从意义和主体的表面出发的分析，来探究意义活动的发生、发展以及呈现意义的过程。意义不是用于阐明结构的已知内容，而是具有再生性和生产性。在承认符号系统存在的前提下，在系统内部开辟一个空间，通过细微到不可再分割的能指层面，从而向外部世界开放。从方法论的层面来讲，在结构语义学的分析方法中，同样涉及语义的内容，但文本被当作一个结构整体，是完整的、封闭的、静态的词语系统，而"符义分析"中的语义生产，则是将外部环境、不同符号之间的拆解与组合均引入意义的生产过程中，文本在此时作为一种结构过程，是一种异质的要素之间相互斡旋、斗争的过程。

二、"符义分析"与文学活动中的读者参与

"符义分析"是20世纪六七十年代中后期出现的新的符号学研究方法，文本的概念，以及由此衍生出来的互文性、现象文本/生成文本等概念，顺应的是当时从根本上重塑文学观念的知识浪潮。传统的文学批评谈论的是作品，而到了20世纪六七十年代，文学批评和理论思潮发生了明显的转向，谈论文本成为风潮，文本成为核心概念，占据着批评领域的统治地位，而作品则被束之高阁，甚至成为一种与文本相对的否定概念。钱翰认为："在六十年代，'作品'这个词开始逐渐退出文学研究和批评的领地，而'文本'则占据越来越重要的地位。与其把这种现象看作是'文本'概念的兴起，不如看作是'作品'以及与之相关的一系列概念的'死亡'或者说'危机'，这些遭遇危机的概念还有：作者、阐释、品味、美、精神等，它们都曾经确保了作品的价值，使文本最终能够成为作品，现在却遭到新的批评范式的质疑和抛弃。福柯宣告'人的死亡'，巴尔特宣告'作者的死亡'，作品的死亡也就成为理所当然的结局。"[①] 这段论述解释了一个非常重要的问题，批评范式的改变并不意味着单个概念，比如作品、作者的危机，而是与之相关联的一系列概念所代表的批评范式的危机。文本地位的凸显反映出整个批评领

---

① 钱翰. 二十世纪法国先锋文学理论和批评的"文本"概念研究[M]. 北京：北京大学出版社，2015：13.

第三章 克里斯蒂娃的"符义分析"的实践与方法论反思

域的转向。

以克里斯蒂娃的"符义分析"为研究个案,不难发现,她的研究与两种批评范式拉开了距离,一种是以作者、作品、审美判断、价值等为核心的传统文学批评范式,另一种是以结构、符号、功能、系统等为核心的结构主义的批评范式。"符义分析"不依赖于对作品的审美来获得价值判断,而是根据作品的意义生成的强度来确定它的价值,同时,它所使用的文本概念也不再是科学研究和价值中立的对象,而是被赋予了一种对已有和既定秩序的反叛的角色和价值。"符义分析"所呈现的是一种先锋派的文本观念,作品并不是作者与读者之间进行精神交流的场所,其自身的价值并不是最主要的,而是一个联系着符号发出者与接收者的中介,读者参与到文本意义的建构活动中。要打破作品所承载的价值和身份,则必须从作品本身出发,不将其作为一种完成状态的意义集合,而是要重新活跃其意义的建构过程,对作品意义的生成进行语义学层面的操作和实践,这样,它在传统文学研究中的位置就会受到质疑和颠覆。

若运用克里斯蒂娃的概念来看待文学活动,不难发现,从阅读接收者的角度出发,读者初次接触的是现象文本,但是这类文本必须要经过读者的阅读才能呈现意义,而读者对文本的阅读,需要向现象文本的纵深之处探索,才能挖掘出被现象文本所掩盖的、无法被结构化的生成文本运作的意义生成机制。现象文本与生成文本共同构成了文本的双重含义,即用于交流的语言和深层的意义生成过程。在克里斯蒂娃1974年出版的作品《诗性语言的革命》中,她进一步论证了"现象文本"和"生成文本"的相互关系,认为"现象文本不停地被撕裂和切断,不可化约到通过生成文本来运作的过程中。现象文本是一种结构(在生成语法层面,它可以是生成的),它遵循交流的原则,同时假定了阐释的主体和接收者。另一方面,生成文本是一种过程,它穿越具有相对和暂时边界的区域,形成一段路径,这段路径并没有被限制在两个独立主体之间单义信息的两极"[1]。而克里斯蒂娃创造的新的符号学理论正是以这两种文本之间的相互关系为研究对象的,它以生成文本如何被写入现象文本作为分析目标。通过"现象文本"与"生成文本"的相互作

---

[1] 克里斯蒂娃. 诗性语言的革命[M]. 张颖,王小姣,译. 成都:四川大学出版社,2016:65.

用，克里斯蒂娃针对有限的、封闭的、被划定明确边界的语言，转向语言的丰富、多元与能指的无限。她的理论改变了符号系统的封闭性和静止性，通过对表意手段的发展与变革，为符号系统的意义生成注入活力。

从理论旨归来看，克里斯蒂娃的"符义分析"是一种创造统一性的结构和新的多元性的建构方法，以打破同一性的逻辑关系为目标。她指出："我更感兴趣的，是不同文本在不同层面的参与，显示了一种特定的精神活动。分析不应该将自身仅仅限定在认同参与其中的最终文本，或者是它们的起源之上，而是应关注言说主体的一种特定动态性。"[①] 此时，克里斯蒂娃将文本间的相互关系看成是另一种不包含主体参与的精神活动，阐释主体和接受主体是在"现象文本"与"生成文本"的相互关系中被假定的。而文学接收者所认同的，并不应当是已经产生且成型的，或者是文本创作者的创作动机，而是创作者与接收者的主体性的动态变化，因为二者由于参与到诗性文本的再创造中已经化约为非自足的状态。

在克里斯蒂娃看来，处于文本关系两端的写作者与读者本身已成为一种不稳定的言说主体，写作者的创作能力和读者的阅读理解能力被放在次要的位置，文本间相互的转换和生成关系成为关注点。动态的写作者和读者作为言说的主体类型，有着变动的、不具有稳定性的形态，这种主体类型本身的动态性超越了主体对阅读或者写作规范的掌控。文本之间的相互关系论超越了生产文本和阅读文本的人的重要性。写作主体与阅读主体本身随着语言的生产活动，也处在一种被摧毁和被重建的过程中，写作者与读者都成为无法稳固的、变动不居的存在，不再凌驾于语言之上，意义的生产已经纯粹沦为一种能指层面的动态生成。"互文性所指向的创造同一性的结构和一种新的多元性的重构的动态，与此同时，假定读者也参与到这种同样的动态性中。互文性的读者需要能够将同一性处在过程中，能够认同在某种既定文本中不同类型的文本、声音、语义、句法和语音系统的相互关系。"[②] 克里斯蒂娃的这段论述说明，读者对文本的接受与创作者的创作类似，均是一种动态的

---

① Julia Kristeva. "Intertextuality and Literary Interpretation" Ross Mitchell Guberman，ed. *Julia Kristeva Interviews*. New York：Columbia University Press，1996：190.

② Julia Kristeva. "Intertextuality and Literary Interpretation" Ross Mitchell Guberman，ed. *Julia Kristeva Interviews*. New York：Columbia University Press，1996：190.

过程，读者以打破同一性、建构多元性为目标，认同文本中各个相关联的要素。由此，她认为："文本的构建基于对空间中留白的尊重……读者可以参与到这一空白的过程之中。文本由此成为分析者而每一个读者都是被分析者。"①

"符义分析"视域下的诗歌从具有种种确定意义的封闭实体，转向一种不可还原的多元体，一种不被任何单一的意义、中心或者本质所框定的无限的能指游戏，通过对文本意义进行小单元或语义单位的分割来理解作品。"微分"在此处是关键词，它反映出从整体、确定到分散、破碎的观念转变，"符号是再现"这一观念因被看成是资产阶级的意识形态而受到质疑，认为其以达到将符号系统的革新与社会变革相关联的目的，对抗的是结构、系统与意义所代表的专制，凸显的是语言游戏的自由和多种可能性。

克里斯蒂娃所使用的能指与所指、语言与言语，均是基础的索绪尔符号学的概念，她并未从源头上对索绪尔的理论进行置换，而是将关注对象从索绪尔对符号及其系统的讨论转向对意指方式及其意指过程的讨论。文本的概念，在她的理论体系中，已不再是价值为零度的客观研究对象，而是具有了颠覆话语秩序的新身份。重新发掘和界定词语的地位，是她在语义学层面的操作和实践的切入口。对义素和音素的把握和分析，将能指微分到不可分割的层面。然而，值得一提的是，她多次重申的意义的无限，更具体地来说，意义生成过程的无限性并不能简单被认为无限等同于永不停滞，因为按照她的说法，现象文本就是生成文本的某种临时停滞状态。能指的配置具有多元和偶然的特性，是一种"可测量的多元性"。从"符义分析"的理论建构与实践及其效果来看，克里斯蒂娃要在系统内部开辟一个新空间的前提是承认系统的存在，而将文本空间与外部世界相连接的前提是承认二者之间边界的存在。她的理论针对有限、封闭与边界来推演，通过能指在网状关系中被粉碎、分散和重新组合的过程，来为结构和系统注入活力，这样的理论和实践本身，从本质上，是在有限与无限、封闭与开放之间寻找一种间性的状态或者说一种微妙但有效的平衡。

---

① 克里斯蒂娃. 诗性语言的革命［M］. 张颖，王小姣，译. 成都：四川大学出版社，2016：158.

第四章 精神分析理论的全面渗透与"符义分析"模式演进

20世纪70年代初,由于精神分析理论的全面渗透,问题域得以扩展。这一转向最重要的特征是"符义分析"理论不仅克服了结构主义将语言分析限制在语言学(语言形式)范围内的局限,而且创造性地将弗洛伊德的无意识理论和拉康的结构主义精神分析思想引入符号学研究,将"无意识""欲望""主体""身体"等因素引入语言分析。"符义分析"理论以超语言学的意义生成为核心的符号学理论,与以无意识为核心的精神分析学理论联系在一起,而勾连二者的是由言语行为活动构成的主体,"我们需要改进特定情形下对语言实践的分析,尤其是精神病或者思想错乱的边界状态的关注……符号语言学家需要更新我们对意指现象的分析,通过关注言说主体,因为正是言说主体将意义结构和神经元联系在一起"[①]。符号学研究的对象转移到对言说主体的语言实践边界状态的研究,研究重心由语言结构分析转向言语活动研究,尤其关注言说主体的言语行为活动所存在的异质因素。文学文本尤其是诗性语言文本中活跃的驱力以及驱力的运作机制,不同话语之间的消融与分裂成为其研究对象。

在本书第一章,笔者已经提到克里斯蒂娃将弗洛伊德无意识理论以及言说主体的双面性(意识/无意识)引入其符号学思考中的尝试,这改变了克里斯蒂娃的符号学研究局面。在"符义分析"理论中,语言成为一种意指作用的过程,具有了生产性的特征。这种意指作用包含着两种模态,分别是与

---

① Julia Kristeva. "General Principles in Semiotics" Ross Mitchell Guberman, ed. *Julia Kristeva Interviews*, New York: Columbia University Press, 1996: 186.

第四章 精神分析理论的全面渗透与"符义分析"模式演进

无意识相关的"符号态"（le sémiotique），以及与意识相关的"象征态"（le symbolique），它们共同形成了语言内部的对话，在任何意义系统中都是密不可分、缺一不可的。笔者认为，克里斯蒂娃的"符号态"与"象征态"的划分，是从"生成文本"与"现象文本"的关系发展而来的。"生成文本"与"现象文本"的概念，描述了文本作为超语言学装置的运作过程，尚未关注到"言说主体"的复杂性。而"符号态"与"象征态"关注"言说主体"的形成，将主体的无意识与意识的对话纳入符号系统运作的过程中，扩展了文本的概念，试图将其变成统括一切意指实践活动的术语。

在"符义分析"理论中，克里斯蒂娃运用无意识中的驱力来挑战受法则控制的、规范性的言语活动，试图颠覆统一的主体的理论。在她看来，主体不再是理性的、意识统一的，而是无意识与意识的结合。言语活动表意行为由于无意识的参与，变得极其复杂。在言语行为中，意义与非意义混杂，主体与非主体共存，这使得意义的单一逻辑被分割，呈现出一种多元化的特征。

本章将以"符义分析"理论的新发展作为研究对象。第一节从精神分析与语言世界的关联以及意识/无意识的对话两个维度讨论弗洛伊德的精神分析理论对"符义分析"问题域的扩展；第二节将对意指作用的两种模态"符号态"与"象征态"的性质给予界定，并与拉康的"三界论"进行区分，与此同时，重要讨论"符号态"的"子宫间"（la chora）这一特性；第三节将对"符义分析"的另一重要概念命名阶段（le thétique）进行解读，克里斯蒂娃将命名阶段看成是"符号态"与"象征态"的边界，是意义生成的门槛，并将这个概念与拉康精神分析学理论的"镜像阶段"和弗洛伊德的"阉割焦虑"联系起来，对这个临界点进行分析；第四节将讨论克里斯蒂娃的"符义分析"理论中意义生成的动力问题，分析克里斯蒂娃的"抛弃"（le rejet）概念与黑格尔的"否定性"（la négativité）和弗洛伊德的"否定"的关系，进而分析克里斯蒂娃的"抛弃"概念与诗性语言之间的关系。

第一节 弗洛伊德的精神分析理论对"符义分析"问题域的扩展

在克里斯蒂娃符号学理论的推演中，精神分析发挥着极其重要的作用。

尤其是在 20 世纪 70 年代中期，精神分析逐渐成为其符号学研究主要的模式来源。她对精神分析，尤其对弗洛伊德理论及后来的拉康理论的关注，并不是从这一时期才开始的，早在 20 世纪 60 年代末，她在《精神分析与语言的关系》(Psychanalyse et langage)①一文中就已经讨论过精神分析对于开拓现代语言学新道路的可能性。本节将试图通过探索她指出的精神分析、符号学与语言学在理论旨归上的交叉，来分析精神分析在扩展"符义分析"问题域上的重要性和可能路径。

一、精神分析与语言世界的关联

在克里斯蒂娃的理论设想中，精神分析之所以能与符号学相遇，语言扮演着极其重要的媒介作用。她对弗洛伊德理论与语言关系的讨论，非常明显地受到埃米尔·本维尼斯特思想的影响。本维尼斯特在《精神分析与语言的功能》中认为"精神分析学家进行治疗的依据就是病人这个主体对他说的话，他通过病人对他说的话来观察病人，通过病人的言语行为（'虚构'行为）来研究病人。而透过这些话语，他会逐渐看出需要他去解释的另一番话语，埋藏于病人无意识中的某个情结……因此从病人到精神分析学家，从精神分析学家到病人，整个过程都是通过语言的媒介来进行的"②。这一段点明了精神分析与语言世界关联的可能角度之一，在于精神分析的研究对象是作为一个独立的主体的患者的话语（parole）。分析师能且只能通过患者的话语来了解主体的情况，并进行治疗。语言在此处是一种介入病人的意识或者无意识的媒介、工具。精神分析活动中，病人对病症的描述，都是通过语言来承担的，而且分析师与患者在整个治疗过程中始终处在一种对话关系中。克里斯蒂娃在《精神分析与语言的关系》一文中开门见山地指出，"语言作为说话主体于其中自我形成（se fait）又自我解体（se defait）的所指

---

① 此文被收录在克里斯蒂娃的语言学论文集《语言，这个未知的世界》(Le langage, cet inconnu, 1969) 中。
② 埃米尔·本维尼斯特. 普通语言学问题：选译本 [M]. 王东亮，等译. 北京：生活·读书·新知三联书店，2008：98.

第四章 精神分析理论的全面渗透与"符义分析"模式演进

系统，也是心理学，特别是精神分析研究的中心课题"①。

具体到弗洛伊德的精神分析理论，本维尼斯特进一步从象征的角度将语言与精神分析相连接，认为："精神分析完全是建立在一种象征理论上，而语言不是别的，它就是象征机制。这两个象征机制的差别阐明并概括了我们相继指出的所有这些差别。弗洛伊德对无意识象征机制的深邃分析同样指明了语言象征机制得以实现的不同路径……语言象征机制实现于变化无穷的符号之中，世界上有多少种不同的语言，这些符号也就被组合成多少种不同的有区别性的形式系统。"② 此处，无意识的象征机制和语言的象征机制，在本维尼斯特的理论中，均是由符号来实现的，均是在形式系统中实现的。这是二者的相关性。其理论更重要的贡献，是在于指出了弗洛伊德无意识象征机制所呈现出的与语言的象征机制不同的特点，他认为："这些象征与其相关物之间的关系，可以被定义为丰富的能指和唯一的所指，这是因为被压抑的内容只能在形象的掩护下释放出来。我们最终会看到连接这些无意识象征的'句法'不遵循任何逻辑要求，或者更准确地说，它只知道一个维度，连续性的维度，而该维度在弗洛伊德看来，同样指明着因果关系。"③ 这并不是两种象征机制之间唯一的区别，却指出了一个至关重要的问题，即在无意识象征机制中，象征与其相关物（所指物）之间的关系。本维尼斯特认为二者之间是一种丰富的能指和唯一的所指之间的关系。被压抑的内容是充沛的、丰富的、变化的能指，而所指在此处却是固定的。逻辑在弗洛伊德对梦的研究中与一般语言的象征系统的逻辑存在着极大的差异，是处在弗洛伊德所认为的因果关系之中的。弗洛伊德对梦的解析是通过无意识象征机制中的符号建立起一种意向性的能动关系，通过解析，将这种关联性还原为一个患者的某个动机，通常认为这个动机是主体被压抑的欲望的表现。

本维尼斯特在讨论无意识象征机制时对能指与所指关系的认识，在精神

---

① 茱莉亚·克里斯蒂娃. 语言，这个未知的世界［M］. 马新民，译. 上海：复旦大学出版社，2015：281.
② 埃米尔·本维尼斯特. 普通语言学问题：选译本［M］. 王东亮，等译. 北京：生活·读书·新知三联书店，2008：110-111.
③ 埃米尔·本维尼斯特. 普通语言学问题：选译本［M］. 王东亮，等译. 北京：生活·读书·新知三联书店，2008：111.

分析与符号学之间架起了可沟通的桥梁,克里斯蒂娃将这一讨论进一步推进,她认为:"精神分析不仅与意义和与主体的产生联系在一起,而且还会引发另一个新的论题:能指比所指(共时的)更为优先。"① 在精神分析活动中,分析者倾听患者的话语,实际上倾听的是患者的话语所呈现的所指间的逻辑关系。所指与能指是不可分离的,但是能指"却脱离了在信息交流开始时与之结合的所指,变为自主体,并且可以在有意识交流的所指下面……分割成为一些传递着无意识、看不见的新所指的能指单位"②。她从精神分析活动的特殊性中,发掘了一种能指优先的原则,能指能重新组合,在能指系统或者能指网络中进行组合配置,最后这种配置在主体身上发挥作用。进一步来看,"能指优先原则在被分析的语言中建立了这样一种句法,它跳过话语链的线性意义,把处在文本不同词素中的能指单位根据一种组合逻辑连接了起来"③。患者所被分析的语言,具有反线性的话语链特征,它被分割成携带着不同词素的能指单位,按照一种新的组合逻辑来运作。这是克里斯蒂娃从弗洛伊德的梦的无意识句法的解析中获得的启发,将梦的无意识句法作为一种复杂的能指系统来研究,在这个层面上,弗洛伊德的理论与符号学的基本观念得以相遇。

不得不提的是,克里斯蒂娃的文本概念扩展了符号学的问题域,文本作为一种超语言的生成的符号系统,足以将梦和无意识的句法纳入考察范围,从而使得精神分析学进入符号学问题域的扩展进程中,"文本向符号学提出一块问题域,后者穿越语言材料指对象的不透明性,并在现有的语言材料中浓缩意义生产和改造的双重进程。正是在符号学理论化的这一论域中,精神分析科学挺身而出,提供了能够通过语言的转义(le figuré)捕捉语言中的成形性(le figurabilité)的概念化资源"④。了解这一段的意义,需要结合原

---

① 茱莉亚·克里斯蒂娃. 语言,这个未知的世界[M]. 马新民,译. 上海:复旦大学出版社,2015:292—293.
② 茱莉亚·克里斯蒂娃. 语言,这个未知的世界[M]. 马新民,译. 上海:复旦大学出版社,2015:293.
③ 茱莉亚·克里斯蒂娃. 语言,这个未知的世界[M]. 马新民,译. 上海:复旦大学出版社,2015:293.
④ Julia Kristeva. «Le texte et sa science», *Sēmeiōtikē: Recherches pour une sémanalyse*. Paris: Seuil, 1969: 27.

第四章　精神分析理论的全面渗透与"符义分析"模式演进

文中的脚注部分。

在克里斯蒂娃的法语原文这一段的脚注部分，有这样的陈述，对于我们了解精神分析学进入符号学研究视野很重要，"弗洛伊德的梦逻辑理论，通过对梦的不可化约到用于转达的话语的生产和转换活动的分析，在意识与无意识之间（entre le conscient et l'inconscient）游移，指示了文本符号学可能建构的方向"①。在梦的解析或者梦的运作活动中，存在着与意识相关的用于转达的话语以及与无意识相关的内容，后者的生产和转换活动与前者的关系，体现着梦的运作逻辑，而这一点对于扩展"符义分析"的问题域是至关重要的，它涉及另一个重要的问题，即弗洛伊德理论中意识与无意识的关系对符号学研究的意义。

二、意识/无意识的对话

2012年克里斯蒂娃来复旦大学讲学时，谈起互文性理论与结构主义的关系，在讲座的最后，她多次提到了弗洛伊德对其理论建构的影响，并将其与本维尼斯特、巴赫金对她的理论建构的影响力做比较。她指出："本维尼斯特对我的帮助很大，但对我发生更为深刻影响的是弗洛伊德的理论与实践。在我的研究探索中，弗洛伊德精神分析法的地位逐渐取代巴赫金。"②从20世纪60年代末至今，纵观克里斯蒂娃近50年的理论探索，"符义分析"理论是其理论的开端，精神分析法从60年代末开始就占据着一定的位置，对弗洛伊德的发掘成为她20世纪70年代中期思想转向的重要理论依据。在70年代中后期，她的精神分析学家的身份逐渐取代语言学家、符号学家的身份，其早期所专注的文学研究逐渐被文化研究、精神分析学的探索所取代。

无论是上文提到的弗洛伊德精神分析学理论中关于梦和无意识句法的运作机制的讨论，还是接下来所讨论的无意识与意识的内容，这一时期的"符义分析"对精神分析法的借用，并未触及复杂的概念和内核，却从整体上转

---

① Julia Kristeva. «Le texte et sa science», *Sēmeiōtikē: Recherches pour une sémanalyse*. Paris: Seuil, 1969: 27.
② 克里斯蒂娃. 互文性理论对结构主义的继承与突破[J]. 当代修辞学，2013（5）: 3.

移了符号学研究所关注的对象,为其注入了新的内容。意识与无意识的区分,是弗洛伊德早期的理论,克里斯蒂娃在这里讨论了两个方面的内容:(1)意识与无意识之间有什么关系?(2)这种关系如何在文本层面显现出来?本书第一章已经提到巴赫金对话理论,其中说话者活动的特别之处,在于说话时必定包含着一个对象,一个对话的他者。而借由对弗洛伊德理论的认识,克里斯蒂娃认为,言说主体在说话时,不仅包含着一个异己的对象,而且他自身也并非处于稳定的、变动不居的状态,他的主体身份由于精神分析理论的引入而具有很大的讨论空间。具体来说,言说主体这种不稳定的、变化的状态正是由于意识与无意识的参与。从这一角度出发,对话不仅存在于言说主体与对象之间,而且还存在于言说主体的内部(意识与无意识的分割)。

从精神分析的角度来看,"说话者本人已经具有双重性,也就是意识与无意识。'意识',即语言、逻辑、价值、结构等等。'无意识',关于它的各种理论众说纷纭。在我看来——我与弗洛伊德一路,同时也在一定程度上受到拉康的影响——无意识源于感觉、情感与冲动的表征(représentation)。也就是说,'无意识'是属于'前语言'(pré-linguistique)的。拉康说过:'无意识的构成类似语言(L'inconscient est structuré comme un langage.),但它不是语言'"。① 意识是与用于交流的语言、价值与结构相关,无意识在她看来是属于前语言的,借由弗洛伊德与拉康的理论,克里斯蒂娃将语言和前语言阶段与意识和无意识相连接,无论是语言和前语言,还是意识和无意识,均存在一种相关性,构成对话的关系。而这二者的对话关系,如何在文本层面显现出来呢?当无意识理论以及意识主体与无意识主体的二分法被引入"符义分析"研究时,意义生成就包含了新的内容,即后来克里斯蒂娃提出的具有不同的模态、功能和品格"符号态"与"象征态",它们在语言的内部对话,主体内部还有一个空间,即无意识的空间,有类似语言的结构,但并不是语言,但语言会对它的组织产生作用。

关于意思与无意识的对话在文本层面的显现,克里斯蒂娃以马拉美为例,"法国诗人马拉美(Mallarmé)有这样的诗句:'Hyperbole! de ma mémoire. Triom phalement ne sais-tu. Te lever, aujourd'hui grcmocre.

---

① 克里斯蒂娃. 互文性理论对结构主义的继承与突破[J]. 当代修辞学,2013(5):7.

第四章 精神分析理论的全面渗透与"符义分析"模式演进

Dans un livre de fer vêtu:…'面对这么一句诗,读者一下子也不清楚诗人到底在说什么,只是大致上知道这句诗有关记忆(mémoire);记忆在书中寻找什么……然而,你仔细听诗句的发声,你可以在 hyperbole 一词中听到 père 的发音(父亲),而 ma mémoire 中又有 maman(妈妈)的声音。诗句的音乐让你产生联想,而这些联想加入了意义的多声部,丰富了文本的对话性"①。这一段是克里斯蒂娃对例子的描述,对于理解她的理论至关重要。对于理解文中所提到的马拉美难懂的诗句,她提到了几个关键词:(1)听,她认为可以从语音的层面寻找一种相似性,即整个长句的发音所包含的全部的可能组合规则,比如 hyperbole 这个词中的 per 与 père 的发音是一样的,这是对某一个单词的音素的切割,而后来的这个例子 ma mémoire 中所分析出的 maman 涉及两个单词。(2)联想,这里联想一词的内涵本身与精神分析学的术语"自由联想"(free association)相似。"自由联想"是弗洛伊德释梦的主要依据之一,是最基本的精神分析的治疗方法。"释梦,从整体而言,主要依赖于梦者的联想。"② 释梦的过程就是分析师对患者梦境的自由联想给出解释,所以可以将释梦看成一种对话活动,看成自由联想与解释的结合。而在此处,读者的联想过程是对意义的多声部的探索过程和对文本的意义装置的分析过程。这正是她的"符义分析"从语音的维度对符号表意活动进行切割的过程。读者主动参与到了诗歌意义的生成过程。

对于精神分析对克里斯蒂娃理论建构的重要性,多斯在《解构主义史》中指出:"精神分析提供了必要的概念网络,以供她(克里斯蒂娃)进一步寻找主体,揭示主体的存在模式。"③ 克里斯蒂娃对精神分析术语的挪用,是扩展"符义分析"问题域的需要,这种理论的延展,实际上反映出她早期理论探索中对被结构主义符号学束之高阁的主体问题的回应,主体和主体性重新被拉回到舞台的中央,而精神分析是这种回归必不可少的路径。此外,早期"符义分析"中精神分析法曾短暂地出场,是作为分析语素与义素、词素等方面的意义的一种可能路径出现的,而当精神分析法全面渗透到符号学

---

① 克里斯蒂娃. 互文性理论对结构主义的继承与突破 [J]. 当代修辞学,2013(5):8.
② Nandor Fodor, Frank Gaynor, eds. Freud: Dictionary of Psychoanalysis. New York: Philosophical library, 1950: 14.
③ 多斯. 解构主义史 [M]. 季广茂,译. 北京:金城出版社,2012:79.

研究中时，众多概念和研究方法被借用，成为"符义分析"中与符号学理论几乎"等价"的另一套理论系统。而下文将着重讨论的，是克里斯蒂娃的博士论文《诗性语言的革命》的理论建构部分中几大与精神分析相关联的核心概念，笔者试图以概念为切入口讨论"符义分析"理论演进的新方向。

第二节 "符号态"与"象征态"
——意义生成的基本模态

克里斯蒂娃的"符义分析"理论提出"符号态"（le sémiotique）和"象征态"（le symbolique）[①] 两种模态。其中，"符号态"是与无意识相关的，处在生成的过程中，并未上升到语言和意识层面的意义，而"象征态"的作用范围则是判定或者是句子，是属于语言和意识层面的意义领域。克里斯蒂娃通过这两种异质的模态的相互关联，将无意识的非意义的领域与意义的领域联系在一起，通过意义在身体和精神之间、自然和文化之间建构起沟通的可能性，她试图将两种异质的领域通过符号学和精神分析架构起桥梁。

本节将对这两种意指活动的模态进行界定，通过将二者与拉康的"三界"论的比较分析，说明克里斯蒂娃对拉康的继承与突破。同时，"符号态"的"子宫间"是处在运用中的未经语言表达的暂时性构成，具有空间的内涵。克里斯蒂娃将"子宫间"与母亲的身体联系在一起，认为它既是意义生成的空间，又是孕育中的、具有母性特征的存在。本小节末尾将集中讨论"子宫间"的性质。

一、两种模态的性质界定

与无意识相关的、非主体性的内容，克里斯蒂娃是如何预设和建构的

[①] 克里斯蒂娃"符号态"的法语原文为 le sémiotique，以区别于符号学的法语原文为 la sémiotique。国内学者孙秀丽将这两种模态译成"前符号态"和"符号象征态"（参见孙秀丽《克里斯蒂娃解析符号学研究》），强调的是两种模态之间相互作用的关系。黄蓓将这两种模态译成"符号性生成"和"象征性生成"（参见茱莉亚·克里斯蒂娃《互文性理论对结构主义的继承与发展》，黄蓓译，《当代修辞学》，2013 年第 5 期），将其理解为语言的意指作用中的两种生成模式。笔者更倾向于采用"符号态"与"象征态"的译法，因为克里斯蒂娃在提出这两个术语时，使用的术语是两种模态（deux modalités），且这种译法的演绎内容少，相对更直接。

第四章　精神分析理论的全面渗透与"符义分析"模式演进

呢？精神分析的无意识理论如何在文本理论中发挥作用呢？这需要回到克里斯蒂娃的"符义分析"理论所论证同一意义生成过程的不同模态，即"符号态"与"象征态"的辩证关系中，克里斯蒂娃在她的博士论文《诗性语言的革命》的开篇提出："现代语言学所谈及到的两种趋势提及了同一意指过程的两种模态（deux modalités），第一种趋势是'符号态'，第二种趋势是'象征态'。这两种模态在组成语言的意指过程是密不可分的，二者之间的辩证关系决定了话语的不同类型（如叙述、元语言、理论、诗歌等），换句话说，所谓的自然语言允许两种模态的不同的分节模式。另一方面，同样存在着非言语的意指系统，它只建构在'符号态'的基础之上（比如音乐）。"①

克里斯蒂娃认为，"符号态"和"象征态"的不同分节模式决定了话语类型的差异，同时在意指活动中存在着"象征态"离场的非语言的意指系统。这两种模态与克里斯蒂娃同时代的语言学研究的两种趋势是相对应的，"符号态"所指的是被形式论所排除的、语言形式的维度，如本能的驱力，以及语言形式的运作，比如压缩和置换元音、语调的差异。而"象征态"所指的则是存在于语言学的语用和语义层面，表现为用于交流的、符合句法规范的句子，是主体和意识能够掌控的意义领域。借由这两种模态，克里斯蒂娃试图对感受性和无限性等难以界定和表述的内容进行表达。

在对"符号态"与"象征态"的性质进行界定前，首先需要弄清楚"驱力"（les pulsions）这个概念。驱力是弗洛伊德精神分析学理论的一个重要概念。弗洛伊德认为，它来源于身体的细胞，以一种精神层面的满足为目标。驱力会引发主要的需求：饥饿、呼吸和性欲。弗洛伊德将驱力分为生命驱力和死亡驱力两种。弗洛伊德的驱力概念是非常复杂的，随着他的精神分析学理论的发展，驱力概念的内涵也发生了变化。克里斯蒂娃对弗洛伊德的驱力概念进行了重新界定："驱力是物质的，但不仅仅是生物的，因为它们同时连接并区分了实践过程中的意指身体所具有的生物特性和象征特性。"②克里斯蒂娃将驱力看成是沟通生物和文化之间的本能的能量，它沟通和联系

---

① 克里斯蒂娃. 诗性语言的革命 [M]. 张颖，王小姣，译. 成都：四川大学出版社，2016：10—11.
② 克里斯蒂娃. 诗性语言的革命 [M]. 张颖，王小姣，译. 成都：四川大学出版社，2016：129.

着身体与社会，是联系着意义指称活动的生物基础与社会和家庭基础的桥梁。

克里斯蒂娃认为，"符号态"是人类经验中与肉体、驱力联系在一起的内容，它侵入或者混合进入"象征态"中，"'符号态'过程是本能的和母性的，它为未来的言说者提供进入意义和意指（象征态）的路径"①。"符号态"是一种现实交往的停顿，它超越语言，是与用于交流的语言的相异质内容。意义，在克里斯蒂娃的符号学理论中，并非结构主义语言学所认为的是一个符号系统，而是转变为一种意指过程，传统的符号学领域的意义是一种稳定的、静态的分节，但是"符义分析"试图把握的意义却包含一种动态的、前语言的操作。

"符号态"表现为一种古老的、原初的精神活动状态，这种状态与婴儿主体的形成过程有一种紧密共生的关系。"符号态"是用来表示一种建立在痕迹和标记基础之上的意指操作，而不是符号，标记是言说的身体的欲动标记，而痕迹就是弗洛伊德所谓的原初过程。"符号态"在任何传达性的语言活动中，甚而扩大至时代之后资本主义社会中，都是受到压抑的，而克里斯蒂娃对这一种模态的强调，是试图打破这种压抑。在她看来，这种颠覆和打破主要体现在先锋艺术和狂欢话语、精神病人话语中。"符号态"是一种特别的口头形式，身体的能量和效果通过某种方式进入语言，它包含着主体的欲动和分节，尽管它是口头表达的，但是它并不服从于一般的句法规则。比如诗性语言中所蕴含的、如音乐般的韵律和节奏的变化，绘画艺术中色彩的变化等，往往是"符号态"活动在发生作用。"符号态"所指向的超越语言之外的内容，即所谓的超语言学研究，比如婴儿语言的习得、抽象画中颜色的运用，以及音乐中的节奏和韵律等。

与"符号态"相反，"象征态"是与历史、社会以及外部意识形态相连接的内容。它是语言符号及其体系所在的领域，同时也是使对象确立的主体建构起来之后的领域。法国结构主义理论所研究的不同的符号体系结构，如列维-斯特劳斯关于亲属关系的研究，正是关于克里斯蒂娃所谓的"象征态"作用的受社会法则所制约的、文化空间内、各种社会性象征之间的活

---

① Julia Kristeva. «D'une identité l'autre», *Polylogue*. Paris: Seuil, 1977: 161.

第四章 精神分析理论的全面渗透与"符义分析"模式演进

动。说话主体在"象征态"模式下表达明确、清晰的意义,科学表达或者逻辑表达是典型的象征语言的使用。"象征态"是一种语言的附属意义,从逻辑层面和时间维度来看,它是伴随着语言符号分节进入语法,它确保说话主体与社会成员之间的正常交往,而没有"象征态"则会处于一种失语的状态。"换句话说,'象征态'既是共时的,也是历时的,它与语言的获得和呈现的句法结构均相关。"①

对"符号态"和"象征态"的研究,需要从超语言学的角度展开。以婴儿语言的习得为例,通过大量模仿言语,婴儿的语言处在一种渐进的过程中,这个过程假定了语言存在的可能性。这表明语言是存在的,成为一种等待被接受和激发婴儿言说欲望的工具。研究者无法通过语言学的研究方法,如从语音、语义或者语法的角度来对这个过程进行研究分析,因为只有超语言学的研究方法才有助于研究一种与语言相关的意义的零度状态,可以涵盖主体性的体验,以及各种其他类型的美学实践等。而意义的零度状态,即意指过程的崩坏和重生之所,是处在意义的门槛之上,远离日常交流的言语活动和行为模式。

"符号态"和"象征态"在语言的意义过程是辩证相关的,克里斯蒂娃指出:"准确来看,因为两种意指过程的模态中存在着辩证关系,它是由主体构成的。因为主体既是'符号态'的,又是'象征态'的,由主体产生的任何意指系统不可能是'单一'(exclusivement)的某种模态,而必须是两种意指活动共同作用的结果。"② 任何意指系统都是两种模态之间相互作用的结果,这两种模态间形成了一种对话和相互依存的关系。一方面,"符号态"与身体相联系,面对的是意义生成的动态的过程,而"象征态"与外部世界紧密联系,面对的是历史、社会以及意识形态的外部环境;另一方面,克里斯蒂娃所谓的"过程中的主体"是由这两种模态共同作用而形成的,不同于西方哲学中理性的、在"象征态"中形成的统一的主体。由于"符号态"的存在,主体总是处在崩溃和重组的过程中,处在夹杂着"符号态"的

---

① Julia Kristeva. "A Conversation with Julia Kristeva", Ross Mitchell Guberman, ed. *Julia Kristeva Interviews*. New York: Columbia University Press, 1996: 21.
② 克里斯蒂娃. 诗性语言的革命 [M]. 张颖,王小姣,译. 成都:四川大学出版社,2016: 11.

非符号性质的符号和"象征态"的符号的异质矛盾的纠葛和斗争中。由此，语言习得中的主体与意识统一的、具有内在自我的先验的主体分离，通过切割先验的自我，在主体的内部打开一个辩证的空间。

二、两种模态与拉康的"三界"论

克里斯蒂娃的"符号态"，强调的是语言中的驱力的组织，是与韵律和音调联系在一起的，不能再现或者意指任何事物，关注的是语言中与身体驱力相关的节奏、韵律，是不可化约到语言的句法规范，或者说不能被立场和判断所包含的异质内容。而"象征态"是与语法规范和语言结构联系在一起的，能够指称某物。语言的边界所指向的，是"符号态"与"象征态"之间的平衡。

从理论缘起的层面来看，与拉康的"三界"理论有相关性。拉康的"三界"论将世界划分为"实在界"（the Real）、"想象界"（the Imaginary）和"象征界"（the Symbolic）三界，他认为，对人类而言，纯粹的想象维度是不存在的，它总是作为与实在和象征相关的想象而存在，而另外两种秩序同样如此，"三界"处在相互关联之中。克里斯蒂娃的"符号态"与"象征态"与拉康的"想象界"和"象征界"存在着重合之处，拉康对克里斯蒂娃的影响是显而易见的，但克里斯蒂娃并非全盘吸收了拉康的"三界"论，而是从自身的理论建构出发，对拉康的"三界"论进行了部分吸收和扩展。

克里斯蒂娃认为："'符号态'，若真需要与拉康的理论相对应的，是与拉康的'想象界'和'实在界'相呼应的。对于他而言，'实在界'是一个空洞，一个虚空，但是我认为在精神分析所关注的体验中，如自恋结构、抑郁症的体验、灾难性的体验等，'实在界'的出现不一定是一种虚空。它伴随着'符号态'序列的精神的铭刻。由此，'符号态'概念允许人们在不谈论空无的条件下谈论'实在界'，它帮助人们更好地认识'实在界'。在任何情形下，在'想象界'的层面，也就是在虚拟建构的层面，'符号态'是发挥最明显作用的。"[①]

从这段陈述可以看出，克里斯蒂娃的"符号态"所对应的，是拉康的

---

① Julia Kristeva. "A Conversation with Julia Kristeva", Ross Mitchell Guberman, ed. *Julia Kristeva Interviews*. New York: Columbia University Press, 1996: 23.

第四章 精神分析理论的全面渗透与"符义分析"模式演进

"想象界"与"实在界"。但是对于拉康的"实在界",克里斯蒂娃并不完全赞同,她认为"实在界"并不是一种虚空,而她的"符号态"的作用,正是通过身体的驱力作用来更好地认识"实在界"。同时,克里斯蒂娃认为"符号态"在"想象界"的层面能更好地发挥作用。很明显,克里斯蒂娃是用"符号态"来补充说明拉康的"想象界"和"实在界"的。

除此之外,拉康的"象征界"与克里斯蒂娃的"象征态"也并不能绝对等同。拉康的"象征界"所指向的,是通过能指的网络形成的反映人类生存的一种基本秩序,它包含了人类意指活动的全部领域。对于全人类主体而言,"象征界"的影响是决定性的,是不可逃脱的,是优先在场的秩序,人类主体必须认同它,才能成为自足的主体。对它的认同过程即语言习得的过程,是参与能指游戏的过程。而人类主体进入"象征界"的主要途径,即认可"象征界"的他者,而在主体的逐渐形成过程中,他者从母亲转向父亲,而"以父之名"(name of the father)作为父亲能指,最终取代母亲能指。

而克里斯蒂娃的"象征态"只是意指活动的整个宏观领域中的一个要素,它所指向的是儿童句法和语言结构的形成。"象征态"所说明的,是建立符号运作的语言结构的意指过程的要素。凯利·奥利弗(Kelly Oliver)比较分析了拉康的"象征界"与克里斯蒂娃的"象征态",她认为:"拉康的'象征界'指向是一种最宽泛的意义指称,包含人类生活的整个文化环境,而克里斯蒂娃的'象征态'是一个技术层面的术语,它界定了语言中与句法相关的元素。"[①] 克里斯蒂娃所讨论的"符号态"与"象征态"的关系,是从语言的意指过程的维度展开的,而拉康所讨论的"象征界"关注的则是整个由能指网络形成的人类文化。克里斯蒂娃的"符号态"成了拉康的"象征界"中有关语法和语言规范的一个分支。

三、"符号态"的"子宫间"

在克里斯蒂娃的理论中,"符号态"的"子宫间"(la chora)是与意指实践紧密相关的,它是意义产生之所,连接意识与无意识,具有"前语言"

[①] Kelly Oliver. "Introduction: Kristeva's Revolution", Kelly Oliver, ed. *The Portable Kristeva*. New York: Columbia University Press, 2002: XV.

的特征,是克里斯蒂娃符号学理论的关键词。它不是一种依赖再现的格局,而是一种不稳定的、不确定的分节。它的目标是通过生成来到达一种意指的位置。无意识理论有助于去认识这一韵律的空间,在其中,没有命题,没有立场,它们是通过这个过程来形成的。对这种"子宫间"的理解,稳定的阐释主体是无法做到的,新的主体中无意识参与进来。这种主体并不能化约到某种理解的主体,而是可以在这个主体之内打开"符号态"功能的空间。

"子宫间"这个概念最早源于柏拉图的作品《提迈欧篇》(*The Timaeus*),柏拉图在这篇文章中思考有关生成的原理,认为真理是永恒的,不变的,永远不能表述的。"它是一切形状的天然接受者,随着各种有形体的进入而变化和变形,并因此而在不同的实践中呈现出不同的状态。但是进出于其中的所有形体都是按照那永恒的实体以一种奇妙的方式按照其模型塑造出来的。这一点待以后再来研究。因为当前只需要弄懂三种东西:第一,生成者,处于生成过程中的东西;第二,接收者,生成过程中发生于其中的东西;第三,被模仿者,被生成的事物天然地模仿的东西。我们可以恰当地把接收者比作母亲,把被模仿者比作父亲,把生成者比作子女……因此,我们不可以把一切可见的被造物之母和接受者称为土、气、火、水,或称作它们的复合物,或称作从它们那里派生出来的元素,而应说它是一种不可见的、无形状的存在,它接受一切事物,以某种神秘的方式分有理智,是最难以理解的。"[①]

在这段论述中,柏拉图提出了生成者、接受者和被模仿者的概念,这三者都服务于生成的动态过程。从柏拉图的论述中,接受者、被模仿者和生成者形成一种类似家庭三角关系的结构。世间的一切可见物最终都是通过某种类似容器的模型制造出来的,它没有形状,没有实体,却无所不包。

克里斯蒂娃将柏拉图的这个概念进一步细化,她认为:"'子宫间'概念表示是一种本质上运动的极端暂时的分节,它们是由运动和它们短暂的停滞状态组成的。我们将这种不确定的分节与另一种格局相区分,这种格局依赖于再现,赋予自身一种现象学的、空间直觉的表达,同时上升到几何学层面。尽管对于'子宫间'的理论描述,我们遵循它是再现话语的一部分从而

---

① 柏拉图. 柏拉图全集:第3卷[M]. 王晓朝,译. 北京:人民出版社,2003:302—303.

第四章 精神分析理论的全面渗透与"符义分析"模式演进

可以作为证据,但是'子宫间'作为一种断裂和分节(韵律),是证据以及逼真性、空间性和暂时性的先决条件。"① 换句话说,"子宫间"作为一种无意识的驱力的矩阵,是一种驱力结构化的装置,是用来描述一种享乐进入语言的状态,在其中无意识地发生作用的正是无意识的运作机制——压缩和置换,它是前文化的,是属于"符号态"的。

要认清"子宫间"的性质,笔者认为,需要将它与用于传达的语言符号连接起来。首先,它不是符号,不具有再现的功能,那么它当然更不具备语言符号能指的功能。"子宫间"只能是作为一种断裂和分节(韵律),是先于证据、逼真性、空间性和暂时性的。那么,"子宫间"在作为一种形态表现出来时,它的特征就是元音的或者运动的韵律、节奏,或者颜色、声调等。这样的一种韵律空间,没有命名,并没有形成一个有序的整体,但是它并不是杂乱无章的。

那么,为什么"子宫间"会表现为运动以及短暂的停滞状态呢?"子宫间"的运动是受到无意识的体内冲动的影响,而它短暂的停滞状态的原因,则是由于"子宫间"内部必要性的客观的序列的制约。这种制约不同于"象征态"的语法和规范,表现为不同性别的生理差异和家庭结构。身体体内冲动的能量由于制约的存在,而使得"子宫间"运动的内部呈现出一种非连续性。运动与制约交替存在,使得"子宫间"内部呈现出一种运动与停滞、继续运动、继续停滞的反复交替状态。

要认识"子宫间",无法通过任何只与意识统一的主体相关的理论来分析,必须求助于无意识的理论,因为它是处于受到意识所压抑的、隐藏的空间之内的,当然无法通过一个已经形成认知能力的、有独立完整的自我意识的主体进行研究。只有无意识的主体理论才能作为一种有效的方法论以论证这种前语言的符号空间的具体形态。

克里斯蒂娃在讨论"子宫间"问题时,吸收了拉康结构主义精神分析学的观点,认为人类主体的主体性是与语言的习得和语言的运用联系在一起的。从婴儿主体的形成过程来看,"符号态"的"子宫间"处于前俄狄浦斯

---

① 克里斯蒂娃. 诗性语言的革命 [M]. 张颖,王小姣,译. 成都:四川大学出版社,2016:12.

阶段。在这一阶段中，主体处在形成自我的过程中，还未掌握语言。在"子宫间"状态下，母亲的身体和正在形成中的主体之间具有紧密联系，从儿童精神分析学的角度来看，婴儿在出生后尚未形成完整的主体，它首先需要与母亲分离，而在分离的过程中，它需要将自身从这个对象中分离出来，从而将自身假定为他者。母亲的身体，在这个分离的过程中，扮演的是一个"容器的角色"，成为形成社会象征法则的中介物，它总是处在一个动态的和被毁灭、受攻击的过程中。由此，克里斯蒂娃认为，"子宫间"具有孕育中的母性特征。由于它与母亲的身体同形同构，是意义的生成空间，也是符号的生成空间。在这个空间内，词汇、句法逐步展开，最终随着主体的形成而过渡到象征态的规范的社会规范中，成为符合句法规范的、能够有效传情达意的语言符号。

既然"子宫间"是"主体生成和否定的位置，是主体的负荷和停滞状态形成之前的同一性"[1]。那么，克里斯蒂娃为什么用"子宫间"来命名这样的一个与理想相对的、不稳定的、不可命名的空间呢？这二者之间存在矛盾，即如何用一个可命名的术语来指定一个不可命名的"容器"。很明显，克里斯蒂娃也意识到了这样的问题，她最终将"子宫间"看成是一种没有意义的，仅在功能层面的，处在无限的连接和分离状态的与符号逻辑异质的内容，从而避免正面处理这一问题。由此可见，对于"子宫间"的认识，既是共时的，又是历时的，需要从时间顺序和逻辑层面一并讨论。

"子宫间"的内部具有能动性，它是受死亡驱力所主导的、能指的重现与生成的空间。"因此，当它们既与自己的同类结合，又与异类结合时，其构造就有了无限多样性，凡想要对事物的真理提出有可能成立的解释的人必须考虑到这一点……运动绝不会存在于同质性的状态中。"[2] 柏拉图的这段论述，与克里斯蒂娃有关"子宫间"的能动性所包含的否定功能遥相呼应。尽管"子宫间"作为一种未决断的驱力的运动出现，它仍然是一种功能、一种驱力的工厂。"子宫间"因为与无意识的死亡驱力紧密相关，所以与它相关的术语是断裂、否定和抛弃，是彻底地反美学的。用于交流的"语言"是

---

[1] 克里斯蒂娃. 诗性语言的革命 [M]. 张颖, 王小姣, 译. 成都: 四川大学出版社, 2016: 15.
[2] 柏拉图. 柏拉图全集: 第3卷 [M]. 王晓朝, 译. 北京: 人民出版社, 2003: 310-311.

与"子宫间"相伴随存在的，此时的语言是一种释放，前语言的因素（韵律、声调、色彩）都存在其中。

笔者认为，克里斯蒂娃的"符义分析"理论的价值在于，它将符号系统中的异质的"符号态"作为一种颠覆的力量标示出来，"符号态"成为以身体驱力为基础的无意识空间，这使得符号学理论在关注人的同时，将身体引入主体研究。主体不再是类似单子的、不可分割的、孤立的精神实体，而是连接肉体和精神的媒介。同时，克里斯蒂娃所讨论的意指过程不仅仅局限在语言领域，语言的实践包含了一些非语言（超语言）的再现活动，比如驱力、前语言、感知和韵律。诗性语言在克里斯蒂娃的理论建构中，发挥着挑战现有文学传统模式的重要作用。

从这个维度出发，克里斯蒂娃将弗洛伊德理论中的无意识理论尤其是驱力理论引入文本研究，她打开了一个新的无意识空间。这一空间的内部充斥着欲望、冲动与情感。理性与非理性相对话，"符号态"与"象征态"相对话，这反映出克里斯蒂娃符号学理论扩展了对话的领域，丰富了对话的内涵。

第三节　命名时段——意义生成的门槛

"命名时段"（phase thétique）是克里斯蒂娃20世纪70年代提出的概念，用以表述产生意义立场的分界。它是意指活动的关键环节，联系着"符号态"与"象征态"两个异质的领域，处在意义的边界。命名时段对于主体的形成是不可或缺的，是人类主体发展与对象关系确立的基础，而命名行为的具体过程也是主体和主体对象的确立过程。意义生成（signifiance）重点突出意指过程中异质的要素，命名时段作为意义生成过程的重要阶段，因为它的存在，意义的生成"这种异质的过程，既不是混乱的、无秩序的基础，又不是精神分裂症的堡垒，而是一种结构化和解构化的实践，一条通往主体的局限和社会有限性的路径"[①]。在先锋诗歌文本的话语分析中，命名时段面临着被破坏和重新形成的问题，精神分析活动的要旨是重建被粉碎的命名

---

① 克里斯蒂娃. 诗性语言的革命［M］. 张颖，王小姣，译. 成都：四川大学出版社，2016：5.

时段。在女性主义研究领域，这一概念受到了罗丝（Jacqueline Rose）和巴特勒（Judith Butler）等理论家的关注，并引来争议。

克里斯蒂娃的符号学理论，作为一种先锋的文学观念，是当时法国社会政治变革的诉求在理论层面的反映，在形式和内容层面均表现出强烈的变革和颠覆意味。克里斯蒂娃在理论建构时，旗帜鲜明地将语言看成一种工作，强调自然交流的、符合句法规范的表层语言与能指实践的深层语义场之间存在着差异。语言的意指活动是在分层和对立中展开工作的，它是多数的、不同的、无穷无尽的动态生成过程。她用意义生成这个概念来说明此动态过程，并将其界定为"无限的、无尽的生成过程，是驱力（pulsion）面向语言、在语言之中，并跨越语言的不停歇的运作过程；同时也是驱力面向交换系统及其主导者（即主体和他所处的各种机制），存在于这二者之中，并通过它们而不停运作的过程"[①]。

这一以研究意义生成过程的动态机制作为目标的符号学理论，关注驱力不停歇的破坏作用与用于交流的语言、符号系统以及主体之间的相互关系。驱力本是弗洛伊德精神分析学理论的一个重要概念，随着弗洛伊德精神分析学理论的发展，该概念的内涵也相应发生了变化。克里斯蒂娃对这个概念进行了重新界定："驱力是物质的，但不仅仅是生物的，因为它们同时连接并区分了实践过程中的意指身体所具有的生物特性和象征特性。"[②] 在克里斯蒂娃的符号学理论中，她将驱力看成是沟通生物和文化的本能的能量，它沟通和联系着身体与社会，是联系着意义指称活动的生物基础与社会和家庭基础的桥梁。需要指出的是，克里斯蒂娃在此理解的驱力主要是指具有破坏性的死亡驱力。

从符号表意行为的出发点来看，克里斯蒂娃符号学理论的研究重心不再是再现意义的符号或者判断，而是符号或者判断的意指活动。如何界定意义的边界状态，并利用胡塞尔现象学与弗洛伊德精神分析学的理论成果来具体化命名的过程，同时将这一符号学的方法论运用于对先锋派诗歌创作、精神分析理论以及女性主义理论的认识，扩展理论的边界，这些都是亟待学界厘

---

① 克里斯蒂娃. 诗性语言的革命[M]. 张颖，王小姣，译. 成都：四川大学出版社，2016：5.
② 克里斯蒂娃. 诗性语言的革命[M]. 张颖，王小姣，译. 成都：四川大学出版社，2016：129.

清的理论问题。

一、命名时段的理论内涵

在《诗性语言的革命：19世纪末的先锋派——马拉美和洛特雷阿蒙》一文中，克里斯蒂娃对命名时段进行了界定，她认为："意指领域是指命题或判定的领域，即不同立场的领域。胡塞尔的现象学通过信念、立场和论题组织这类场域性（positionnalité）。它们以意义生成过程中的自我建构为分界，将主体的自我认同及主体对对象的认同作为命题性（propositionnalité）的条件。这种产生意义立场的分界，我们称其为命名时段。"①

胡塞尔的现象学理论强调意义假定的演进，以意识活动为核心。有学者指出："贯穿于胡塞尔现象学始终的一个主要特征就在于：意识生活应当作为哲学的必然出发点，它是所有现实的意义构造之基础……'意识'始终是关于某物的意识，或者说，所有现实的时空存在都与一个对它们进行经验、感知、回忆等等的意识有关。世界被看作是意识成就的相关项之总体，所有客观的意义构造和存在有效性都以作为先验主体性的意识为原本的源泉。"②先验主体性的意识，是胡塞尔现象学研究的基石。克里斯蒂娃的理论建构，尝试突破胡塞尔理论的这种内在化现象，她认为，言说主体的形成过程存在着一种演进路径，是语言过程的深层阐释内容。克里斯蒂娃用命名时段，指一种产生意义立场的分界，是意义指称过程中某种特定的情形下所获得的一种时段，是形成主体但不会被化约到主体的过程。

命名时段作为意义假定的边界，区分为两个异质的、对话的模态，即符号态与象征态。一方面，克里斯蒂娃认为："意义，命名过程，主体均是可生产的，目的在于开启对'符号态'的研究，因为它们均产生于'符号态'却并不了解'符号态'。因此，'符号态'是先命题的，同时，也先于主体的假定。"③符号态，作为与意指和符号相异质的分节，指向的是被形式论所排除的、语言形式的维度，如本能的驱力，以及语言形式的运作，比如压缩

---

① 克里斯蒂娃. 诗性语言的革命［M］. 张颖，王小姣，译. 成都：四川大学出版社，2016：27.
② 倪梁康. 胡塞尔现象学概念通释［M］. 北京：生活·读书·新知三联书店，2007：88.
③ 克里斯蒂娃. 诗性语言的革命［M］. 张颖，王小姣，译. 成都：四川大学出版社，2016：22.

和置换，以及元音、语调的差异，在人类经验中是与肉体联系在一起的内容，"'符号态'过程既是本能的，又是母性的，它为未来主体进入意义和意指（'象征态'）做准备"①。符号态是一种现实人类语言交流的停顿，它超越了语言，是与用于交流的语言相异质的内容。

另一方面，象征态指向的则是存在于语言学的语用和语义层面，表现为用于交流的、符合句法规范的句子，是主体和意识能够掌控的意义领域。"语言，作为一种象征功能，它的形成是以压抑本能驱力和连续的与母亲的关系为代价的。"②象征态是与历史、社会以及外部的意识形态相连接的内容。它是语言符号及其体系所在的领域，同时也是使得对象确立的主体的领域。法国结构主义理论所研究的不同的符号体系结构，如列维－斯特劳斯关于亲属关系的研究，其研究的正是象征态作用的受社会法则所制约的、文化空间内、各种社会性象征之间的活动。主体在象征态模态下表达明确、清晰的意义，科学表达或者逻辑表达是典型的象征语言的使用。象征态是一种语言的附属意义，从逻辑层面和时间维度来看，它伴随着语言符号分节进入语法，它确保说话主体与社会成员之间的正常交往，而没有象征态，人类社会将会处于一种失语状态。

这两者相比较而言，后者包括判断与句子，属于意义领域，而前者则不属于这样的意义领域。而命名时段在意义生成的过程中是一个分界，它的标志是主体的确立，以及随之产生的对象的确立。命名时段与胡塞尔理论中的"立场性"紧密相关。"在胡塞尔的术语中，'立场性'是指意识对意识对象之存在与否持有立场，或者说，对对象的存在作出'设定'和'执态'。"③克里斯蒂娃将这种对对象存在与否所持有的立场，发展成主体以及随之产生的对象的基本出发点，将其看成是无意识与意识行为的边界。

意指作用的过程所包含的这两种生成方式，形成了一种相互对话、相互依存、不可分割的关系。一方面，符号态与身体相联系，面对的是意义生成的动态的过程，关注的是在句子、词语甚至是音节之前的状态，这个状态始

---

① Julia Kristeva. «D'une identité l'autre», *Polylogue*. Paris: Seuil, 1977: 161.
② Julia Kristeva. «D'une identité l'autre», *Polylogue*. Paris: Seuil, 1977: 162.
③ 倪梁康. 胡塞尔现象学概念通释 [M]. 北京: 生活·读书·新知三联书店, 2007: 88、368.

第四章　精神分析理论的全面渗透与"符义分析"模式演进

终处在于意义的生成过程中，是表意语言形成之前的状态。它是处在与无意识相关的领域。另一方面，象征态与外部世界紧密联系，面对的是历史、社会以及意识形态的外部。它是属于意义领域，人类使用句子进行语言交流，均是在象征态的范围内活动。主体不是本质的、稳定不居的，而是二分主体，具有意识和无意识的双重性。人类主体制造的任何意义系统都是两种意义生成方式相互作用的结果。克里斯蒂娃将符号表意活动看成是"意义与非意义的集合体，意义表现在，具有逻辑意义，以传情达意为目标的语言，仍然是人类表意活动的基础；非意义表现在，在符号体系的高楼大厦内涌动的是永不停歇的无意识活动的运作，它们试图在符号体系中占据一席之地，这使得人类意识中所追寻的意义始终处于一种不确定的流动过程中"①。

命名时段所描述的是意义与非意义的分界状态，只有经历过命名时段这一"产生意义立场的分界"，事物才能穿过符号态这一无意识领域，获得象征功能，进入意义领域。这也就意味着事物可以被接受、解读、象征和拓展外延意义。克里斯蒂娃通过符号态、命名时段与象征态三个概念，建构起了她的意义理论的三维模式，形成她的符号学研究体系。

克里斯蒂娃用命名时段来挑战传统的意义领域，将命名时段看成是两个异质领域相关之处，是符号态侵入象征态的边界。命名时段是所有的发音（词、短语、句子）必须经历的阶段，换句话说，任何词、句子必须通过命名来实现。但需要指出的是，命名时段是一个时刻或者瞬间，而不是一个时间段，它本身可以看成是一个转瞬即逝的节点。符号态和象征态作为两种分开的假定，在同一个开放组合空间中不停地重置，从而使得意指实践呈现为动态性。克里斯蒂娃将这个过程界定为是"一种抵抗停滞状态的破坏波"②（charges contre des stases）。从符号再现的层面来看，以弗洛伊德的死亡驱力为代表的重复的刺激物被不停歇地建构，意义成了悬而未决的意指过程。克里斯蒂娃在此说明的"停滞状态"即命名时段。这种"停滞状态"是短暂的，是因为符号态的驱力的能量总是试图破坏这种稳定性，从而使"停滞状

---

① 张颖. 符号系统的主体与他者：论本维尼斯特对克里斯蒂娃的影响［J］. 华中师范大学学报（人文社会科学版），2014（6）：108.
② 克里斯蒂娃. 诗性语言的革命［M］. 张颖，王小姣，译. 成都：四川大学出版社，2016：15.

态"成为一种临界点。

命名时段形成的标志是主体的确立，以及随之而来的主体的对象的确立。克里斯蒂娃将二分主体（意识/无意识）的概念引入她对意义的讨论，任何主体的形成都是符号态和象征态相互作用的结果。由于符号态的存在，主体总是处在崩溃和重组的过程中，处在夹杂着符号态的非符号性质的内容和象征态的符号性质的内容的纠葛和斗争中，呈现出异质矛盾，"多种不同能量在未来主体的体内流动，处在主体形成的过程之中。它们的组构取决于家庭和社会给这个身体带来的种种限制——那么身体已经在符号之中了"[1]。由此，主体就在符号态的体内驱力的作用下逐渐形成和发展起来。

二、"命名"过程的深层结构

在动态的意义生成过程中，命名时段是一个分界点。这一分界形成的标志，克里斯蒂娃认为正是主体的确立，以及随之产生的对象的确立。命名时段对于语言主体的形成是不可或缺的，是人类主体发展对象关系的基础。拉康（Jacques Lacan）认为命名这一过程是一种象征关系的介入，是一种象征行为，强调了它的重要性，"正是通过命名，人类使对象以一定的连贯性的形式存在下来……命名构成了一种契约。通过这种契约，两个主体同时达成一致，以辨认相同的对象"[2]。克里斯蒂娃试图具体化拉康的这一命名的过程，与此同时，试图具体化主体以及主体的对象的确立过程，分析命名或者主体的假定的产生路径。

克里斯蒂娃一方面认为每一个符号首先必须是一种命名，只有得到命名的事物才是有意义的；另一方面，她试图不再将主体的形而上学作为一种起源，将主体看成是一种认识论层面的分类。她并没有将主体化约到先验的自我，也没有否定命名时段。符号态成为主体过程中的一个阶段。符号态是前命名的，而象征态是命名的。符号态从逻辑和历时层面先于象征态，前者被隐藏在象征阶段的意义中。这种两分的过程隐藏在语言的习得中，是前者的

---

[1] 克里斯蒂娃. 互文性理论对结构主义的继承和突破 [J]. 黄蓓, 译. 当代修辞学, 2013 (5): 7.

[2] Jacques Lacan. Le Séminaire de Jacques Lacan, Livre II. Paris: Seuil, 1978: 202.

第四章　精神分析理论的全面渗透与"符义分析"模式演进

破坏性的驱力和后者的"假定-分离-认同"的斗争，这种斗争是任何形式的命名，包括判断、句子等最深层次的结构。

克里斯蒂娃认为："命名是在意识过程中某种特定的情形下所获得的一个阶段。它形成主体但不会被化约到主体的过程中，因为命名是语言的门槛。"① 这段话可以理解为命名是语言符号出现的前提，是语言的发端，标记着两个异质的领域。在克里斯蒂娃的理论中，命名这一过程就是一种分离，一种断裂，从而形成能指的过程。她通过婴儿主体的语言获得和婴儿主体的生成来说明这种意义的边界状态。她认为最有代表性的是婴儿的第一次单字复义句行为（holophrastique），认为"它包括了手势、对象和声音的发出。这种发音可能还不是句子，并非生成语法分析和研究的对象，但它已经是一种命名，已经将对象和主体分离，赋予对象一种'符号的碎片'，由此成为能指。这种熟悉是隐喻的或者转喻的（如 woof-woof 说的是狗，所有的动物都成了 woof-woof）"②。婴儿在语言习得的过程中，这种单字复义句是命名时段的一种最基本的外在呈现。那么，如何具体化"命名"过程最深层次的结构呢？克里斯蒂娃将拉康和弗洛伊德的精神分析学理论中有关主体的确立的讨论纳入进来，试图为命名时段——这一意义生成过程的临界点进行微观的讨论。任何人类主体要进入语言世界，成为独立自足的、说话的主体，则必须要经历命名时段，克里斯蒂娃认为拉康的精神分析学理论中的镜像阶段（le miroir）和弗洛伊德理论中的阉割焦虑（la castration）正对应着命名时段的形成过程，这个过程同时也是主体的确立和语言习得过程。

在拉康的精神分析理论中，意义是分离和缺失的结果，它从镜像阶段开始，通过阉割焦虑来完成，这种分离或者断裂满足了转化成为欲望的需要。克里斯蒂娃对拉康的意义理论的借用，不仅表现在发掘了处在镜像阶段之前的前俄狄浦斯阶段，而且包括具体化婴儿主体语言习得的过程和社会化的过程。那么克里斯蒂娃是如何借用精神分析学中的两个术语来具体化意指过程的命名时段的呢？

拉康的镜像阶段指的是婴儿在 6 个月到 18 个月期间，首次在镜子中看

---

① 克里斯蒂娃. 诗性语言的革命［M］. 张颖, 王小姣, 译. 成都：四川大学出版社, 2016：39.
② 克里斯蒂娃. 诗性语言的革命［M］. 张颖, 王小姣, 译. 成都：四川大学出版社, 2016：28.

到自己的形象，并认出自己。婴儿从镜像中发现自己是完整的统一体，经常会冲着镜中自身的图像微笑。拉康将婴儿的这种行为看成是一种对镜像中图像的认同，婴儿从这种认同中获得了一种想象的能力。有学者指出："镜像可以说是自我的开端。在随后的生活中，通过一系列与自恋对象或爱之对象的认同，自我逐渐获得了一种身份或同一……镜像无疑处于这一系列认同的底层。"[①] 尽管镜像阶段的婴儿主体通过镜像所获得的统一性是一种虚幻的想象，但是此时婴儿主体开始摆脱无法区分自身与周围世界的混沌状态，促成了婴儿主体的自我的诞生，开始与外部世界建立一种联系。克里斯蒂娃认为，镜像阶段中的图像的自我和对象的假定为语言符号的产生奠定了基础。

婴儿从图像中看到自我，自我和对象的分离为婴儿的命名时段（发生）提供条件，例如婴儿的第一个独语词，这是第一次象征化。语言的获得，尤其是指婴儿语言的习得，克里斯蒂娃将其理解为假定－分离－认同和符号态的能动性之间激烈、戏剧性的对抗后的结果。符号态内驱力的运动扮演的是一种摧毁和否定的永久性的角色。在此时，符号系统分节在某种程度上合成为一个能指。

那么，为什么镜像阶段和阉割焦虑会成为命名时段的两种组成形式？因为它们涉及将符号态的运作引入意义的生产，并将能指和所指的断裂与婴儿对母亲的分离割裂开来的过程。意义产生，婴儿主体与母亲分离，从而转移到与他者的象征关系中，是它进入语言的习得和进入社会的关键步骤，这可以看成是意义的前提条件。克里斯蒂娃早已将对意义的关注从作为交流的语言推开，而将其不断地推向意义产生的最原初状态，与此同时，她研究的是人类主体获得语言的婴儿时期。她最早所关注的是能指和所指的第一次分裂是如何形成的，婴儿语言的获得是如何与母亲的身体相关并相离。

阉割焦虑的概念，首先是由弗洛伊德提出来的，"它与俄狄浦斯情结紧密地联系在一起，尤其是与后者禁止和规范的功能联系在一起"[②]。阉割焦虑中，母亲占据了他者的位置，成为婴儿主体欲望的对象。而阉割焦虑的完

[①] 黄作．不思之说：拉康主体理论研究[M]．北京：人民出版社，2005：6—7．
[②] Jean Laplanche, Jean-Bertrand Pontalis. *The Language of Psychoanalysis*. Donald Nicholson-Smith, trans. New York: Norton, 1974: 56.

成,使得婴儿主体不得不与母亲的身体相分离,被迫从对母亲的迷恋中分离开来。婴儿主体与母亲的分离,对婴儿主体的确立具有至关重要的作用。母亲的立场,使得对母亲的欲望转为一种"缺乏"。婴儿主体从对母亲的迷恋转向对"菲勒斯"的认同。于是"菲勒斯"的功能成为象征的功能,而婴儿主体,在象征态中找到身份与统一性,从而在这一阶段将处在符号态的能动性转移到象征态的秩序之上。经历了镜像阶段与阉割焦虑之后,婴儿主体最终从与母亲合二为一的状态中分离,成为一个自给自足的主体,于此同时,婴儿开始发声,"此时,命名时段的形成就终止了,在能指和所指间假定一个断裂,这个断裂向每一个欲望和每一种行为打开,包括超越它们的愉悦"[1]。符号态能动性的转移,是通过能指和所指的断裂将能动性移除,从而产生意义。意义是动态的意义生成过程的一个阶段,而不再是某个基础,或者某种业已形成的完整的、静态的内容。

象征态中包含着符号态的某一部分,它们之间的分离是通过能指和所指之间的断裂来标记的。象征态是对立统一的,它由断裂产生,没有断裂,它是不可能形成的。"断裂"将异质的功能即符号态放置在能指的位置上,需要通过对语言的研究讨论隐藏的驱力的异质形态。通过对命名的深层结构的分析,克里斯蒂娃最终认为任何符号都是符号态和象征态两种异质领域对抗和联合的结果。对于正在形成的主体而言,从历时和逻辑的角度来看,命名时段是他/她正处的位置,主体对命名时段的质疑将会产生一种新的格局。命名时段作为一种可以跨越的边界,是两种意指模态间的临界点。

三、命名时段的理论张力

命名时段是理解克里斯蒂娃符号学理论的关键词,它联系着两种模态,成为二者分离和重建的界限,它既与符号态的驱力同时并存,相互斗争,同时,它也是象征态的基础。奥利弗认为,"没有'符号态'的驱力,我们将无法言说。所有'符号态'与'象征态'间的振动都是有必要且富有成效

---

[1] 克里斯蒂娃. 诗性语言的革命[M]. 张颖,王小姣,译. 成都:四川大学出版社,2016:30-31.

的。这种振动是抛弃与停滞、分离与恢复、差异与同一间的运动"①。无意识的驱力成为创造新的命名时段的潜在动力和力量。先锋艺术活动所见证的,是命名时段的破坏与重新确立之间相互矛盾、相互交叉对话的情形。通过将符号态引入先锋诗歌文本研究的领域,克里斯蒂娃打开了一个新的无意识空间,符号态的内容以某种超越诗歌内容的东西呈现,如音韵、修辞、语调等。对符号态的挖掘,需要穿透语言的象征态(句子直接所指的意义),实现无意识和意识的多声部对话,质疑同一性,关注异质性,从而丰富文学语言的意蕴。

同时,命名时段还被克里斯蒂娃看成是区分先锋诗歌文本的话语与精神病患者的精神分裂症、幻想症的关键点。精神分析活动中,克里斯蒂娃认为,命名时段是保证精神功能正常的前提。精神分析师对精神病患者进行治疗的过程,用她的术语来说,是将符号态中侵犯命名时段的驱力的破坏性逐渐平息的过程,从而巩固命名时段,以实现患者稳定的精神状态的过程。对于精神病患者来说,其陷入一种幻觉或者精神失控的状态,正是因为符号态的驱力破坏和粉碎了命名时段,使得命名行为不能恢复,主体丧失了稳定性,从而导致了精神状况的混乱无序。对于精神病患者或者歇斯底里症患者而言,命名时段是他们保持稳定的精神状态的必要前提,精神分析师的工作就是重建被驱力所粉碎的命名时段,从而使患者的状态恢复到正常。

与幻想或者精神病患者的状态不同,先锋的艺术实践如先锋诗歌中命名时段就面临着被破坏和重新形成的问题。此时的命名时段处在一种动态的过程中,进行着被破坏和短暂停滞的双向运动。命名时段,在艺术实践活动中,扮演的是受到符号态驱力的破坏之后的一种短暂的停滞状态,是再现和结构化的重要过程。在艺术实践中,若没有命名时段,符号态的内容将不可能出现在以象征态为主要表现形式的表意活动中。在这种情形下,命名时段具有二重性:一度命名时段呈现为符号态的驱力侵犯象征态,从而导致能指和所指之间的断裂;二度命名时段,是主体通过阉割焦虑,与母亲的身体分离,形成自身的身份和同一性。这样是为了确保符号态的驱力对命名时段的侵犯不会导致语言系统的全面崩溃,这一阶段指的是语言的意指装置内部符

---

① Kelly Oliver. «Julia Kristeva's Feminist Revolution», *Hypatia*. 1993 (3): 96.

第四章 精神分析理论的全面渗透与"符义分析"模式演进

号态的功能特征的恢复。

而先锋艺术活动正是将这种破坏力与命名时段连接起来的意义生成过程,符号态的驱力一方面破坏已经形成的命名时段,另一方面,对被破坏的部分重新分节配置形成新的命名时段。命名时段,表现为一种符号态和象征态之间既联合又分离的状态。以诗性语言为例,克里斯蒂娃试图说明,所有创造的过程或者意指活动的过程,均由符号态将命名时段打开,并大量地涌入象征秩序的过程,既是符号态对命名时段的逾越,又是象征态对符号态的回归。以命名时段为界,构成了先锋语言实践活动二重性的表意活动,夹杂着意义和无意义之间无休止的对话。

克里斯蒂娃理论中"符号态""象征态"以及"命名阶段"在女性主义研究领域引起不小的争论。克里斯蒂娃的符号学理论研究突出强调符号态的能动性,注重符号态对象征态的挑战与颠覆,对此,罗丝指出:"克里斯蒂娃多次强调她的目标是避免这两种选择:既避免建构为一种神学法则的'命名时段'的绝对论;又否认伴随着'命名时段'的'非理性主义碎片'的幻想。"[①] 她质疑了克里斯蒂娃对命名时段的边界性质的界定,认为在克里斯蒂娃的理论建构中,她极力避免的两种选择最终使她的符号学理论陷入矛盾甚至两难的境地,即她努力建构的对规则的颠覆,实质上是另一种形式的延伸。巴特勒从克里斯蒂娃理论的身体政治层面对克里斯蒂娃的符号态与象征态进行了批判,认为:"通过对语言内部'符号态'功能的详细审查,克里斯蒂娃实质是在'符号态'层面恢复了父性规则。克里斯蒂娃所提供的驱力的颠覆策略不可能成为一个持久的政治实践。"[②] 正是这些学者从各自研究出发对克里斯蒂娃的理论建构的多维批判,使得其理论本身充满了张力。

克里斯蒂娃的符号学理论本身具有很强的政治内涵,"符号态"的死亡驱力对"象征态"的瓦解和松动,是当时激进的政治立场在文学理论建构中的反映。命名时段是象征态的起源,克里斯蒂娃对它的发掘是对语言符号的起源的追溯。在意义指称的过程中,主体是符号态与象征态共同作用的结

---

① Rose, Jacqueline, ed. "Julia Kristeva: Take Two", *Sexuality in the Field of Vision*. London: Verso, 1986: 149.

② Judith Butler. "The Body Politics of Julia Kristeva", *Hypatia*. 1989 (3): 106.

果，主体的确立以及随之而来的对象的确立，是命名时段形成的标志。通过命名时段，克里斯蒂娃阐释了命名的深层次结构，挑战了西方哲学思想中理性的、以"象征态"为基础的统一的主体思想。她通过动摇命题本身的稳定性，强调主体的运动、发展与变化，从而试图突破本质主义的主体观。

对克里斯蒂娃的符号学理论中关键词如"命名阶段""符号态""象征态"的分析梳理，有助于厘清她对结构主义语言学的意义系统的创造性建构的思路，而对命名时段的理论渊源、内涵和运作模式的分析，有助于发掘克里斯蒂娃互文的阐释思路和价值立场在她理论进路中的贯穿轨迹。

第四节 "抛弃"——意义生成的动力

本书已经讨论过"符号态"与"象征态"，二者共同形成了语言的意指作用的过程，命名阶段是意义生成过程中两种模态相互作用的门槛。在"符号态"与"象征态"的关系中，"符号态"是"象征态"形成的条件，但同时又攻击"象征态"的稳定性，促使后者处在一种不断更新的过程中。意义生成的命名阶段总是处在被破坏和重新形成的过程中，而本节将讨论的正是这种破坏力。克里斯蒂娃在描述意义生成的动力时，将这种与无意识相关的破坏力命名为"抛弃"（rejet）。

克里斯蒂娃将"符号态"与"象征态"的相互作用过程与黑格尔的辩证法相比较。按照黑格尔的辩证法的理论，概念自身就蕴含着矛盾，正是概念自身的内在矛盾，成为动力，促成自我分裂，导致概念向对立面发展，然后在一个更高的层次达到统一。克里斯蒂娃认为，与黑格尔的辩证法不同，"符号态"与"象征态"之间不存在更高层次的统一。这意味着"符号态"与"象征态"作为两种异质的模态，它们之间的矛盾和对立是不可能消除的，二者不能融合。早在克里斯蒂娃1966年发表的论文《词语、对话与小说》中，克里斯蒂娃就已经提到了相似的观点："黑格尔的辩证法建立在三元组之上，充满争辩与投射（超越的行动），并没有超越建立在物质与因果关系之上的亚里士多德的传统思想。对话原则在关系理念上吸收它们，从而取代这些观念。它并不奋力追求超越，而是追求和谐，但是从始至终始终把决裂（对立和类推）的思想暗指为一种转变的形式。"① 她认为符号意指活动的两种模态与黑格尔的辩证法的关系，是关系逻辑与亚里士多德逻辑之间的关系。

克里斯蒂娃用"抛弃"来表现意义生成的逻辑动力原则，本部分将集中讨论克里斯蒂娃的"抛弃"与黑格尔的"否定性"、弗洛伊德的"否定"之间的关系，以具体分析"抛弃"的理论内涵。

一、黑格尔的"否定性"与"抛弃"

在《诗性语言的革命》中，克里斯蒂娃这样界定否定性，她认为："'否定性'的概念，来源于黑格尔，可以被视为过程的起源和组织原则。否定性的概念，是作为某种不可言喻的能动性和它的'独特的决定性'之间不可解除的关系的存在。否定性是一个中介，在具体事物中取代了存在与虚无的'纯粹抽象'，它们两者都是暂时的……尽管否定性是概念，因此是属于观念（理论的）体系，但是它重置了静态的纯粹抽象，使其成为一个过程，并在流动的法则内部将这些静态的概念消解并重新组合。"② 克里斯蒂娃将黑格尔的否定性概念看成是"过程的起源"和"组织原则"，成为一种纯粹抽象的"中介"。她认为否定性将静态的纯粹抽象重置，而使得这种纯粹抽象处在一种过程中。这是克里斯蒂娃对"否定性"的解释，而要弄清克里斯蒂娃对黑格尔这一概念的扩展，则需要首先回到黑格尔对"否定性"的认识。

黑格尔的辩证法中的"否定"和"否定性"的差异在何处呢？黑格尔在《精神现象学》中引入否定的概念，目的在于解释自我意识的历史时刻。黑格尔将否定的概念放在物质领域或者事件领域，目的是克服意识和物质性之间的区分。事件最终将自身认可为对否定的否定，否定因此是产生差异的运动中的一种认可的模式。而黑格尔将这种运动或者这种否定运动的过程看成一种"否定性"。

"黑格尔用一个德文学 aufheber（扬弃）来表示这种思想，他把事物中

---

① Julia Kristeva. «Le mot, le dialogue et le roman», *Sēmeiōtikē: Recherches pour une sémanalyse*. Paris: Seuil, 1969: 111.
② 克里斯蒂娃. 诗性语言的革命 [M]. 张颖，王小姣，译. 成都：四川大学出版社，2016: 80.

向对立面过渡的过程，称为辩证的过程……一切都要变化，向它的对立面转化"。① 扬弃呈现出它的真正的双重意义，也就是说，扬弃既是一种否定，同时也是一种保存。"思维从最简单、抽象和空洞的概念开始，前进到比较复杂、具体和丰富的概念，前进到总念（notions）。黑格尔将这种方法称为辩证的方法，黑格尔区分开其中的三个环节或阶段。从抽象的一般概念开始（正），这个概念引起矛盾（反），矛盾的概念调和于第三个概念中，因而，这个概念是其它两个概念的结合（合）。"②

在黑格尔的辩证法中，否定不再是抽象的，而是辩证的——有限物不断地把他物吸纳进自身，以不断地扬弃自己与他物之间的差异，并不断突破原有的限定而趋于无限。黑格尔认为，事物运动的终极目的就是事物最纯粹的本质。扬弃意味着对既往历史的吸收和总结，也意味着向未来展开，每一次终结都是对绝对精神的自我回归，都是接近最纯粹本质的一种努力。

黑格尔所谓的"否定性"，是克服对立以达到统一即自由之境的动力，不是简单地抛弃、消灭对立面，而是保持又超越对立面和旧事物，黑格尔称之为"思辨的否定"和"辩证的否定"，它是创新的源泉和动力，是精神性自我"前进的灵魂"。马克思对黑格尔的辩证法给予了高度评价，他认为："哲学在黑格尔那里终结了：一方面，因为他在自己的体系中以最宏伟的形式概括了哲学的全部发展；另一方面，因为他（虽然是不自觉地）给我们指出了一条走出这一体系的迷宫而达到真正地切实地认识世界的道路。"③ 这条道路就是指辩证法的"合理内核"。

克里斯蒂娃不仅从理论建构层面认可和运用了黑格尔的辩证法，而且也改造了黑格尔的"否定性"概念。克里斯蒂娃认为，黑格尔的否定性是辩证法的第四个术语，正是这个术语确定了黑格尔的"存在"概念。而正是通过这种"否定性"的动力，否定才得以进入物质，进入文化和社会的区分中。"否定性形成了一种处在否定命题之下和否定之否定命题之下的逻辑动力，但是并不与二者等同，因为相反，否定性是生产这种命题的逻辑功能。"④

---

① 梯利. 西方哲学史［M］. 葛力，译. 北京：商务印书馆，1995：508
② 梯利. 西方哲学史［M］. 葛力，译. 北京：商务印书馆，1995：510–511.
③ 马克思，恩格斯. 马克思恩格斯全集：第4卷［M］. 北京：人民出版社，1995：216.
④ 克里斯蒂娃. 诗性语言的革命［M］. 张颖，王小姣，译. 成都：四川大学出版社，2016：80.

第四章　精神分析理论的全面渗透与"符义分析"模式演进

克里斯蒂娃将"否定性"看成是一种再创造的原动力。一方面，她认可黑格尔辩证法中的"正题－反题－合题"的辩证法思想，另一方面，她将"否定性"看成是从"正题"到"反题"，最后发展到"合题"的操作者。克里斯蒂娃的"否定性"成为一种抽象的破坏力和逻辑运作的规则，所以她将这种"否定性"看成黑格尔"辩证法的第四个术语"①。

克里斯蒂娃对黑格尔的"否定性"给予了极高的评价，准确地说，将她对黑格尔的"否定性"的认识放在其"符义分析"理论的核心的位置，将"否定性"与"符号态"的动力要素联系在一起。"黑格尔的'否定性'阻止了命名阶段的稳定，动摇了教义，允许所有准备和超越否定性的'符号态'的能动性参与进来。"② 尽管克里斯蒂娃承认她的"否定性"概念来源于黑格尔的思想，但从以上的论述可以看出，她对黑格尔的"否定性"概念进行了个人化的解读。克里斯蒂娃的"符号态"联系着与身体相关的驱力，她的"否定性"理论中加入了与身体的驱力运动相关的因素。由此，笔者认为，克里斯蒂娃与黑格尔的"否定性"的最大差别，表现在对主体的认识层面。

黑格尔的主体完全是概念的主体，否定性是一种概念，属于观念的体系。而克里斯蒂娃的主体则是与身体直接相关、处在不断运动过程之中的"过程中的主体"（sujet en procès）。这种不稳定的、处在动态生成"过程中的主体"，是"抛弃"作用下所生产和确立的。它与意指过程同构，主体总是处在稳定性与不稳定、"抛弃"和停滞状态，处于作为一种开放的系统而存在。

在《诗性语言的革命》一书中，克里斯蒂娃用"抛弃"来代替黑格尔的"否定性"，并认为"'消费'和'抛弃'能更好地描绘生成'符号态'功能的物质矛盾的运动。这个术语在驱力理论和一般分析理论中的暗示使得它更适应于否定性的概念。然而，需要强调的是，'抛弃'的概念得益于辩证法的唯物主义将关注转移到主体的实践之上，在这种情况下，即将它的（主体的或/和意指的）统一性置于过程中的意指实践。我们对否定性术语使用的唯一功能是指定一个先于意指主体的过程，将主体和自然、社会中对象斗争

---

① 克里斯蒂娃. 诗性语言的革命 [M]. 张颖，王小姣，译. 成都：四川大学出版社，2016：80.
② 克里斯蒂娃. 诗性语言的革命 [M]. 张颖，王小姣，译. 成都：四川大学出版社，2016：84.

的法则联系起来"①。这段论述侧面反映出克里斯蒂娃的"抛弃"概念与黑格尔的"否定性"概念之间的差异,一方面,"抛弃"与驱力理论相结合,与身体相关;另一方面,"抛弃"与主体相关,主体的统一性与"符号态""象征态"的意指实践活动同构,均处在过程中。

既然克里斯蒂娃的"抛弃"论与驱力和主体相关,那么,对它的认识则不得不与弗洛伊德的精神分析理论联系在一起。在克里斯蒂娃对黑格尔的"否定性"进行个人化的解读之后,她将关注的重心转向了弗洛伊德的"否定"论。

二、弗洛伊德的"否定"与"抛弃"

克里斯蒂娃的"抛弃"这个概念,与弗洛伊德理论中"否定"一词有关联。弗洛伊德的"否定"概念最早出现在他《论否定》②的论文中,在这篇论文中,弗洛伊德将"否定"与思想语言和压抑联系起来,认为"否定"是象征功能建立的基础。"否定"的存在使得一个总是处在被假定过程中的外部世界得以建立。

首先,弗洛伊德认为:"被压抑的图像或者的内容,在它被否定的情形下能够进入到意识层面,否定是一种领悟被压抑内容的方式。事实上,尽管它并不是一种对被压抑内容的接受,但它的确已经是一种压抑的提升。"③在精神分析活动中,只有在否定的情形下,无意识中被压抑的内容才会进入意识领域,否定本身被看成是认识被压抑内容的有效方法。精神分析治疗中,患者通过使用否定词"不",使得在无意识中被压抑的内容得以释放出来。所以,弗洛伊德认为,当患者的话语中出现否定的"不"时,其实是无意识中的一种肯定,通过说"不",无意识的内容才能呈现出来。

其次,弗洛伊德认为,精神分析患者任何形式的肯定与否定都是与理智

---

① 克里斯蒂娃. 诗性语言的革命 [M]. 张颖,王小姣,译. 成都:四川大学出版社,2016:88.
② 这篇论文最早发表于1925年,在文中,弗洛伊德考察了精神分析活动中被分析者的否定语言,用来讨论在精神分析的背景中"不"的含义,该文之后被收录入弗洛伊德全集中,本书所引用的是彼得·盖依(Peter Gay)在1989年编辑出版的 The Freud Reader 一书。
③ Sigmund Freud. «Negation»in Peter Gay, ed. The Freud Reader, New York: Norton & Company, 1989: 667.

第四章 精神分析理论的全面渗透与"符义分析"模式演进

的判定联系在一起的,"由于肯定或者否定思想的内容是理智判断功能的任务,我们所讨论的内容将我们引向了判断功能的精神边缘。在一个判断中否定某物,从本质上说,是表明'存在着我倾向于压抑的内容'。否定的判断是对压抑的理智替代,它的否定是压抑的必要基础,是起源的保证……否定符号的帮助,有助于将自身从压抑的限制中解放出来,并通过具有合适功能的不可替代的材料来充实自身"[①]。既然任何能够说出"不"就意味着能够进行判定,表达句子,那么从克里斯蒂娃的"符义分析"理论来看,否定词"不"就处在"象征态"层面,这是独语词,已经是命名阶段形成的标志。

最后,弗洛伊德认为:"对判断的研究,可能会初次提供给我们一种从原始的本能驱力的相互作用到理智功能起源的视野……'肯定',作为一种结合的替代,是属于爱欲的,而'否定',作为驱力的继承,是属于破坏的本能……判断功能,只有在'否定'符号赋予思考一种从压抑中解放的措施,同时从享乐原则冲动中解放时,才能成为可能。"[②] 弗洛伊德的关注点是在被分析者说否定"不"这一事实出现之前的投射过程,而否定本身是一种破坏本能的体现。克里斯蒂娃继承了这一观点,认为死亡驱力是活跃在"符号态"中最直接的具有破坏性的动力。

克里斯蒂娃将弗洛伊德的"死亡驱力"理论与否定理论结合起来说明意义生成的过程。她用"抛弃"来试图论证意义是发生在主体形成过程中的,是不可化约为能指的,但是需要"抛弃"活动的参与。她的"抛弃"概念表明意指过程被无意识所颠覆,这种颠覆是与欲望和驱力主体即无意识的主体来具体化的。"抛弃"阻止象征化成为一种预先假定。"符号态",穿越"象征态",二者既不是对立的,又不是互补的。"抛弃"概念的提出,牵扯到"符号态"与"象征态",就是为了凸显出"符号态"的功能和判定的异质性。

克里斯蒂娃"符义分析"理论中的主体,一方面是通过否定形成,一方面是通过否定性来形成的。这两者的区别在于,否定是使得身份(同一性)

[①] Sigmund Freud. «Negation» in Peter Gay, ed. *The Freud Reader*. New York: Norton & Company, 1989: 667.

[②] Sigmund Freud. «Negation» in Peter Gay, ed. *The Freud Reader*. New York: Norton & Company, 1989: 669.

成为可能的象征化功能，这是从弗洛伊德的"否定"观中吸收的营养，而否定性是分解和穿越自我的驱力的虚构的动力，这得益于克里斯蒂娃对黑格尔的"否定性"认识。

从弗洛伊德的"否定"观点来看，象征的功能与使用语言的能力是与主体的同一性的功能和形成自我的能力相联系的。主体能够进行判定的时刻，同样是主体能够与对象相分离的时刻。因此，主体总是需要通过否定来确立的。通过否定，主体某些受压抑的内容进入意识层面，抵抗社会和语言的规范，这是主体性最重要的标志。

要想进一步理清克里斯蒂娃对弗洛伊德"否定"概念的吸收与突破，则需要回到《诗性语言的革命》中弄清她对"否定"与"抛弃"的区分。否定，是一种拒绝的形式。克里斯蒂娃这样区分"抛弃"与否定："'符号态'的'子宫间'仅仅是主体生成和否定的位置，在这里，主体的统一性让位于生成主体的负荷和停滞状态，我们可以将这种负荷和停滞状态的过程称为'否定性'（négativité），从而与判定主体的否定（négation）相区分。"① 克里斯蒂娃所界定的"抛弃"与判定中的否定相区分，前者是一种驱力负荷和停滞状态；判定中的否定表现在句法关系中，是对谓语的否定，是作为对谓语的补充和明确的标记来出现的，如法语中的 ne…pas，英语中的 no，这种否定已经形成了一个命题，是存在与句法功能的标记。而否定性则超越了语言的句法以及语言的象征功能，关注的是生产言语功能的内容，它是与身体相关的联系着自然与社会的动态生成过程。否定性的身体是"抛弃"，但是这个身体已经是社会的了。"抛弃"是一种社会功能，是一种有规律的跳动。

克里斯蒂娃认为"否定"是一种控制或者制约的模式、一种立场，即主体能在"象征态"中假定。而"抛弃"是"过程中的主体"的一部分，在意义过程中或通过意义过程来运作。否定性的有规律的运动时刻，扰乱了社会话语的意指过程。这样，它产生了一种颠覆的动力。

借助"抛弃"，克里斯蒂娃发展了弗洛伊德的"否定"观，将关注的重心转向前言语的运作，转向语言的象征和句法的假定前的运作构成。这种非

---

① 克里斯蒂娃. 诗性语言的革命［M］. 张颖，王小姣，译. 成都：四川大学出版社，2016：15－16.

象征的"抛弃",不存在于判定的术语的内部,也不是判定中的否定,它是作为一种功能而存在的,"真正的'否定性'是一个意指过程独有的辩证概念,一方面,它处在生物和社会秩序的临界点,另一方面,它又处在社会秩序的命名时段与社会意指阶段的临界点上"①。"否定性"所占据的临界点的位置,使它呈现出"过程中的主体"的全部特征,它穿过语言的体系来呈现"符号态"的"子宫间"的运作过程。

主体完成象征化的过程,需要抛弃母子合二为一状态下的享乐,即通过被否定和永远失去的客体的离场,这在精神分析理论中,是指通过母亲的离场来建立符号,从而完成象征化。这种否定表现为一种对享乐原则的抵抗和压制,使得其不能回到象征功能中来。而享乐则通过驱力的运动来挑战象征功能,这也就是"符号态"的运作装置。"抛弃"和享乐成为一种相对应的内容,以保证在"符号态"的"子宫间"内部的永不停歇的运动。

"我们所谓的抛弃,准确地说,就是这种永久的攻击性和被假定的可能性的符号态模式,因此被更新。尽管作为'死亡驱力'的抛弃是毁灭性的,但是抛弃是复活、张力和生命的机制;指向一种张力的均衡,指向一种惯性和死亡的状态,它同时延续着张力和生命的状态。"② 永久的攻击性和被假定的可能性,驱力负荷和停滞的状态合二为一,成为"抛弃"的全部特征,而这正是"符号态"与"象征态"两种意指模态相互作用的过程。而这种被假定的可能性及停滞状态,则是命名阶段,它总是处在一种等待被取代和超越的位置。

"抛弃"表现为一种推动力的重复,它是一种回归,一种西西弗斯式的周而复始,它的回归目的在于再一次面对可能的永久的攻击,以实现一种假定,所以,它所呈现出的是一种循环、一种不可能向前的运动,它暗合着意义生成过程的异质性,潜在的统一性不停被打破和重组。"抛弃",在无意识的驱力的破坏性与稳定的意识的两极之间摆动,意识层面的理性的统一,被无意识的、非理性的驱力所破坏和攻击。"抛弃"的功能使得任何停滞的状态即命名阶段变得不稳固。

---

① 克里斯蒂娃. 诗性语言的革命 [M]. 张颖,王小姣,译. 成都:四川大学出版社,2016:92.
② 克里斯蒂娃. 诗性语言的革命 [M]. 张颖,王小姣,译. 成都:四川大学出版社,2016:115.

克里斯蒂娃的"抛弃"概念与黑格尔的"否定性"概念和弗洛伊德的"否定"概念的内涵不同。黑格尔的"否定性"概念,讨论的是同一与它自身内部存在的否定关系,否定性是内化的动力。弗洛伊德的"否定"概念是与主体的判定联系在一起的。克里斯蒂娃将黑格尔和弗洛伊德的这两个概念融合在一起,最终提出"抛弃"理论,用来描述循环往复的被攻击与假定的过程。"抛弃"的功能不是同一,而是异质,不是向前发展推进,而是回归。

三、"抛弃"与诗性语言

克里斯蒂娃认为无意识的驱力会不停歇地攻击"象征态"的秩序本身,因为"抛弃"的驱力不可能被完全吸收进入"象征态"秩序,所以它具有持续不断的特性;命名阶段受到"抛弃"的威胁,被粉碎并进入"符号态",与此同时,语言活动中隐藏着一种重新建立新的命名阶段的可能性。

在诗性语言的活动中,"抛弃"具有二重性:一方面,反复强迫的"抛弃"破坏命名阶段,使得最终稳固的停滞局面不存在;另一方面,"抛弃"带来新的契机,产生新的意义生成过程。从克里斯蒂娃早期文本理论中的"现象文本"和"生成文本"的关系来看,"抛弃"的驱力对"现象文本"进行破坏,分割"现象文本",使得"生成文本"处在一种不断生成和更新的状态。"抛弃"在现象文本中是不能构成意义的,它在"生成文本"中发挥作用,并不断回归到"现象文本"中,同时分割"现象文本"的能指。于是,诗性语言文本就可以看成是这种被压抑的身体驱力的"抛弃"进行回归。从婴儿主体的生成过程来看,婴儿被迫与母亲分离以后才能发展成独立的主体,但在婴儿成为独立主体之前,与其一体化的母亲仍然可能与婴儿重逢,母亲对具有自足意识的婴儿而言,是一种诱惑。这是克里斯蒂娃从精神分析学角度为"抛弃"的回归提供的解释。

"抛弃"的运动功能,表现在语法逻辑结构中,会使得符合句法规范的句法出现松动,"抛弃"将愉悦的动态性引入文本。在《诗性语言的革命》一书中,诗性语言的文本被认为是与叙述、元语言和观想不同的四种意指实践活动之一。在文本中,"抛弃"的动态功能占据绝对优势,死亡驱力的节奏使得主体处在过程中,破坏主体的稳定性,形成一种生成的空间。文本的实践过程经历意义生成的全部过程。意义的形成与崩坏,以及短暂的停滞与

第四章 精神分析理论的全面渗透与"符义分析"模式演进

永不停歇的破坏性交替作用,覆盖了意义的动态生成过程。由异质的主体形成的诗性语言,在"符号态"和"象征态"之间分裂,在语言、记忆的身体和情感、驱力之间分裂。克里斯蒂娃认为,诗歌的主体从来都不是被动的受压抑的被纳入的实体,它不仅仅挑战规范。颠覆象征秩序,这些在主体产生的否定性是生产的许多面孔的分化,它可能出现在语言、思想或者政治中。正如克里斯蒂娃的研究者所指出的:"创作诗歌的人是处在过程中的,严格地说,对所有的文化模式而言,没有一类主体是稳固的,神经冲动挑战身体的统一性。这就是所谓的诗性语言。"①

克里斯蒂娃理论中的"抛弃",将"象征态"中的句法规范破坏并打碎句法规则,文本成了多重逻辑的对话场所,具有了互文性的特征。这是克里斯蒂娃对互文性理论中文本间相互关系的进一步延伸。通过文本之间的对话,意义与非意义并存,同一逻辑与异质逻辑并存,这使得意义的线性延展被打破,不符合句法规范的内容通过节奏和韵律镶嵌在句法中。"抛弃"使得语言的分节被重新符号化,不能包含在单一的逻辑中的内容被穿插在文本中,从而形成了意义的多义性。

克里斯蒂娃通过运用存在于无意识中的驱力来反抗受法则控制的的言语活动,从而颠覆统一的主体的理论。主体不再是理性的、意识统一的主体,而是成为无意识与意识相结合的"过程中的主体"。克里斯蒂娃强调了意义交换体系之外的异质性的内容,否定正常的语言秩序,研究存在于语言秩序下的无序的、混乱的、断裂的成分,将有意义的符号与意义之前的符号生成过程同时纳入符号学研究的领域。

克里斯蒂娃的"符义分析"理论创造性地将符号学理论与弗洛伊德和拉康的精神分析理论联系在一起,她将言说的身体引入符号学理论,质疑了传统符号学研究的过分理据性和规约性。克里斯蒂娃所重点关注的不是用于传情达意的语言,而是隐藏在语言之中的、没有在文本中呈现出来的内容,她研究的是语言的边界状态。克里斯蒂娃的符号学理论进一步讨论了文本的自律性和不及物性,把语言的决定性和能动性推向极端。

---

① Calvin Bedient. «Kristeva and Poetry as shattered Signification», Critical Inquiry. 1990 (16): 807−808.

克里斯蒂娃将语言与身体联系在一起,挑战了传统的意义研究对语言的认识。语言中的节奏和韵律并不属于语言结构,而是与身体相关的。通过"符号态"与"象征态",克里斯蒂娃将语言的两个异质的意指纳入同一意指系统。人类主体不再是变动不居的稳定主体,而是处在生成过程中的、不稳定的"过程中的主体",这来源"符号态"的驱力和"象征态"的停滞状态的相互作用。

　　命名阶段被克里斯蒂娃用来作为"符号态"与"象征态"的边界,是语言产生的门槛。克里斯蒂娃将命名阶段与婴儿主体的生成过程联系在一起,从精神分析理论出发,将命名阶段具体分为镜像和阉割焦虑两个阶段。而"抛弃"是意义生成的动力。克里斯蒂娃在分析了黑格尔的"否定性"概念和弗洛伊德的"否定"概念的基础上提出了这个概念,用来说明意义生成过程中永不停歇的驱力与短暂的停滞状态相互作用的过程。

第五章 "符义分析"中的中国元素

从比较文学的视野出发,克里斯蒂娃的"符义分析"思想对中国的影响研究应当包括两个维度:中国元素对克里斯蒂娃思想的影响,以及克里斯蒂娃思想在中国的接受过程。在讨论中国对克里斯蒂娃思想的影响时,克里斯蒂娃是一个接受者,中国是素材或者说是资料的来源,而"克里斯蒂娃在中国"这一维度,讨论的是"符义分析"的相关概念与方法在中国受到的批评,以此来看中西对相同概念的理解中呈现的各自的长处、局限性和互补性,在中国的场域中讨论"符义分析"的理论影响力。后一问题在引言部分已提及,是本章继续讨论"符义分析"问题的起点。学者陆扬在讨论法国理论在中国的接受问题时就指出"一方面呈现为玄之又玄的形而上学,一方面又无孔不入渗透到每一种人文话语之中"[①],可见法国理论在中国的影响力。

研究中国元素对克里斯蒂娃符号学理论的影响非常必要,因为在克里斯蒂娃"符义分析"理论的演变过程中,她一直与中国思想中的某些要素保持着紧密的对话关系。笔者认为,分析克里斯蒂娃的理论建构对中国思想的吸收,要从跨文化研究的视野出发,对克里斯蒂娃思想的再度阐释有利于更加充分地认识其思想的发展演变。本章将集中讨论中国思想对克里斯蒂娃符号学思想演变的影响,寻找中国思想与克里斯蒂娃理论建构之间的正面互动关系。克里斯蒂娃学习过汉语,在她的理论中,常常会有关于中国的"言说",如在谈到"现象文本"与"生成文本"的关系时,克里斯蒂娃就将这两种文本与中国古代汉字的音与义相联系。本章试图以讨论克里斯蒂娃的部分理论成果为前提,搁置差异性,寻找中国思想在克里斯蒂娃思想中的印记,从汉

---

① 陆扬."法国理论"在中国[J].学术月刊,2012(2):88.

字与实践两个维度切入,关注克氏早期对汉字声调与书写之关系的思考对"符义分析"理论的产生所发挥的作用,以及在《诗性语言的革命》一书中关于实践问题的讨论与毛泽东的著作《实践论》的关系。无论是与汉字还是与实践相关的论述,中国于她而言,皆作为工具或武器来帮助她对西方文化进行批判性的自我反思。作为一位中国的研究者,笔者更注重中法文化勾连之中不同文化背景之下的理论观点可能的对话关系,通过研究中国对克里斯蒂娃的影响,试图论证克里斯蒂娃的理论在沟通中西文化中所存在的积极作用。

　　西方学者与中国思想间的对话问题,最终的落脚点不是去评判西方学者对中国思想认识的对与错,因为任何系统性的理论建构,在选取可能运用的素材时,都难免陷入简单化或者误读的倾向,这是西方理论与中国发生对话关系时难以避免的问题。而面对西方理论家对中国思想"片面化"或者"简单化"的解释时,中国的研究者可以从以下两个方面展开研究:一方面,可以通过探究这种阐释路径的根源来加深对理论家理论立场的判断,从而加深对其理论本身的深层次认识;另一方面,建立在西方学者对中国思想解读的基础上,回归到如何反思自己的文化身份认同,如何以西方研究者的理论为镜子来观照中国文化理论和哲学思想的精髓,从而实现中西文化在某些共同主题上的共振。而以上两个方面正是本章针对克里斯蒂娃与中国的影响研究这一主旨所试图达到的目标。

第一节　汉字与"互文性"
——克里斯蒂娃后结构主义理论的中国维度

　　克里斯蒂娃在其自传体小说《武士们》(*Les samurais*)中专章详细叙述了20世纪六七十年代的"原样"(Tel Quel)知识分子群体与中国交往的各个方面,其中大部分篇幅是在回忆"原样"团体成员访问中国时的所见所感。相较于同时代的罗兰·巴尔特、雅克·拉康,克里斯蒂娃接受过四年正规的中文训练(曾获得学士学位),阅读过大量西方汉学家的著作以及中文文献,这为她研究中国问题提供了重要的知识基础。"学习中国的语言和文化需要一生的时间,那时我的中文已经算突出了。"① 在其语言学论文集《语言,这未知的世界》(*Le langage, cet inconnu: Une initiation à la linguistique*)② 中收录了一篇专门研究中国文字的文章——《中国:作为学问的文字》,文中大量征引了法国汉学家对汉语和汉字的分析,包括葛兰言、李约瑟、莱布尼茨等,并涉及众多中国语言学文献,如公孙龙的《指物论》、许慎的《说文解字》、陆法言的《切韵》等。克里斯蒂娃在其纪实游记《中国妇女》(*Des chinoises*)中分析了汉语的声调变化和汉字的书写特征等,并在多次中法文化对话的语境下谈到汉字的特殊性和重要价值。

国内学者罗婷在其著作《克里斯特瓦的诗学研究》的第六章"中国文字的符号学阐释"③ 中,关注到克里斯蒂娃对汉字的研究,细致梳理了其基本立场,文末指出,其对中国文字的研究有助于欧洲人更好地了解中国,但也存在着对中国和中国文化的浪漫化误读。那么,汉字是如何进入克里斯蒂娃的思考视域的,在其标志性的"互文性"理论及相关概念的发生和推演中又是如何被吸纳并产生影响的呢?

一、作为"中国神话"的汉字

要回答上述问题,我们需要再审视克里斯蒂娃及同时期"原样"团体部分成员与汉字相遇时社会语境中的核心事件——法国1968年"五月风暴"。法国"五月风暴"是1968年5至6月发生的一系列反政府、反权威、反传统的左倾社会抗议运动,由学生运动开始,继而波及社会各阶层。形形色色的知识分子在这场革命浪潮中沉浮,当打碎国家权力变得遥不可及而反抗已成为一种主旋律时,他们中的大多数人怀着对形式权威的敌意,寻找颠覆语言结构的种种可能。如何通过话语的变革来实现反抗?"从根本意义上来说,'五月风暴'体现的是一种不切实际的热狂,一种'反文化',一种对现代文

---

① Julia Kristeva. *Je me voyage*. Paris: Fayard, 2016: 81.
② Julia Kristeva, *Le langage, cet inconnu: Une initiation à la linguistique*. Paris: Seuil, 1981: 77−85. 这本语言学专著1969年第一次出版,署名为Julia Joyaux,书名没有副标题。
③ 罗婷. 克里斯特瓦的诗学研究 [M]. 北京:中国社会科学出版社,2004.

明、理性主义的反叛。"①"五月风暴"所引起的价值的崩解和对形而上学的焦虑,反映在知识分子群体中,典型表现为一种对理论的狂热,他们致力于一切可能的反抗,并迫不及待地向其他文化寻求替代物。

《原样》杂志作为法国先锋文学的阵地,集合了众多当时法国主流知识分子中声名赫赫的人物。早在1968年之前,中国思想的多个维度,如中国革命、中国文化等就已经开始受到法国学界的关注,尤其值得一提的是,"以毛泽东为代表的中国马克思主义在20世纪60年代之后逆向影响西方发达资本主义国家"②。而充当"加速器"或"催化剂"角色的"五月风暴",使他们更迫切地去揭开"文化中国"的面纱。正是由于中国文化满足了西方知识分子反思和突破西方文化传统的内在需要,这些知识分子作为西方思想的自我反思的他者,得以确立重要性。"《原样》刊载的文章和著作,凡是有关中国的,也由激进的索莱尔斯带头,常常援引毛主席语录,频频出现汉字,这绝不是异国情调的表现……形成了一种'言必称中国'、'文必显汉字'崇尚中国的独特景观——一种真实而独特的'中国神话'。"③他们试图在中国的象征体系中找到确认,而汉字作为世界上少数一种连续几千年没有间断使用而日益发展成熟的表意文字,自然被认为是"中国神话"最典型的标志之一。

《原样》杂志一共出版了三期中国专刊,共计刊发43篇文章。其中,1972年春《原样》48、49期合集20篇文章;1972年夏季刊13篇文章;1974年秋季刊第59期10篇文章,系"原样"团体实地考察中国之后对中国问题的再回顾。④ 1972年48、49期合集以鲁迅《野草》中的片段为开篇词,并将其法文译文和汉语原文醒目地排列;其长篇导论《中国思想》一文

---

① 吕一民,朱晓罕. 良知与担当:20世纪法国知识分子史[M]. 浙江:浙江大学出版社,2012:227.
② 曾军. 西方左翼思潮中的毛泽东美学[J]. 文学评论,2018(1):14.
③ 钱林森. 光自东方来:法国作家与中国文化[M]. 宁夏:宁夏人民出版社,2004:379.
④ 除了中国专号之外,《原样》其他期号在这段时间也零星刊载了有关中国的文章,例如第60期和第61期杂志中依然可以读到关于中国现实的报道,对于中国语言文字、中国教育状况的介绍,还有鲁迅研究等。《原样》杂志于1983年更名为《无限》,并继续在1990年第30期、2005年第90期和2009年第107期分别以《再说中国》《又说中国》《续说中国》为题推出中国专刊,杂志的其它期号也发表了许多有关中国主题的文章。参见车琳. 20世纪60-70年代法国"原样派"知识分子的中国观——以菲利普·索莱尔斯和罗兰·巴尔特为例[J]. 中国比较文学,2014(2).

第五章　"符义分析"中的中国元素

指出："何为'中国思想'？'思想'当然不是从哲学层面来看：汉学家认为'思想'在中国是'感性的'和'心智的'，是语言和现实、主体和社会的不可分割的联盟。它处在一种辩证矛盾中，这种矛盾不是一种象征，不是一种'启示'，不是一种默念或一种真，而是一种实践——断裂、轮回、苏醒。"①他们所认为的"中国思想"并不是哲学层面的，而是被赋予了一种"实践"的意味，成为一种可供模仿、学习及在理论和实践层面均可借用的武器。程抱一（François Cheng）在《中国古典诗歌的诗性语言分析》一文中运用符号分析的方法研究唐诗宋词，分析了古典诗词句法或修辞上某些成分的省略、对仗的手法。克里斯蒂娃高度认可程抱一的分析，并写了一篇书评同期发表，认为"这一研究可能对汉学家正在进行的'中国思想'研究具有重大贡献"②。汉学家艾乐桐（Viviane Alleton）在同期发表文章《中国文字》（*Ecriture Chinoise*）介绍了汉字的书写、意义以及与之相关联的书法、绘画，其中关于汉字的特殊性有如下一段论述："自然语言的文字远不止是一种转录，也绝不是对口语形式的简单反映。这一点在汉字中表现特别突出。当我们记录下汉语口语文本时，每一个音节都是通过一个汉字来再现的。或者说，写作者只有在理解整个文本后才能决定去写哪个汉字，因为每一个给定的音节都能够通过大量不同的汉字来再现。"③

巴尔特在《中国行日记》中这样评价汉字，"他们的话语：有着对于砖块的组合规则，只有其微弱的变动显示出区别——无疑是需要细心辨认的。因为，它不属于我们的规则：这种语言学并不属于索绪尔语言学系统"。他将语言学理论超越已有的建立在印欧语系基础上的研究，看成是批判语言学方面的资产阶级和修正主义理论的一个方面，同时认为需要将汉语作为单独的研究对象来对待，"我们与西欧资产阶级和修正主义语言学家进行着斗争……因为这种理论是建立在印欧语系的基础上的，这种理论具有不完整的特征，因为他们没有把非常重要的汉语包含进去"④。索莱尔斯、德里达、

---

① «La pensée chinoise», *Tel Quel*, printemps, 1972 (48—49). 按：该文发表时无署名，但可能出自索莱尔斯或克里斯蒂娃之手。
② «La pensée chinoise», *Tel Quel*, printemps, 1972 (48—49).
③ Viviane Alleton. «Écriture chinoise», *Tel Quel*, printemps, 1972 (48—49).
④ 巴尔特. 中国行日记 [M]. 怀宇, 译. 北京：中国人民大学出版社, 2011: 42、297.

141

拉康对汉字均有重要的论述，兹不赘述。

值得一提的是，他们对汉字的理解明显不是出于"研其所是"的学术态度，而是一种"经由中国"的文化态度。这表现在，从跨文化研究的视角来看，他们对汉字的讨论很难达到汉学家研究的深度，而且与中国国内的汉字研究也存在着明显的差异。具体来说，中国国内学者或从汉字构形系统的整体演变规律出发考察汉字史，或研究汉字字形（文字学），或研究汉字字音或词音（音韵学），或研究汉字字义以及它所反映的汉语词义（训诂学）等。秦海鹰在《西方作家与中国汉字》一文中认为："汉字在西方所引发的思考和问题往往超出了'小学'或'语文学'的实证研究范围，而构成其他类型的学术话语中的个案，这也许要求进行一种关于汉字的想象研究。"① 关于汉字的想象研究，正是"经由中国"的一种表现，作为研究对象的汉字或能为思想家们提供东方素材的历史例证，或提供理论、概念工具。汉字的某些特性在法国的不可移置性对西方世界建构他者以反射自我的逻辑和实践具有系统性的影响。无论他们研究汉字的出发点、切入点或者研究方法存在多大的差异，汉字在他们理论建构中的每一次出场，都是在恰当时间和恰当地点的一种手段，它旨在解决一个问题：如何为西方思想打开一个切口，注入反抗的精神和力量。"在法国这种天生要产生效果的知识语境下，中国是被作为一种武器来参照的……一切皆处于一种简单的程式中：'造反有理'（on a raison de se révolter）。"②

二、"互文性"理论中的汉字思想

20世纪六七十年代的结构主义诗学理论，过分强调语言的封闭性、符号的任意性以及语言的不及物性，理论家们追求普遍的、静态的、整体的科学体系，而将社会历史等问题排除在结构诗学的问题之外。在此理论背景下，克里斯蒂娃的理论建构旨在通过在结构中注入动态因素，打破封闭状态，从而修正或改造结构主义过分形式化的倾向。在她的努力下，汉字不仅作为异于拼音文字的另一套表意系统而成为分析对象，而且在她多篇代表性

---

① 秦海鹰. 西方作家与中国汉字 [M] //跨文化对话. 上海：上海文化出版社，2003：110.
② Philippe Forest. *Histoire de Tel Quel 1960—1982*. Paris：Seuil，1995：485.

的文章中均作为被征引的对象出场。那么，她对汉字的研究，是如何与对"文本"（texte）的界定以及"互文性"（intertextualité）的推演产生关联的呢？

克里斯蒂娃在《封闭的文本》一文中认为："我们把文本界定为一种超语言学的装置，它重新分配了语言的范畴，把文本用于直接传递信息的言语与不同种类的先前或同时的言辞联系在一起。"在克里斯蒂娃看来，采用语言学的研究范畴已无法对先锋派观念中的"文本"这一新的意指活动进行研究，而超语言学"通过语言来实践，但却不可化约到现如今所确立的各种语言范畴中"①。因此，她主张研究对"文本"这一超语言学装置的分解过程，或者进一步说，分析先前或同时的言辞如何进入直接传递信息的言语的过程。后结构主义理论中的"文本"是作为一种革命性的、颠覆性的、先锋性的语言实践存在的。以文本作为研究对象，研究其表意行为、表意方法和规律，则会脱离语言学的范式而走向一种超语言学的研究范式。语言学的范式研究的是书写同质于语音的一面，这里书写本身是语言或它所指涉的事实的附属，若采用符号学范式来研究文本的运作过程，书写则获得了一种主导地位，其表达方式或者建构方式成为关注的内容。"文本"概念的提出目的之一，正是打破文字对语言的附属，使其获得一种独立性，关注文字本身的表意行为过程。"书写并非对口语的拙劣复现，它不是为了填补口语的不在场而凑合使用的替代品。先锋批评将给书写一个新的地位。"②

几乎与对"文本"的界定同时期，克里斯蒂娃在《中国：作为学问的文字》一文中首先关注了汉语的语音和文字关系问题："汉语的确是世界语言史上一种独一无二的现象：它的发音和文字大体上是两个相互独立的体系，而语言系统仅在两者的交汇点上才能显示出来。"③索绪尔在《普通语言学教程》一书中采取了以口语为本位的立场，认为文字只是表现语言的一种手

---

① Julia Kristeva. «Le texte clos», Sēmeiōtikē: Recherches pour une sémanalyse. Paris: Seuil, 1969: 52.
② 钱翰. 二十世纪法国先锋文学理论和批评的"文本"概念研究 [M]. 北京：北京大学出版社，2015：196.
③ Julia Kristeva. «La Chine: L'ecriture comme science», Le langage, cet inconnu: Une initiation à la linguistique. Paris: Seuil, 1981: 78.

段，并没有将之作为关注对象："语言和文字是两种不同的符号系统，后者唯一的存在理由是为了表现前者。语言学的对象不是书写的词与口说的词的结合，而是由后者单独构成的。"① 克里斯蒂娃认为，汉字的字形与发音均参与了语言意义的实现，汉语语音与书写系统并不存在等级差异或者附属关系，汉字摆脱了对语音的附属而具有了一种自主性和独立性，它具有独立的研究价值，不能被视为附属品而排除在研究对象之外。

克里斯蒂娃在《词语、对话与小说》中提出了"互文性"理论，这一概念推演的前提之一是对"文本空间内的词语"的分析。克里斯蒂娃对"互文性"理论的讨论，是从文本最小单位——词语出发的，"研究词语的地位，首先意味着研究这个词（作为义素组合）在句子中与其他词语的耦合情况，然后在更大序列的关联层面重新找到同样的功能（即关系）"。词语在文本空间内部活动，"不同的语义组合和诗性序列的各种活动就是在这个空间中实现的……词语被置于空间之中：它在三个维度（作者－读者－语境）中运作，作为一个对话中的义素组，或一个双值的义素组。基于此，文学符号学的人物就是在文本的对话空间中找到与词语（序列）不同组合模式相对应的各种形式机制"②。这一部分非常关键，克里斯蒂娃借由对词语以及词语空间内部不同组合模式的关注，重塑了一种文学的空间观念。在这个对话的空间中，词语既属于写作主体和接受者，又指向语境，词义在空间内部运作，从而获得了一种多义性，这就打破了词语在上下文中只能进行唯一解释的文学传统。

几乎与"互文性"的推演同时期，克里斯蒂娃重点研究了汉字的构成方式，认为作为表意文字的汉字，突破了拼音文字中能指和所指组成的定义明确、界限清晰的结构，成为空间维度上融汇了指涉物、能指与所指的复杂构造，"汉字的这种构成方式反映出一种对语义与逻辑的反思，并由汉字造字本身体现出来：符号相互结合并根据结合的方式产生意义，而不是把发音转

---

① 索绪尔. 普通语言学教程［M］. 高名凯，译. 北京：商务印书馆，1980：47－48.
② Julia Kristeva. «le mot, le dialogue et le roman», Sēmeiōtikē: Recherches pour une sémanalyse. Paris: Seuil, 1969: 84.

录下来，而发音此刻才能获得完全的自主性"①。进而言之，汉字的造字方法是对建立在拼音文字语义原则基础上的逻辑溢出，汉字表意符号是不同符号相互组合的"合成品"，组合方式的差异会产生不同的意义。也就是说，汉字本身作为一个"成品"是能够进行符号成分的分析或者意义形成过程（即不同符号的结合过程）的切割的。克里斯蒂娃进一步指出，汉字是一种"句法化"的文字，"它有特定的构造，所以就有自己的句法，所有的成分都依照其句法功能获得这样或那样的意义，这就是说汉语书写（汉字和其他任何文字一样，如梅耶所认为的那样，其首先是一门语言科学）用句法替代了词法。在更高的结构层面，例如句子、语境的作用，即句子成分之间的句法关系更为关键：句法环境赋予每个义素确切、具体的指意，决定它作为名词、动词或者形容词等的语法功能"②。克里斯蒂娃在此处所提炼出的汉字的"句法化"特点，实际上是她在汉字表意过程中所发掘的一种构形原则，句子成分之间具有一种"句法式"的组合关系。在汉语的句子组织中，"字"是句法关系最小、最基本的单位，单个汉字字义丰富，但其意义不是固定的，需要依赖于不同的语境，汉语通过将有限的汉字灵活组合，产生新的组合意义，从而创造出新的概念、新的指称。

不难发现，此处克里斯蒂娃只是用汉字平行类比了"互文性"推演中的词语（序列）的功能，汉字内部或者汉字之间是处在空间相互移置、相互作用中的。克里斯蒂娃注意到了包括汉字本身笔画组合在内的不同组合模式的运作，具体来说，句法环境赋予单个汉字的构成要素确切、具体的指意，决定汉字具有怎样的语法功能；单个汉字不仅具有自主性，而且可以灵活地与其他表意文字结合。这种结合的自主性以及灵活性，取代了对固定中心和固定位置的关注。这是一种在对话性和关联论中审视汉字的尝试，是将汉字表意中组合方式的灵活性以及所呈现出的意义的多元与文本之间的吸收和转化联系起来。

在这样动态的对话空间中，没有固定的位置或中心，同一性被打破，不

---

① Julia Kristeva. «La Chine：l'ecriture comme science»，*Le langage, cet inconnu: Une initiation à la linguistique*. Paris：Seuil，1981：82.

② Julia Kristeva. «La Chine：l'ecriture comme science»，*Le langage, cet inconnu: Une initiation à la linguistique*. Paris：Seuil，1981：82.

同组合和序列都处在相同的平面上相互移置，发生作用，符号表意处在关系网络和不断延展中。以关联性作为认识的起点，关注空间和无限性，走向多义和含混，这是"互文性"理论在20世纪六七十年代的核心体现，根据克里斯蒂娃对汉字的研究，汉字的符号表意方式与"文本"观、"互文性"理论的推演模式存在着一致性。值得一提的是，克里斯蒂娃的汉字观和"文本"观、"互文性"的推演之间的影响与对话可能是双向的：她对汉字的看法，影响到其对"互文性"理论的表述；同时，"互文性"的思想也影响着克里斯蒂娃研究汉字时切入的视角和立场。

三、"超文本"实践中的汉字书写

菲利普·索莱尔斯使用中国元素进行了大量的实验性文学创作，比较有代表性的如《戏》《数》。《数》出版于1968年，索莱尔斯试图以小说的形式呈现出其所理解的中国文化中"数字"所具有的不同于计数功能的定位作用。整篇小说包含100个片段，以4段组成一个单位，构成叙事的循环。小说中还出现了数字构成的等式，如在小说的末尾出现了"$(1+2+3+4)2=100$"[①]。更是在小说的后半部分的结尾处屡次直接使用汉字，单个汉字或者两到三个汉字组合"突兀"地出现在小说中，成为小说内容的组成部分。这些字或词散见于每个片段的结尾处，前后以破折号隔开这些文学是由旅法华人学者程抱一所写的。[②] 如何认识小说中出现的汉字和数字分散铺陈的指向？索莱尔斯1968年在一篇名为《文字与革命》的访谈中谈道："事实上，我们将用一种过程、蒙太奇、解码来替换呈现在表达层面的符号体系。和文化联系起来，这立刻呈现为一种逾越、一种革命。"[③] 过程、蒙太奇、解码如何来替换、表达交流层面的符号体系呢？汉字如何与这种理论旨归相联系呢？如果说索莱尔斯专注的是先锋小说实践，那么克里斯蒂娃则试图为文本实践提供理论基础。

在《定式的产出》一文中，克里斯蒂娃首次提出了一对概念——"现象

---

① Philippe Sollers. *Nombres*. Paris：Seuil，1968：124.
② Philippe Forest. *Histoire de Tel Quel 1960—1982*. Paris：Seuil，1995：475.
③ Philippe Sollers. «Écriture et révolution», *Théorie d'ensemble*. Paris：Seuil，1968：70—71.

文本"（phéno-texte）和"生成文本"（géno-texte），认为"我们所谓的'生成文本'是一种语言功能的抽象概念，它并不反映句子结构，也不限于或者超越句子结构。它是一种存在于语言中的能指功能，是不可化约到正式交流语言（它的整体以及组合规则）中的言说方式。生成文本与语言分析的分类一起运作，它们的极限并不是为现象文本生成某种语句（主语+谓语），而是指称运作程序的不同阶段的某种能指。这个序列可能是现象文本的一个词、一系列词、一个名词句，一个段落，或者'无意义'（non-sense）"①。"生成文本"是一种将语言的横断面截开而产生的语言的动态生成过程，强调的是存在于语言中的一种能指的功能。"现象文本"是构成结构的语言现象，涉及意义和交流的问题，同时还假定了阐释的主体和接受者。进一步讲，"生成文本"是将意义的生成过程带到表层的内容，是生产性的；而"现象文本"则是处在文本表层用于交流和传达的文本形式，前者是后者的萌芽状态，它将后者进行逻辑分割和重组，这就使得最终呈现的文本成为具有多重逻辑的共鸣装置。

克里斯蒂娃认为，索莱尔斯之所以在《数》中多次使用汉字和数，正是由于"现象文本"与"生成文本"间的相互作用，具体来说就是能指层面的运作表现为一种新的组织方式来进行文本实践。需要指出的是，这种参与实践的文本，此时除了它自身，是不愿意指向其他任何东西的，这成为文本实践中用生产性来代替表现性的重要一环。对于《数》中的汉字——"课文"，克里斯蒂娃认为："中文象形字'课文'（texte）已经表明要想完成一封信，语言组织是一项艰巨的任务：课文一词的'课'字是由'言'字旁和'果'字组合而成的，且加上汉字'文'才构成课文……文本之中象形字的多次出现，目标是将'现象文本'再倒回为'生成文本'。在'生成文本'中能指的数字游戏在大量铺开。"② "需要特别指出的是，能指的联合形成了文本的实践，而我们可以在某些像汉字一样的象形文字和语言中找到相同类型的组

---

① Julia Kristeva. «L'engendrement de la formule», Sēmeiōtikē: Recherches pour une sémanalyse. Paris: Seuil, 1969: 221.
② Julia Kristeva. «L'engendrement de la formule», Sēmeiōtikē: Recherches pour une sémanalyse. Paris: Seuil, 1969: 255.

织方式。这大概部分上就是汉字在《数》中涌现的原因。"①

这种运用"现象文本"与"生成文本"相互作用的方式分析表意过程中没有终点和永无停歇的意指实践和生产过程，或者分析用于交流的话语表层与文本生产这种立体式熔炉之间的断裂的过程，克里斯蒂娃将其命名为"符义分析"："符义分析，作为一种文本意指理论……保证文本呈现某种符号系统的同时，要在该体系的内部开辟另一场景。这个场景被结构形式所遮蔽，是一种意义生成过程。意义生成是一种运作，它的结构仅仅是一种脱节的散落物。"②通过符义分析，写作行为及过程的复杂内核被凸显，作为一种生成过程，写作行为本身成为不断讲述的对象，书写行为本身即世界。

克里斯蒂娃将汉字书写动作视为一个必不可少的因素。这一观点与其符号学理论中对肢体动作进行的界定相关。克里斯蒂娃认为，"在我们语音文明的场域中，肢体动作被简化到一种极端可怜的状态，但在希腊－犹太－基督教圈之外的文化圈却得以怒放（épanouit）"③，她"将肢体语言看成是生产中的符号文本，不再受到语言封闭结构的制约"④。强调肢体动作在表意中的重要性，目的正是动摇封闭的语言结构，凸显以语音为主导的西方文明场域中离场的书写性。克里斯蒂娃指出汉字书写中唤起了对动作的记忆过程，本质上来说，这就是一种符号不断涌入，意义萌生发展，并最终呈现出可用于表达、交流的意义的过程。写作行为本身，或者说书写动作的铺陈，成为一个意义汇合的过程。表意行为的再现能力被避开，而进入言语活动的无限之中。不同的笔画、部件以及形体系统的组织联系，激起了一种颇具艺术性的表意行为的再现活动。由此言之，克里斯蒂娃、索莱尔斯、巴尔特其实抓住的是汉字极富想象力且灵活多变的组义性，以及汉字书写（构形）所

---

① Julia Kristeva. «L'engendrement de la formule», *Sēmeiōtikē: Recherches pour une sémanalyse*. Paris：Seuil, 1969：262.

② Julia Kristeva. «L'engendrement de la formule», *Sēmeiōtikē: Recherches pour une sémanalyse*. Paris：Seuil, 1969：218.

③ Julia Kristeva. «Le geste, pratique ou communication?», *Sēmeiōtikē: Recherches pour une sémanalyse*. Paris：Seuil, 1969：32. 这一论断的脚注包括了法国出版的两本中国问题研究的专著《中国思想》（*La pensée chinoise*）和《中国社会学研究》（*étudessociologiques Sur la Chine*）。

④ Julia Kristeva. «Le geste, pratique ou communication?», *Sēmeiōtikē: Recherches pour une sémanalyse*. Paris：Seuil, 1969：51.

体现的"过程之美",或者采用他们的概念,即书写性。

讨论至此,有一个问题需要引起足够的重视,克里斯蒂娃、索莱尔斯、巴尔特均旨在分析出"另一种语言",借用巴尔特对索莱尔斯小说《数》的评论"另一种语言似乎正成为可能,它是通过革命的手段被证实了的……这种语言已经在整个西方话语上烙下独特的痕迹"①。这里所说的"另一种语言",可能是汉字,也可能是其他语言文字,它存在的价值是颠覆权威结构,建立一种新的、不确定的、开放的审美原则。此时的表意已经是一种动态的过程,这种动态过程的表现之一是:它难以定位和确定。"生成文本"只能在"现象文本"中得以表现,前者本身是一个晦涩、抽象、难以触摸的概念,它被彻底观念化了,没有实体,更多地指向态度和关系,实际操作性并不强。

在《诗性语言的革命》一书中,克里斯蒂娃认为,"生成文本"与"现象文本"的差异"可以被一种特定的意指系统论证:如汉语的书面语和口头语,特别是在古汉语中,这二者的差异尤为明显"②。赵毅衡在《符号学原理与推演》一书中讨论深层"伴随文本"时,更是认为克里斯蒂娃这一观点是"很杰出的见解"③。然而克里斯蒂娃没有指出的是,汉字隐藏在平面化的交流工具之下的深意是汉民族文化传统的历史记忆。作为文化符号"原型"的汉字,承担着维系历史传统、延续数千载文化的历史使命。汉字的独立地位,汉字灵活多变的组义方式,以及汉字书写所呈现出的强烈的艺术美,只是这种民族文化传统的承担者,而不是等价物。这样的误读与同一时期西方学者在分析汉字时"经由中国"的态度以及静态的、局部的切入方式有关。当然更不用说他们对作为研究对象的汉字进行认识论层面的反思了。④

罗兰·巴尔特认为,索莱尔斯的小说文本实验的"目的在于动摇旧文本

---

① 巴尔特. 偶遇琐记:作家索莱尔斯[M]. 怀宇,译. 北京:中国人民大学出版社,2012:226.
② 克里斯蒂娃. 诗性语言的革命[M]. 张颖,王小姣,译. 成都:四川大学出版社,2016:65.
③ 赵毅衡. 符号学原理与推演[M]. 南京:南京大学出版社,2011:158.
④ 笔者在写作本书时曾专门向克里斯蒂娃女士发邮件,询问她来中国讲学时"不经意"间提到的一个观点,即"汉字的写字习惯变化与中国人认知变化的关联度问题"该如何详解以及关于汉字她是否有新的研究时,她的回复是:"这个问题她没法详细解释,因为这些领域的确在她的能力范围之外。"

的自然权利,并使作为生产旧文本和阅读旧文本之基础的全部概念(主体、真实、表达、描述、叙事、意义)失效"[①]。以索莱尔斯、克里斯蒂娃为代表的20世纪六七十年代法国先锋知识分子也正是在这样一种强烈的变革欲望驱使下与中国思想相逢的。在向结构主义突围的征程中,一方面,他们将文字从对语言的附属中解放出来,给予其独立地位,从关联论的角度来看待文本各要素的关系,认为意义存在于文本不同因素之间的关系和结构中;另一方面,他们强调文字的书写性,打破了文字书写服务于表现现实这一传统,强调意指活动的动态过程。

中国文化注重文字,重视书写,汉字并不是语言的同质化替代品,文字的组合是字义的组合,具有很强的主体性和创造性,单个汉字具有高度的概括性和灵活性,而语境中的暗示,使得汉字组合极富弹性的意会和联想功能。这也能解释20世纪六七十年代以克里斯蒂娃、巴尔特、索莱尔斯、拉康为代表的法国知识分子在写作实践和理论创新时对汉字的狂热。中西方交往中"误读"是不可避免的,直面"误",透析"读"(尤其是为何读,怎么读),或许是一种足够自信和平等的对话立场。而这或许能成为中国思想参与和展开可能的后结构主义对话的一个契机。

第二节 实践的主体与主体的实践: 克里斯蒂娃论毛泽东的《实践论》

茱莉亚·克里斯蒂娃是当代法国杰出的左翼理论家,她从20世纪六七十年代进入法国的主流文化圈,50多年来,一直活跃在符号学、语言学、精神分析学等的理论前沿,探索重塑西方思想和历史传统的多种可能性。她对西方思想传统"冷眼旁观"式的反叛、探索,与对中国思想毫不掩饰的热情"挪用"相互映射,共同构筑了她迷宫式的思想大厦。

而至今,她对毛泽东《实践论》发表的大段论述的价值都未被挖掘。对这些论述的讨论,有助于更全面地认识"克里斯蒂娃与中国"这一课题,另

---

① 巴尔特. 偶遇琐记:作家索莱尔斯[M]. 怀宇,译. 北京:中国人民大学出版社,2012:227.

外，这还代表着中国思想和经验的一次向外输出，具有极其重要的讨论价值。关于《实践论》的发表背景，在《毛泽东选集》第一卷中，编者有这样的描述："毛泽东的《实践论》，是为着用马克思主义的认识论观点去揭露党内的教条主义和经验主义——特别是教条主义这些主观主义的错误而写的。因为重点是揭露看轻实践的教条主义这种主观主义，故题为《实践论》。"①《实践论》是马克思主义理论与中国革命和社会实践相结合的产物，从理论生产与传播的角度，包含两个层次：一方面，马克思主义理论超出欧洲的范围而影响了中国社会变革，为毛泽东的《实践论》提供了理论先导；另一方面，建立在中国革命实践基础上对马克思主义理论重塑的"实践论"越出国门，影响了西方世界的革命实践和理论生产。那么，以克里斯蒂娃为个案，她在理论著述中对《实践论》的大段引用，是出于何种诉求？换句话说，她对《实践论》的思考如何帮助她思考和解决问题呢？

一、作为一种武器的《实践论》

20世纪60年代末70年代初的法国社会，正处于哲学、文学、艺术等与政治生态互动极度活跃的时期。在全世界范围内，这一时期也是罕见的社会运动和社会与思想转型的活跃期。此时美国社会正处在混乱和变革中，嬉皮士运动、女权运动的浪潮一次次袭来，中国正处在"文化大革命"中，而一水之隔的邻邦——日本的青年们正上街游行——怀有极左思想的青年成立了"赤军"。中国的"文化大革命"为法国知识分子探索出一条迥异于本国的道路提供了某种远远的参照，中国成为革命的隐喻。让－吕克·戈达尔的电影《中国姑娘》（*La chinoise*）生动地刻画了当时法国年轻人对共产主义和革命的想法，及他们对政治光谱的模糊混乱的遐想和溢出银幕的"盲目"热情。阅读毛泽东理论、背红宝书、使用毛主席语录在这一时期的法国青年和知识分子圈中成为文化风尚，他们纷纷将目光投向东方，以索莱尔斯、克里斯蒂娃为代表的"原样"团体成员甚至一度加入法国共产党。

在这一时期法国的政治生态中，"毛主义"是一个关键词。在"五月风暴"及以后的法国，毛主义运动作为一种独立的政治力量活跃于历史的舞台

---

① 毛泽东. 毛泽东选集：第1卷[M]. 北京：人民出版社，1991：282.

上，构成法国青年和知识分子政治思想的一种不可缺少的维度，对法国社会各阶层均产生了不同程度的影响。值得一提的是，它并非"五月风暴"的产物，二者之间互为"催化剂"，相伴相生——"法国的毛主义不是在五月风暴期间从天而降的，它在二战后的法国和世界风云变幻的政治气候中渐次生长出来，是战后法国民众尤其是学生和青年知识分子的激进化的产物"①。毛主义之所以在20世纪60年代有组织地出现在法国民众的政治视野中，并产生重大影响，有研究者认为，这映射出的是当时法国政治生活的某种缺乏，"法国——实际上整个欧洲——政治和政治生活明显停滞不前，这也意味着毛主义的左派和托洛茨基主义的左派开始把它们的注意力转向第三世界……'鸡尾酒'式的意识形态和肖像拼贴提供了一个想象的维度，而这恰恰是戴高乐的法国和法国现有左派极度缺乏的"②。

先锋文学杂志《原样》（*Tel Quel*）是当时法国最活跃、最具煽动性的左翼文学刊物。在《〈原样〉的历史（1960—1982）》一书中，菲利普·福雷斯特这样描述20世纪60年代后期对"原样"团体的精神底色产生重大影响的世界政治形势："一方面，越南战争被看成是一次公开的耻辱，凶狠的残杀；而另一方面，中国的形势呈现出一种革命本身从内部革命的可能性。法国的思想史正是在这种既真实又虚幻的背景下展开的。"③"中国"对这群以先锋为使命的知识分子之所以"真实又虚幻"，原因在于：一方面他们能直接接收到与他们同时期的革命中国的现实信息，但另一方面，他们不可能真正理解革命中国，拥有的仅仅是对完全陌生国度的造梦式想象。有学者这样描述"原样"团体的"中国梦"："他们处在一种现实层面与建立在现实之上的神话的和乌托邦层面的注意力和欲望的双重作用下。"④ 在这样的背景下，"原样"团体从1971年开始对毛主义表现出集体狂热。《原样》杂志1971年的秋季专刊就开始表现出对毛主义的强烈兴趣，在1972年春夏和1974年秋

---

① 蒋洪生. 法国的毛主义运动：五月风暴及其后 [J]. 文艺理论与批评，2018（6）.
② 里德尔. 1968年5月发生了什么？[M] //汪民安. "五月风暴"四十年反思. 广西：广西师范大学出版社，2008：28.
③ Philippe Forest. *Histoire de Tel Quel 1960—1982*. Paris：Seuil，1995：273.
④ Eric Hayot. *Chinese Dreams：Pound，Brecht，Tel Quel*. Michigan：The University of Michigan Press，2012：117.

第五章 "符义分析"中的中国元素

先后推出过三期中国专刊,除对古代中国的关注,更引人注目的是对中国领袖毛主席和革命先锋鲁迅的作品的译介与评述。而对毛泽东思想的关注的一个重要维度是对《实践论》和《矛盾论》的解读。

这一时期的法国知识分子对《实践论》和《矛盾论》的接受总体上呈现出两方面的特点:一方面,这两篇代表性的文献在当时是几乎同时进入《原样》团体的视野而被接受的;另一方面,相较于《实践论》,他们更关注《矛盾论》。① 如索莱尔斯在1971年第45期《原样》杂志上发表文章《论矛盾》,以及后来出版的专著《关于唯物主义》中也有一部分内容是对毛泽东《矛盾论》的解读。克里斯蒂娃发表在《原样》杂志1972年第50期上的论文《孙子:"十三篇"》同样讨论了《矛盾论》,将中国古代军事战略家孙子的战略与矛盾的特殊性相结合,以辐射当时法国的现实问题。② 有学者认为,《原样》的"毛主义者对毛泽东思想采取了断章取义式的解读。他们曾经深入研究过毛泽东的《矛盾论》,但从来没有对《实践论》给予同样的重视"③。《矛盾论》受到更多的关注,原因在于"原样"团体成员受到了法国激进知识分子的精神之父阿尔都塞对毛泽东《矛盾论》解读的影响。阿尔都塞在其著作《保卫马克思》中借用了《矛盾论》来阐述其"多元决定"思想④,而"原样"知识分子经常参加阿尔都塞的研讨班,索莱尔斯、克里斯蒂娃等对经阿尔都塞阐释的毛泽东的唯物辩证法均有不同程度的研究。但克里斯蒂娃与以索莱尔斯为代表的其他人的不同之处在于,她的《诗性语言的革命》⑤ 以及其他著述独具慧眼地讨论了《实践论》,并与其展开了深度、有效对话。原因何在?

在克里斯蒂娃著名的自传体小说《武士们》(*Les Samouraïs*)中,她借女主角奥尔加(Olga)之口表述了以索莱尔斯和她为核心的"原样"团体成员对政治活动与文学书写模式改造之间的关系:"如果不改造个体,也就

---

① 曾军. 西方左翼思潮中的毛泽东美学 [J]. 文学评论,2018 (1).
② Julia Kristeva. «Sun Tse: Les Treize Articles», *Tel Quel*,1972 (50): 143-144.
③ 徐克飞. 法国知识分子的"中国梦":《泰凯尔》杂志关于中国的想象 [J]. 法国研究,2016 (1).
④ 参见阿尔都塞. 保卫马克思 [M]. 顾良,译. 北京:商务印书馆,2013:76-120.
⑤ 《诗性语言的革命》是克里斯蒂娃的博士论文,1973年完成,1974年由瑟伊(Seuil)出版社出版。

是主体，或者言说的存在，那么改变社会将仅仅是个谎言。所以，对社会的改造要从改变言说方式开始，着力于对文学角色的革命，尤其是先锋文学。这不是关于深奥知识或者为了艺术的问题，是对社会最敏感的组织——言说、风格、修辞和梦进行极其微妙的'外科手术。"① 这段话体现了她的重要立场，这一立场几乎贯穿《诗性语言的革命》的始终，即社会政治层面的变革与主体的变革相关，且与语言相关。用她在一次采访中表述的观点来说，就是"对语言和主体的质疑，代表着一种微观革命，它影响社会结构，会潜在地挑战整个社会框架"②。这反映出她的著作中有一个明显的观照逻辑，就是表面上从符号出发，其实考察的是社会。她是通过对语言符号的分析，尤其是对主体问题的讨论，从历史和社会的维度去考察语言问题和去考虑两者的生成过程的。她不是就理论谈理论，而是把理论放在一个具体的社会历史情境中去考察，这一点与整个法国现代思想的基本品质是相吻合的。

国内外对克里斯蒂娃的中国研究的讨论多聚焦在《中国妇女》③ 一书，比较有代表性的，如斯皮瓦克就曾尖锐地指出克里斯蒂娃在《中国妇女》中对东方史前时期的留恋，是哀怨的、老套乏味的，她"代表泛化的西方（generalized West）发言，是'入籍转换为特权'，其自身是意识形态的受害者（ideological victimage）"④。这代表着一种英语世界对克里斯蒂娃讨论中国问题而采取的批判立场。国内研究者在讨论这本书时，则多将克里斯蒂娃的研究看成是折射中国问题的一面镜子，拨开主观想象与实际经验的迷雾，透过他者眼中的中国来进行自我审视或试图还原克里斯蒂娃理论生产的现场，进入理论建构行为本身，聚焦她思考问题与解决问题时与"中国"的

---

① Julia Kristeva. *Les Samouraïs*. Paris：Fayard，1990：35.
② Julia Kristeva. "Avant-Garde Practice"，*Ross Mitchell Guberman*，ed. New York：Columbia University Press，1996：215.
③ Julia Kristeva. *Des Chinoises*. Paris：Editions des Femmes，1974. 英译本 *About Chinese Women*，Anita Barrows，trans New York：Marion Boyars Publishers Inc，1986；中文译本《中国妇女》，赵靓，译，上海：同济大学出版社，2010 年。克里斯蒂娃曾在 "My Memory's Hyperbole" 一文中称《中国妇女》是一本使人尴尬的书（awkward book），参见 Julia Kristeva. *The Portable Kristeva*，Columbia University Press，2002：19.
④ Gayatri Chakravorty Spivak. "French Feminism in an International Frame"，*Yale French Studies*，1981（62）：164.

正面互动。① 除此之外,近些年她对汉字、张东荪哲学等的大段讨论才引起学界的关注。

毛泽东对克里斯蒂娃意味着什么呢?实践问题是克里斯蒂娃理论大厦坚硬内核的一部分,而对毛泽东《实践论》的讨论构成了讨论实践问题不可或缺的、有机的一环。毛泽东思想于她而言,仅仅是遥远的、异域的、自发性的东方想象吗?《实践论》强调了人的实践活动在历史发展进程中的重要性。人,作为主体,是有意识的社会性存在。人在社会实践中形成认识,并在认识的指导下从事实践活动。人的认识可以用来解释世界,但最终是为了改变世界。人要改造自己,改造环境,这是在主观层面与客观层面的双重改造。这正是《实践论》最吸引克里斯蒂娃的理论特质。作为当时法国的知识先锋,她不遗余力地将被结构主义范式回避讨论的主体问题以一种全新的面貌拉回舞台的中心,同时试图借助于她的主体理论,将文学先锋派马拉美、洛特雷阿蒙在文学层面的革命作为她强势"介入"政治风潮的工具。《实践论》是作为继黑格尔、马克思、列宁的实践观后重要的讨论对象而存在,成为她的理论生产以及对法国当时政治事件进行解释的立足点,与她的理论意旨产生强烈共鸣,为她进行思想创造提供灵感。

二、"从个人的和直接的"经验到"过程中的主体"

路易·阿尔都塞在《关于唯物辩证法》一文中认为,实践"指的是任何通过一定的人力劳动,使用一定的'生产'资料,把一定的原料加工为一定产品的过程"②。在这个定义基础上,他提出了"理论实践"的定义,认为"关于理论,我们指的是实践的一种特殊形式,它也属于一定的人类社会中的'社会实践'的复杂统一体。理论实践包括在实践的一般定义的范围之内,它加工的原料(表象、概念、事实)由其他实践('经验'实践、'技

---

① 比较有代表性的相关研究成果,如杨春芳. 中国妇女的"马赛克图画":论克里斯蒂娃的《中国妇女》想象中国妇女的方法 [J]. 中国比较文学,2016 (3);黄茁. 论"中国经验"的祛魅写作:以波伏瓦、克里斯蒂娃为例 [J]. 当代外国文学,2015 (2);以及笔者的:阅读中国:论克里斯蒂娃《中国妇女》的文本张力 [J]. 上海大学学报(社会科学版),2016 (2).
② 阿尔都塞. 保卫马克思 [M]. 北京:商务印书馆,2006:157.

术'实践或'意识形态'实践)所提供"①。"理论实践"作为一种特殊的实践形式,它加工的原料由其他实践来提供,是概念而非实物。克里斯蒂娃的实践观与阿尔都塞的"理论实践"理论相关,同样聚焦概念生产,并非一种外部活动。但她更强调"意指实践"（pratique signifiante）。何为意指？罗兰·巴尔特在《符号学原理》中认为,意指"可以理解为一个过程,它是将能指与所指结成一体的行为,该行为的产物便是符号"②。意指过程是符号化的过程,也是意义生成的过程。克里斯蒂娃所讨论的意义生成包含两个方面的内容："一方面,生理冲动被社会所控制、引导和组织,而越过了社会体制的范围；另一方面,当且仅当它进入语言学沟通和社会化交流的规则时,这种本能的机制便称为一种实践,这一实践也是对自然和社会的消极性、有限性和停滞状态的改造。"③ 实践在此作为一种桥梁,将主体的生理冲动、驱力、无意识等"内在性"内容与用于交流的语法规范和社会规范、社会关系等沟通起来,从而实现内部与外部的连接。这一内外连接的过程,在克里斯蒂娃看来,最终形成了"一条通向主体的局限和社会的有限性的路径"④。她在此讨论的"主体的局限"和"社会的有限性"是指什么呢？

克里斯蒂娃到达法国时,知识界正处在结构主义浪潮的统领之下。她发现讨论语言本身的系统与结构在风潮中占据着绝对上风,而主体问题则成为结构主义拒绝讨论的对象。于是她试图将结构主义范式中处于角落之中的主体重新拉回讨论的中心。是否存在着一种与笛卡尔式的先验自我不同,能取代传统文学的主体观的新的主体类型呢？《实践论》正是在这样的理论诉求的驱动下进入克里斯蒂娃视野的。《实践论》通过阐释马克思的实践哲学,进一步深化了实践在认识论层面的意义。毛泽东的实践观是建立在对理论认识和行为实践二分的基础上的,理论（认识）和实践分处两个不同领域,强调的是实践在认识论中的地位和作用。克里斯蒂娃对《实践论》的分析主要集中在《诗性语言的革命》中的"实践"（La pratique）一章和1973年发表

---

① 阿尔都塞. 保卫马克思 [M]. 北京：商务印书馆, 2006：158.
② 巴尔特. 符号学原理 [M]. 王东亮, 等译. 上海：三联书店, 1999：39.
③ 克里斯蒂娃. 诗性语言的革命 [M]. 张颖, 王小姣, 译. 成都：四川大学出版社, 2016：4—5.
④ 克里斯蒂娃. 诗性语言的革命 [M]. 张颖, 王小姣, 译. 成都：四川大学出版社, 2016：5.

的论文《经验与实践》(*L'E expérience et la pratique*)①，这两部分文献有重复之处，后者对前者有少量补充。

而要理解克里斯蒂娃对《实践论》的分析，首先有必要弄清楚她的主体观的要点。克里斯蒂娃首先关注到同时代的语言学家埃米尔·本维尼斯特关于语言、主体与主体性问题的讨论。本维尼斯特在《普通语言学问题》(*Problèmes de linguistique générale*)中聚焦于语言中的主体性问题，提出"言说主体"(sujet parlant)的概念。他反对将语言简单地看成交流的工具，认为主体通过实施语言表达行为而能够成为主体，正是语言建构了主体性。这种主体性与经验和意识的关系表现在"作为一个心理单位被界定，这个心理单位凌驾于一切由它汇集的经验之上，并确保着意识的连续性"②。

克里斯蒂娃吸收并突破了本维尼斯特的主体观来进一步讨论主体问题。③ 她认同本维尼斯特的观点，认为人是言说主体，人通过现实的言语活动得以成为主体。但她认为这类主体还与心理分析理论中无意识的驱力相关，并不是理性的、意识统一的主体。在她看来，一方面，言说主体首先是一种客观存在，是语言的生产者，也常被视为一种笛卡尔式的先验主体，但事实上，它还是一种经验论的存在，他通过言说与受话人进行对话，实现主体间的交流；另一方面，通过语言，主体与其身处的环境缝合，换言之，言说主体可以通过言说这一行为与社会活动及社会规则互动，从而将主体与现实世界相关联。在这个意义上，主体并非纯粹的笛卡尔式的主体，言说行为并非纯粹的"我思"的产物，而是更多地受限于语言、符号体系乃至社会规则和系统，而且，这类主体也不完全是社会产物，她更倾向于将主体与心理分析的无意识理论相连接，探究隐藏在言说背后的各种内在驱力。这种被分割成意识与无意识、理性与非理性的过程，处于意义生成过程的边界之上，即是处于运动之中的主体，她命名为"过程中的主体"(sujet en procès)。

---

① 克里斯蒂娃1971年发表的论文《物质、意义和辩证法》(«Matière, sens, dialectique»)中同样提到了实践的问题，它与《经验与实践》均收录在其1977年出版的论文集《多元对话》(*Polylogue*)中。

② 埃米尔·本维尼斯特. 普通语言学问题：选译本[M]. 王东亮，等译. 北京：生活·读书·新知三联书店，2008：293.

③ 参见笔者论文：符号系统的主体与他者：论本维尼斯特对克里斯蒂娃的影响[J]. 华中师范大学学报，2014 (6).

这一主体处在语言活动的边界处，两端分别是与身体相关的无意识层面的驱力元素，以及交流的语言中展现出的语法和句法规范①，二者处在纠葛和斗争的漩涡中，故主体总是处在自我形成与崩坏的过程中。上文提到的通往"主体的局限"和"社会的有限性"正是指无限的意义生成过程中，与身体相关的内在驱力的不停歇运作，使得主体的稳定性被打破，呈现为"过程中的主体"的状态，而这一类主体参与到社会实践活动中，会对固有的社会规则构成挑战。

克里斯蒂娃在讨论《实践论》时，并没有单刀直入地从主体开始，而是首先强调了"个人的和直接的经验"（l'expérience personnelle et immédiate）这一关键词，从而为引入对主体问题的讨论做铺垫。她首先突出实践的重要特性，即主体的个人的和直接的经验，这种经验是认识开始的前提，"毛泽东在他的文章《实践论》中……强调个人的和直接的经验是实践的重要物质特性……只有在社会实践的客观连续性中不断重复的现象才有可能产生可观的飞跃——即出现建立内在联系的概念。毛泽东强调了实践的两个方面，它须是'个人的'并且需要是'直接经验'"②。在此基础上，她进一步总结《实践论》中认识和实践的相互关系，这一部分是通过对认识的两个阶段的阐释来呈现的。"原来人在实践过程中，开始只是看到过程中各个事物的现象方面，看到各个事物的片面，看到各个事物之间的外部联系……这叫做认识的感性阶段，就是感觉和印象的阶段。"③ 这一阶段是毛泽东的"认识的第一个阶段"，也是克里斯蒂娃一直强调的个人的、直接的经验。此时的认识是感性的认识，还停留在对于现象的感觉阶段。"社会实践的继续，使人们在实践中引起感觉和印象的东西反复了多次，于是在人们的脑子里生起了一个认识过程的突变（即飞跃），产生了概念。概念这种东西已经不是事物的现象，不是事物的各个片面，不是它们的外部联系，而是抓着了事物的本质，事物的全体，事物的内部联系了。"④ 这一阶段是毛泽东的"认识的第

---

① 在《诗性语言的革命》第一章的前两小节，克里斯蒂娃用"符号态"和"象征态"来指语言意指过程中的两种模式，分别对应着语言活动边界两端的内容。
② 克里斯蒂娃. 诗性语言的革命 [M]. 张颖，王小姣，译. 成都：四川大学出版社，2016：152.
③ 毛泽东. 毛泽东选集：第1卷 [M]. 北京：人民出版社，1991：284—285.
④ 毛泽东. 毛泽东选集：第1卷 [M]. 北京：人民出版社，1991：285.

二个阶段",这是理性认识的阶段。如何从认识的第一阶段发展到第二阶段呢?克里斯蒂娃把握住了《实践论》中的关键点——"反复了多次",经由多次的、反复的实践,其认识从感性走向理性。

克里斯蒂娃对《实践论》分析的独特之处在于,她具体化了感性认识在实践与认识关系中的价值。"从认识过程的秩序说来,感觉经验是第一的东西,我们强调社会实践在认识过程中的意义,就在于只有社会实践才能使人的认识开始发生,开始从客观外界得到感觉经验……认识开始于经验——这就是认识论的唯物论。"① 认识开始于社会实践,开始于个体从外在世界获得的一种感觉经验。可以认为,一切皆由社会实践始,在某种意义上,客观的外部世界是人的感觉经验的"数据库"。而无论是感性认识还是理性认识,均是一种意识层面的获得,主体是核心,实践与认识是通过主体发生关联。这一点正是克里斯蒂娃所强调的,"此处对'直接经验'和'个人的'强调可能是马克思主义理论中这两个概念最常出现的地方,强调了意识的主体性……这种主体性可以与黑格尔在'实践概念'中提出的坚不可摧的、原子论的、非个人化的和带来认识的主体性相比较。'毛主义'召唤和生产了这种主体性,并将其视为社会变革实践和革命实践的推动力。毛泽东对辩证唯物主义理论和实践最主要的贡献之一,就是在其理论框架中,对这种主体性的重新发现(redécouverte)"②。

克里斯蒂娃从《实践论》中提炼的"主体性"观念,是一种意识的主体性,主体通过从外部世界所获得的直接的和个人的经验,通过不断参与社会实践活动来获得这种主体性,同时它还能有助于改造世界。克里斯蒂娃从《实践论》中分析出的"主体性"与她所说的"过程中的主体"究竟有何关联呢?这具体体现在她对这种"主体性"的分析:"实践围绕着现实的直接经验而展开,并且将直接经验带入知识(列宁只是一带而过地提出过这种直接性)。这一直接经验包括所谓经验的阶段,以及对新的异质对象(objet hétérogène)的意指理解的阶段。这暗示着直接经验包含着一个临界点,而主体则可能在这一边界上分裂。这一分裂不同于'实践概念'中坚不可摧的

---

① 毛泽东. 毛泽东选集:第1卷 [M]. 北京:人民出版社,1991:290.
② Julia Kristeva. «L'expérience et la pratique», *Polylogue*. Paris: Seuil, 1977: 132.

原子论主体；相反，它包含着更新的前提要素。"① 现实的直接经验是认识的必要步骤，克里斯蒂娃对直接经验中的"直接"突出强调，并对其进行拆解，认为可以分为经验的阶段和对新的不同对象的意指理解的阶段，即获得经验的同时对经验进行符号化。她认为经验的时刻和主体对不同对象进行理解的时刻存在着临界点，在符号化或者理论化直接经验的过程中，主体会在这个临界点上进行主体意识的重构，从而实现主体的更新。

不难看出，克里斯蒂娃在讨论语言的主体性问题时，语言不仅仅是静态的、固定的可供交流使用的工具，而且是与主体息息相关的语言实践。在她看来，语言活动，是一种意义行为，"促使语言向'意义经验'（expérience du sens）开放——人作为言说主体，其语言的'意义'是一种经验与实践"②。她从《实践论》中所分析出的主体与参与语言实践的主体存在着相通和呼应的可能：一方面，这两类主体均是处在不稳定状态，内部存在着纠葛与斗争；另一方面，这两类主体的主体性均从实践中获得，前者是社会实践，后者是语言实践。

三、改造主观世界与改造客观世界的关联

主体问题只是克里斯蒂娃理论建构的一条显线，背后的隐线是对文学与政治关系的思考，"正如克里斯蒂娃所认为的，推进到极致的文本实验，体现出了所有先锋派的野心——将诗歌革命和政治革命紧密地联系起来"③。

前文在讨论主体性问题时指出，克里斯蒂娃认为，毛主义召唤和生产的主体性是"社会变革实践和革命实践的推动力"，这一观点在《实践论》中的原文是："通过实践而发现真理，又通过实践而证实真理与发展真理。从感性认识而能动地发展到理性认识，又从理性认识而能动地指导革命实践，改造主观世界和客观世界。实践、认识、再实践、再认识，这种形式，循环往复以至无穷，而实践与认识之每一循环的内容，都比较地进到了高一级的程度。"④ 在《诗性语言的革命》中，对于"实践－真理－实践"的循环往复

---

① 克里斯蒂娃. 诗性语言的革命 [M]. 张颖, 王小姣, 译. 成都：四川大学出版社，2016：153.
② 克里斯蒂娃. 互文性理论对结构主义的继承与突破 [J]. 当代修辞学，2013（5）.
③ Philippe Forest. *Histoire de Tel Quel 1960—1982*, Paris: Seuil, 1995: 451.
④ 毛泽东. 毛泽东选集：第1卷 [M]. 北京：人民出版社，1991：297.

过程，她认为，"他（毛泽东）提出了一个三步法：实践－真理－实践，且同时暗示在其中的每一步之中，'被理解的客观存在'和试图理解它们的'意识'都处在不同的状态中。因此需要区分在实践中出现的真实客观存在和与其相关的科学知识。科学知识得出科学真理，进而引向新的实践检验"①。实践和认识是相互制约的关系，通过人的意识对客观存在的理解，主体获得相关的科学知识，但知识并不处于静止状态，而是需要经过新的实践的检验，通过新的实践来发展。在实践和真理循环往复的互动过程中，人的认识即主观世界被改造了，同时，由于人的理性认识又可以能动地指导客观世界，所以客观世界也被改造了。而这种"改造主观世界和客观世界"的图景，正是以克里斯蒂娃为代表的先锋知识分子在 20 世纪六七十年代所憧憬的"乌托邦"。

文学革命与政治革命如何连接？换言之，先锋艺术在形式层面的变革，与革命的社会实践如何关联呢？克里斯蒂娃在《诗性语言的革命》中竭尽全力想要解释的正是这个问题。她在一篇自传性的文章中写道："现代艺术、疯狂、主观体验以及各种边缘现象在当时不仅仅成为观察的对象，而是研究的实际领域，它允许通过一种间接的方式来把握社会内涵。"② 观察并研究现代艺术、疯狂、主观体验以及各种边缘现象的同时，进而对社会变革做出反映，这一点与《实践论》中"改造主观世界和客观世界"是直接相关的。正如她在《诗性语言的革命》尾声"智识的喧嚣"（Furieux D'intelligence）中所言："先锋文本不再是哲学一直想要掌控的主体间关系的记录（enregistrement），而是借实践之名，变为可以操控社会变革的要素——当然仅在这一变革关乎言说的主体之时。"③ 所以，在克里斯蒂娃看来，马拉美和洛特雷阿蒙的先锋诗歌作为诗性语言的实践，颠覆了旨在以沟通为目标的语言所遵循的语言规范，这并非简单的文体实验，而是具有了革命意识。她认为这种颠覆不仅会改变词汇、语法和语境，甚至会对言说的主体带来颠覆性的改造。这一革新虽然是在符号领域，但由于人既是一种过程中的主

---

① 克里斯蒂娃. 诗性语言的革命 [M]. 张颖，王小姣，译. 成都：四川大学出版社，2016：153.
② Julia Kristeva. "My Memory's Hyperbole", *The Portable Kristeva*. New York：Columbia University Press，2002：7.
③ 克里斯蒂娃. 诗性语言的革命 [M]. 张颖，王小姣，译. 成都：四川大学出版社，2016：181.

体，也是社会实践的主体，会在社会实践中体验各种不同内容的对抗，所以也面对各种驱力所带来的新的实践可能，这就使得语言符号能够通向外部与社会。在克里斯蒂娃看来，先锋诗歌解除禁忌，引入断裂，最终生产出新事物和新机制，且这种诗性语言通过对语法规则的坚硬内核的挑战与消解，实现了对政治和革命的呼应。有学者指出，克里斯蒂娃"运用马克思主义中实践的概念打破形式主义将诗歌视为孤岛的局限，同时也规避了结构主义与现实脱节的弊端"[①]，这是切中要害的。

克里斯蒂娃大段引用毛泽东《实践论》中的观点，并部分运用其中的实践与经验、实践与认识的相互关系来进行理论建构，她看重的是毛泽东在讨论实践问题时的内在逻辑关系以及可能由此延展出的其他可能的讨论路径。《实践论》对克里斯蒂娃的作用，在于启发她思考自己一直关心的问题。她的目标是思考当时的法国问题，思考革命带来的理论难题，即知识分子如何参与革命，在政治革命中究竟应该处于什么位置、扮演何种角色？

克里斯蒂娃对毛泽东《实践论》的关注并非偶然。这既有特定历史阶段宏观背景的影响，又与克里斯蒂娃个人的研究兴趣与理论目标相关。她并不关心《实践论》的理论产生背景，也并不熟悉其理论效果，更多的是从文本到文本，经由《实践论》来进行新的理论生产。她对《实践论》的分析是一种现实和想象的结合：一方面，她精读过《实践论》，并理解了毛泽东所强调的实践与认识相互制约的关系，而且找到了理论共鸣点；另一方面，她在将自身对文学革命与政治革命的思考与《实践论》的特质相连接时，又呈现出某种意图优先的倾向。她不是研究毛泽东思想的专家，她关心的始终是《实践论》如何帮助她将知识生产实践与对世界进行改造的实践联系起来，因而她的"理论实践"终究无法也不可能走进真正的对世界进行改造的革命中。她并不了解的是，毛泽东的哲学理论并不耽于理论层面的概念生产和精巧的论证，而是以是否可指导实践，为现实的形势服务为目标，从实践中来，到实践中去，这正是与她不同，且比她高明之处。

---

① 王小姣. 喧嚣的杂语：评克里斯蒂娃《诗性语言的革命》[J]. 中国图书评论，2017（1）：99.

结　论

克里斯蒂娃的异族女人的身份和境遇，使得她具有了独特的学术背景，这让她在以男性为主导的法国精英知识分子界独树一帜，直接表现为她的符号学研究策略以及持续性的对边缘问题的关注。从20世纪六七十年代至今，她的学术思索中绵延着相似的理论倾向：反对单一的、僵硬的一维逻辑，而更加关注语言的僵硬格局中书写的持续过程，她倾向于分析，通过语言的裂缝和增殖来发掘语言内部的异质元素，与此同时，她将否定性的要素考虑进来。

在《"我们俩"或互文性的历史（故事）》（"'Nous deux'or a (Hi)Story of Intertextuality"）一文中，克里斯蒂娃明确指出她的学术思想演变的连续性，具体说明了她的学术轨迹是如何从20世纪60年代末的互文性理论过渡到20世纪70年代"符义分析"的"过程中的主体"概念及20世纪80年代的边缘文化研究的，或者说，如何经由对文本理论的思考转向对边缘文化的讨论。"互文性，曾经是一种形式现象，后来它将我引向去探索内心的和精神分析学的含义。文本的多元性，被重新发现为一种精神活动，能够将精神空间向一种创造性的过程敞开。复调的声音证明了我所谓的'过程中的主体'的概念。主体的同一性和异质性之间不稳定的分节将我引向了一种新的多元的身份。此时，'互文性'的概念开始与我使用的另外一些概念产生共鸣。如陌生感/熟悉感，异乡人的人格与移植；'符号态''象征态'以及它们的超语言学的意义；卑贱，边缘性人格，以及呈现出的主体和对象的边界的模糊。"[①]

[①] Julia Kristeva. "'Nous deux'or a (Hi) Story of Intertextuality", *Romantic Review*, 2002(1-3): 8-9.

主体问题是克里斯蒂娃20世纪60年代末到80年代末的思想演变的核心之一。克里斯蒂娃发展了巴赫金的"对话性"理论,她的互文性关注到"言说主体"的复杂性。"言说主体"由于身体的引入,呈现出一种"符号态"与"象征态"相互作用的意指实践过程,从而成为无意识与意识交织的"过程中的主体"。而发展到20世纪80年代,克里斯蒂娃将主体的边界状态,尤其是社会群体中的边缘人群的精神状态,作为研究对象。克里斯蒂娃另一个思想演变的核心,在于将"互文性"理论对复调的运用发展到20世纪80年代的多重话语的杂糅。在这一阶段,克里斯蒂娃重点关注主体内在性的情感体验和精神空间。她最感兴趣的,是不同的话语在文化层次中的交叉和重构。"克里斯蒂娃的理论书写并没有完全'推倒',要么成为小说或者成为元语言(就是出现转向),这主要归功于精神分析话语的参与,它能产生一种'知识效应',等同于'话语的拓扑学'的保存,具体来说,在克里斯蒂娃的多元逻辑中不同的声音(诗性的、哲学和分析的)均可清晰地保存。"[①] 克里斯蒂娃的文化研究实践保存着一种众声喧哗的状态,具体表现在多元话语(如诗性话语、哲学话语、精神分析话语)的联合发声。

从20世纪70年代末开始,克里斯蒂娃的关注视野发生了明显的变化。这一时期,在她的理论建构中,文学与政治的关系逐渐减弱,她的关注视野开始回归到情感领域和主体的内在体验上。笔者认为,这种转折的根源,一方面,克里斯蒂娃在1974年的中国之行结束后,她的政治变革的热情逐渐减弱,革命的理想主义和政治幻想最终破灭。她的关注视野从外部世界转向个体的精神世界。另一方面,精神分析理论与成为一名精神分析师的实践,丰富了她的学术视野。1980年,克里斯蒂娃的《恐怖的权利:论卑贱》(*Pouvoirs de l'horreur:Essai sur l'abjection*)[②] 出版,这本书是她探索个体的主体性和精神边界状态的第一本著作。克里斯蒂娃通过研究"母性"探索前俄狄浦斯阶段母子的原初关系,并讨论在前俄狄浦斯阶段,婴儿主体如何从母子融合、合为一体的状态,转向母子分离的过程。1984年,克里斯

---

① Miglena Nikolchina. "The Lost Territory: Parables of Exile in Julia Kristeva", John Lechte and Mary Zournazi, eds. *The Kristeva Critical Reader*. Edinburgh: Edinburgh University Press, 2003: 60.

② Julia Kristeva. *Pouvoirs de l'horreur: Essai sur l'abjection*. Paris: Seuil, 1980.

结 论

蒂娃以爱为核心的著作《爱情传奇》（*Histoires d'amour*）① 出版。在这本书中，她提出了"想象的父亲"（père imaginaire）的概念，分析了自恋与理想化在爱的对象的形成过程中的作用，并将精神分析理论作为一种爱情理论提出来。这本书主要围绕以下问题展开：爱在社会文化中是怎样产生和发挥作用的，作为一种意义生成的恋爱是如何与"想象的父亲"联系在一起的？爱的话语具有怎样的隐喻特征，是在怎样的想象结构中产生的？

克里斯蒂娃在1987年出版的《黑色的太阳：抑郁症与忧郁症》（*Soleil noir：Dépression et mélancolie*）② 中讨论了患有抑郁症的主体的问题。她将抑郁症的现象放在文化、哲学、宗教以及精神分析等学科背景下讨论。克里斯蒂娃通过对西方文化中"抑郁症"发展史的梳理，提出精神压抑与文学和艺术的关系问题，并将压抑看成是创造本身的根源，即"压抑是创造力的门槛"。在这本书的末尾，克里斯蒂娃以杜拉斯的作品为例，说明文学创作与女性性欲的关系，从精神分析学的角度解释为何是女性容易得抑郁症。克里斯蒂娃重新界定和发展了俄狄浦斯情结，认为在现代社会父性角色逐渐退居次要的位置，导致父性功能的重要性被忽视。原初的乱伦指的是对母亲的性的欲望，而乱伦禁忌使得主体（男性主体和女性主体）都禁止回归到母亲。乱伦禁忌的出现，使得任何形式的逾越禁忌行为都会面临失败。这就导致了菲勒斯和它在语言和思想中的升华面临困难。克里斯蒂娃不仅从病理学层面讨论抑郁症，而且将对抑郁症的认识与语言的习得联系在一起。

1988年克里斯蒂娃的著作《陌生的自我》（*Étrangers à nous-mêmes*）③ 出版。在这本书中，克里斯蒂娃讨论了陌生人的问题。她所关注的陌生人是指客居在他乡，远离故土的人，而最典型的陌生人，就是她自己。她将对陌生人的讨论，扩展到与"陌生感"相关的身份问题，将"陌生感"看成是存在于自我内部的深层次的情感。从克里斯蒂娃的个体经验来说，"陌生感"铭刻在她的骨髓里，成为她展开研究的动力。她曾说："这种动荡的生存环境，这种刻骨铭心的体验，这种'我是一个他者'的感受，无疑让我看到了

---

① Julia Kristeva. *Histoires d'amour*. Paris：Denoël, 1984.
② Julia Kristeva. *Soleil noir：Dépression et mélancolie*. Paris：Gallimard, 1987.
③ Julia Kristeva. *Étrangers à nous-mêmes*. Paris：Fayard, 1988.

无意识中的一些'黑暗的大陆'。"① 在《陌生的自我》一书中，克里斯蒂娃将异乡人的体验与无意识中的"黑暗的大陆"相关联。与此同时，克里斯蒂娃还讨论了陌生人问题的道德基础及如何思考他者的问题，将对外国人、异族人问题的思考上升到政治伦理的层面。这是在全球化的社会语境下，随着种族、国籍的大范围融合趋势所出现的不可回避的问题。克里斯蒂娃所讨论的陌生人问题的核心，是如何面对他者并正视与他者的交往问题。

克里斯蒂娃 20 世纪 80 年代对文化实践的分析，考察的是一些特定情形下边缘人群的主体性状态。作品《黑色的太阳：抑郁症与忧郁症》与《爱情传奇》讨论的均是抑郁症和爱。克里斯蒂娃考察了前俄狄浦斯阶段爱情关系与抑郁症这两大主题的一种相对应关系，因为抑郁的反面是爱的需要。与《恐怖的权力：论卑贱》一起，讨论的是前俄狄浦斯阶段的母子关系。以上三部作品是克里斯蒂娃讨论前俄狄浦斯空间这一场域探究文化问题的三部曲。而《陌生的自我》所关注的是异乡人的心理问题。克里斯蒂娃将异乡人的问题上升到对自我与他者关系的讨论，其最终目的是观照多元文化、种族之间的交流和碰撞。

克里斯蒂娃在接受采访时谈到早期的"符义分析"理论与后来研究之间的关系，认为"在我早期的研究和现在关注的问题中，有非常明显的连续性。我最近所讨论的恐惧、抑郁症以及陌生人主题，若你有所关注，就会发现这些主题与无意识生活的遗风、与创伤时刻有关系，这些无意识内容已经在符号学中出现，我在研究马拉美和洛特雷阿蒙时已经探讨过，尽管研究的是同样的主题却是通过一种比精神分析更哲学和修辞学的方式，我的研究常常会回到同一主题，比如说我们讨论过的'革命'，只是需要进行修正，同时找到其他角度。至于小说，别人可能认为其与符号学研究是完全不同的，但是于我而言，它们之间是存在关联的，有桥梁关系，小说更像是一种对理论的实践。我关注同样的主题——陌生感、暴力和死亡，但是并不是从一种元语言的角度进入"②。不难看出，克里斯蒂娃在这里所强调的连续性表现

---

① 克里斯蒂娃. 反抗的未来 [M]. 黄晞耘，译. 桂林：广西师范大学出版社，2007：87.
② Julia Kristeva. "Avant-Garde Practice", *Julia Kristeva Interviews*. New York: Columbia University Press, 1996: 222.

结 论

在研究方法和主题的延续,"无论是在文学研究还是在分析中,我所感兴趣的都是行为不会凝固(les comportements ne se figent pas)的领域"①,而并不是对同一问题的持续研究。"革命"在新的时期已经抽离掉其特定的历史语义,被修正为一种创造性地对日常生活问题的思考。"陌生感、暴力与死亡"这些异质元素指向的是文化中被压抑和掩盖的内容,展示出克里斯蒂娃在历史、文化、社会等构成的坐标之上游走的独特面孔,其20世纪六七十年代理论实验的云谲波诡与文字的艰深晦涩,最终让位于与精神分析相关的一系列问题的通达与晓畅,理论以何种方式"介入"社会由一种惊心动魄的强势参与变成温情脉脉的润物无声。"符义分析"理论发展到20世纪70年代,精神分析理论中的无意识概念成为其主要的理论武器,主体问题被放置在更为核心的位置上,在结构主义符号学研究中被抹除的"主体"在这一时期终于回归。从20世纪70年代到80年代,克里斯蒂娃对符号学与精神分析交叉领域的探索更加成熟,对精神分析和主体性的追求,也使得克里斯蒂娃的理论研究获得新生,进一步寻找主体,探究主体的多种存在模式,成为她20世纪80年代之后的主要研究方向。

在这一阶段,克里斯蒂娃对不同意指现象进行严格、近乎科学的检测和论证。这些可以看成是语言学、哲学、历史、宗教等不同要素的混合,而精神分析是最主要的理论武器,通过符号学和精神分析理论来解析不同的文化现象的意指实践活动。"从我的观点来看,我可能表面上是对那些精神分析话题更感兴趣,但事实上,是对不同问题的交叉及通过语言学、哲学、历史、宗教多种学科来考察的做法感兴趣。在任何情形下,这些话题需要的是对不同话语的重构,假定批判话语不仅仅是某种固定话语的组合,而是通过重构来形成一种合成。我认为,这种新的合成的支柱是精神分析理论。"②在这几部作品中,精神分析理论都是用来分析单一主体的问题,克里斯蒂娃试图为人类主体的爱欲、厌恶、抑郁、陌生等情感寻找到最古老的理论原点,她选择从婴儿主体早期与父母的关系出发来讨论这些问题。克里斯蒂娃

---

① Julia Kristeva. «Je suis et resterai une "étrangère"», *Philosophie magazine*, décembre 2019/janvier 2020. http://www.kristeva.fr/philosophie_magazine_135.html.

② Julia Kristeva. "A Conversation with Julia Kristeva", Ross Mitchell Guberman, ed. *Julia Kristeva Interviews*. New York: Columbia University Press, 1996: 20.

这一阶段对文化层面的意指实践的讨论，根本目标在于通过精神分析和符号学理论，从病理学的层面来讨论文化中病态的治疗和更新。并非以一种宏观、全域的视野，而是将主体看成一种既定社会和历史的症候（symptom）。克里斯蒂娃这一阶段的边缘文化研究将整个人类的文化史、个人主体的发展与文本研究联系起来，并将这三个部分并置与镶嵌在不同的主体中进行讨论，而这三个部分呈现出有效的互文特点。

"符义分析"理论所代表的一种先锋理论专属于20世纪六七十年代的，在20世纪80年代后逐渐走向温和，而从90年代至今，她的关注视野出现了明显的转移。从现实关怀的角度来看，其显著表现为从宏观政治向微观政治的转移。宏观政治和微观政治的区别在于，前者注重社会运动以及不同社会团体之间权力的分配与组合，而后者关注意义及个体的语言和欲望的呈现，是意义的寻找与追问。从20世纪90年代至今，精神分析理论逐渐成为克里斯蒂娃进行文化研究的主要方法，她在艺术、文学与宗教领域发展出了一套更加复杂的学术话语，旨在探索个体的内在经验。到20世纪90年代，克里斯蒂娃的理论思考建构中对政治革命的认识被另一种形式的"反抗"所取代，"所以，中国之行让我对政治参与的整个问题做出重新评估，从我个人的角度而言，我想或许不参与政治，而是尝试着在一个狭窄的领域开展更加有用处的研究，这个领域是关注个体生活的，个体的表达方式受到关注，在这一领域，我能从事一种更加客观、尖锐的研究，更加独立于不同的政治压力之外"[1]。

在这一阶段，克里斯蒂娃学术研究的核心问题，在于当代社会"反抗"是否可能，以及如何实现"反抗"的问题。当被问及这种"反抗"是否是对她1974年出版的《诗性语言的革命》中"革命"观念的恢复和重新开始时，她的回答是"一种回顾式的回归"（retour rétrospectif）[2]。"反抗"，在克里斯蒂娃看来，并不是一种对法则或者秩序的超越，不是一种道德概念，而是一种在个体的精神空间内对权威的连续置换，是一种回归到难以捉摸的原初

---

[1] Julia Kristeva. "Julia Kristeva in Communication", Kelly Oliver, ed. *The Portable Kristeva*. New York: Columbia University Press, 2002: 343.

[2] Julia Kristeva. *Je me voyage*. Paris: Fayard, 2016: 181.

的努力，而这是使创造性和意义得以存在的精神的反抗。内心（intimate）与隐私（privacy）则是两个意义完全不同的词，克里斯蒂娃所谓的内心，是一种与无意识和身体直接相关的内在化形式。这种内在的活动包括幻想、思想和情感等。这个内心的领域是与政治领域切断的，处在一种生成的形式中。

从"符义分析"理论到边缘文化实践，再到精神空间的"反抗"，克里斯蒂娃从最初以文本与社会为锚点观照社会层面激进变革的宏大叙述转向对个体精神体验和精神空间的探索，转向对想象世界的再建构，从晦涩的哲学、形式主体逐渐关注到人，关注到生命，甚至关注到个体经验的独特性。她的研究领域从对文学文本间关系的形式研究逐步向多元文化研究开放，研究重心越来越倾向西方社会中个体的差异性和人类主体的基本欲望问题。她的学术思想的进路呈现为不断剔除外在形式制约而渐渐扩展至丰富个体精神空间和本质内核的过程。

无独有偶，以克里斯蒂娃、巴尔特、索莱尔斯为代表的先锋文学批评家，少有继续坚持文学层面的革命和先锋实验，法国先锋理论本身逐渐开始剥离先锋的外壳。与克里斯蒂娃几乎同时期的保加利亚裔法国理论家、结构主义文学批评的代表人物、叙事学理论的主要奠基者茨维坦·托多洛夫开始重新拾起传统的作品概念，重新确立文学的价值及其对人的滋养，他在其晚年的著作《濒危的文学》中重新谈起文学的使命，"文学拓展了我们的世界，促使我们用其他方式构想并组织世界。我们所有人都是由其他人成全：首先是我们的父母，其次是我们周围的人；文学使我们与其他人互动的可能无限开放，因而使我们无限丰富。文学给我们提供了使现实世界更有意义和更美的那样一些不可替代的感受。文学远非一种仅使有教养者惬意的消遣品，它让每个人更好地回应其人之为人的使命"[1]。从 20 世纪六七十年代理论风暴动摇了以作者、读者、作品等为核心的传统话语秩序、颠覆了作品和价值的权威，到后来对作品的美学价值和精神内核与人的回归，这一过程或许并非偶然，也并非由理论家个体的差异性所决定，这种转向在无声地说明：任何一种新的价值体系或理论范式的产生与消亡，实则只是文学话语嬗变过程中自我批评与发展的结果。

---

[1] 托多洛夫. 濒危的文学［M］. 栾栋，译. 上海：华东师范大学出版社，2016：43.

参考文献

安娜·埃诺. 符号学问题 [M]. 怀宇, 译. 北京: 中国人民大学出版社, 2019.

奥格登·托马斯. 精神分析艺术 [M]. 张旭, 译. 北京: 北京大学出版社, 2008.

埃米尔·本维尼斯特. 普通语言学问题: 选译本 [M]. 王东亮, 等译. 北京: 生活·读书·新知三联书店, 2008.

柏拉图. 柏拉图全集 [M]. 王晓朝, 译. 北京: 人民出版社, 2002—2003.

茨维坦·托多洛夫. 诗学 [M]. 北京: 商务印书馆, 2016.

茨维坦·托多洛夫. 象征理论 [M]. 北京: 商务印书馆, 2010.

崔柯. 克里斯特娃文本理论研究 [M]. 北京: 中国文联出版社. 2016.

车琳. 20世纪60—70年代法国"原样派"知识分子的中国观——以菲利普·索莱尔斯和罗兰·巴尔特为例 [J]. 中国比较文学, 2014 (2): 68—80.

陈涵平. 间性理论与比较文学 [J]. 学术研究, 2005 (12): 129—132.

崔柯. 文本与主体革命——克里斯特娃的文本理论 [J]. 文艺理论与批评, 2012 (1): 37—45.

方成. 精神分析与后现代批评话语 [M]. 北京: 中国社会科学出版社, 2001.

方汉文. 拉康后精神分析理论与克里斯特瓦的诗学话语 [J]. 四川外语学院学报, 2007 (6): 43—47.

范海敏, 高宣阳. 异质性: 论克里斯蒂娃意义生成的多元逻辑 [J]. 上海交通大学学报（哲学社会科学版），2019（2）：122-128.

菲尔迪南·德·索绪尔. 普通语言学问题［M］. 高名凯，译. 北京：商务印书馆，1980.

弗朗索瓦·多斯. 结构主义史［M］. 季广茂，译. 北京：金城出版社，2012.

弗朗索瓦·多斯. 解构主义史［M］. 季广茂，译. 北京：金城出版社，2012.

菲利普·索莱尔斯. 极限体验与书写［M］. 上海：华东师范大学出版社，2015.

弗兰克·梯利. 西方哲学史［M］. 葛力，译. 北京：商务印书馆，1995.

福原泰平. 拉康：镜像阶段［M］. 王小峰，李濯凡，译. 石家庄：河北教育出版社，2002.

龚兆华. 本维尼斯特论诗歌语言与日常语言之别［J］. 当代修辞学，2016（6）：50-60.

郭军. 克里斯蒂娃：诗歌语言与革命［J］. 外国文学研究，2003（1）：51-56.

韩蕾. 罗兰·巴尔特与中国：一个话语符号学的文本实验［J］. 中国比较文学，2014（2）：92-106.

胡戈·弗里德里希. 现代诗歌的结构：19世纪中期至20世纪中期的抒情诗［M］. 李双志，译，南京：译林出版社，2010

胡亚敏，肖祥. "他者"的多副面孔［J］. 文艺理论研究，2013（4）：166-172.

胡易容，赵毅衡. 符号学-传媒学词典［M］. 南京：南京大学出版社，2012.

怀宇. 论法国符号学［M］. 天津：南开大学出版社，2016.

黄光伟. 法国文本理论的特征［J］. 文艺评论，2012（11）：46-48.

黄荭. 论"中国经验"的祛魅写作——以波伏瓦、克里斯蒂娃为例［J］. 当代外国文学. 2015（2）：97-103.

黄作. 不思之说：拉康主体理论研究［M］. 北京：人民出版社，2005.

基斯·A.里德尔. 1968年5月发生了什么？[M]//赵文译，汪民安编："五月风暴"四十年反思. 桂林：广西师范大学出版社，2008.

蒋洪生. 法国的毛主义运动：五月风暴及其后[J]. 文艺理论与批评，2018（6）：12—29.

蒋晓丽，赵毅衡. 传播符号学访谈录：新媒体语境下的对话[M]. 成都：四川大学出版社，2017.

理查德·沃林. 东风：法国知识分子与20世纪60年代的遗产[M]. 董树宝，译. 北京：中央编译出版社，2017.

李幼蒸. 理论符号学导论[M]. 北京：中国社会科学出版社，2006.

梁晓萍. 互文性理论的形成与变异——从巴赫金到布鲁姆[J]. 山西师大学报（社会科学版），2009（4）：37—40.

刘斐. 三十年代来互文性理论在中国的传播与发展[J]. 当代修辞学，2013（5）：28—37.

刘斐，陈昕炜. 全球视野中的克里斯蒂娃研究——第二届克里斯蒂娃研究会国际研讨会综述[J]. 当代修辞学，2014（3）：94—95.

刘荣，罗婷. 论克里斯特瓦的复调理论与诗性语言[J]. 外国文学研究，2002（3）：8—13.

刘文. 对话性、歧义性、颠覆性：克里斯蒂娃诗性话语理论[J]. 北方论丛，2006（3）：59—62.

刘文. 异质性：克里斯蒂娃的符号系统与言说主体[J]. 哲学动态，2005（7）：33—38.

刘文. 辩证性与革命性：克里斯蒂娃与巴尔特的互文本理论[J]. 西南民族大学学报（人文社科版），2005（5）：209—212.

刘悦笛. 在"文本间性"与"主体间性"之间：试论文学活动中的符号间性[J]. 文艺理论研究，2005（4）：64—69.

刘连杰. 文本间性与文学史的生成[J]. 北方论丛，2013（2）：34—37.

刘宇宁. 文本的革命——索莱尔斯早期作品里的中国元素[J]. 中国比较文学，2014（2）：81—91.

路易·阿尔都塞. 保卫马克思[M]. 顾良，译. 北京：商务印书馆，2013.

陆扬. "法国理论"在中国[J]. 学术月刊，2012（2）：88—94.

罗兰·巴尔特. 符号学原理［M］. 王东亮，等译. 北京：生活·读书·新知三联书店，1999.

罗兰·巴尔特. 中国行日记［M］，怀宇，译. 北京：中国人民大学出版社，2012.

罗兰·巴尔特. 偶遇琐记：作家索莱尔斯［M］. 怀宇，译. 北京：中国人民大学出版社，2012.

罗兰·巴尔特. 声音的种子［M］. 怀宇，译. 北京：中国人民大学出版社，2019.

罗婷. 克里斯特瓦的诗学研究［M］. 北京：中国社会科学出版社，2004.

罗婷. 克里斯特瓦的符号学理论探析［J］. 当代外国文学，2002（2）：65-72.

罗婷. 克里斯特瓦的理论背景与诗学思想［J］. 湘潭大学学报，2003（5）：123-127.

罗婷. 克里斯特瓦的诗学研究［M］，北京：中国社会科学出版社，2004.

罗婷. 无意识话语与诗性语言——拉康与克里斯特瓦之比较［J］. 湘潭大学学报（哲学社会科学版），2006（6）：140-144.

罗婷. 论克里斯特瓦与巴赫金的对话理论［J］. 外语与外语教学，2012（12）：35-38.

吕一民，朱晓罕. 良知与担当：20世纪法国知识分子史［M］，杭州：浙江大学出版社，2012.

马津. 索绪尔的易位书写理论及其影响［J］. 中山大学学报（社会科学版），2012（5）：75-81.

马拉美. 马拉美诗全集［M］. 葛雷，译. 杭州：浙江文艺出版社，1997.

莫里斯·布朗肖. 文学空间［M］. 顾嘉琛，译. 北京：商务印书馆，2003.

穆杨. 安德森《手》的符号界解读［J］. 外国文学，2007（2）：68-73.

倪梁康. 胡塞尔现象学概念通释［M］. 北京：生活·读书·新知三联书店，2007.

诺姆·乔姆斯基. 句法结构［M］. 黄长著，等译. 北京：中国社会科学出版社，1979.

钱翰. 回顾结构主义与中国文论的相遇 [J]. 法国研究, 2010 (2): 15-24.

钱翰. 文学的再现问题中的意识形态 [J]. 文艺理论研究, 2009 (2): 19-26.

钱翰. 茱莉亚·克里斯特瓦的中国之行 [J]. 国外文学, 2009 (2): 125-126.

钱翰. 二十世纪法国先锋文学理论和批评的"文本"概念研究 [M]. 北京: 北京大学出版社, 2015.

钱林森. 光自东方来——法国作家与中国文化 [M]. 银川: 宁夏人民出版社, 2004.

秦海鹰. 马拉美的文学本体论 [J]. 欧美文学论丛, 2002 (00): 248-267.

秦海鹰. 西方作家与中国汉字 [J]. 跨文化对话. 上海: 上海文化出版社, 2003 (13).

秦海鹰. 人与文, 话语与文本——克里斯特瓦互文性理论与巴赫金对话理论的联系与区别 [J]. 欧美文学论丛, 2004 (00): 1-30.

秦海鹰. 互文性理论的缘起与流变 [J]. 外国文学评论, 2004 (3): 19-30.

秦海鹰. 克里斯特瓦的互文性概念的基本含义及具体运用 [J]. 法国研究, 2006 (4): 16-27.

秦海鹰. 文学如何存在——马拉美诗论与法国 20 世纪文学批评 [J]. 外国文学评论, 1995 (3): 5-14.

朱莉亚·克里斯特瓦, 秦海鹰. 波德莱尔——无限与芳香 [J]. 法国研究, 1992 (1): 23-33.

饶广祥. 解放的形式: 赵毅衡形式理论思想争鸣篇 [M]. 成都: 四川大学出版社, 2013.

尚杰. 从结构主义到后结构主义(上) [J]. 世界哲学, 2004 (3): 48-60。

尚杰. 从结构主义到后结构主义(下) [J]. 世界哲学, 2004 (4): 59-81.

尚杰. 法国当代哲学论纲 [M]. 上海: 同济大学出版社, 2008.

尚杰. 归隐之路：20世纪法国哲学的踪迹［M］. 南京：江苏人民出版社，2008.

尚杰. 中西：语言与思想制度［M］. 北京：北京大学出版社，2010.

尚杰. 本伍尼斯特的语言哲学观［J］. 同济大学学报（社会科学版），2013（1）：17-24.

盛宁. 人文困惑与反思——西方后现代主义思潮批判［M］. 北京：生活·读书·新知三联书店，1997.

史忠义. 20世纪法国小说诗学［M］. 北京：社会科学文献出版社，2000.

孙秀丽. 克里斯蒂娃符号学与索绪尔语言研究关系探析［J］. 学术交流，2011（11）：128-130.

孙秀丽. 符号实践的前符号态与符号象征态研究——克里斯蒂娃研究之三［J］. 外语学刊，2009（6）：146-149.

孙秀丽，李曾. 克里斯蒂娃符号学思想探源——克里斯蒂娃研究之二［J］. 外语学刊，2008（1）：114-117.

孙秀丽. 解析符号学批判——克里斯蒂娃研究之一［J］. 外语学刊，2006（5）：25-28.

孙秀丽. 试论克里斯蒂娃对巴赫金理论的继承与发展［J］. 黑龙江社会科学，2008（2）：98-100.

孙秀丽. 克里斯蒂娃的解析符号学研究［M］. 哈尔滨：黑龙江大学出版社，2016.

泰瑞·伊格尔顿. 20世纪西方文学理论［M］. 伍晓明，译. 西安：陕西师范大学出版社，1987.

特里·伊格尔顿. 理论之后［M］. 商正，译. 北京：商务印书馆，2009.

王治河. 后现代哲学思潮研究［M］. 北京：北京大学出版社，2006.

汪民安，等. 后现代性的哲学话语：从福柯到赛义德［M］. 杭州：浙江人民出版社，2001.

王慧. 解析符号学：诗性语言与母性功能［J］. 学术界，2014（1）：120-129.

王铭玉. 符号的互文性与解析符号学——克里斯蒂娃符号学研究［J］. 求是学刊，2011（3）：17-26.

王小姣. 喧嚣的杂语——评克里斯蒂娃《诗性语言的革命》[J]. 中国图书评论，2017（1）：98-104.

吴兴明. 比较研究：诗意论与诗言意论[M]. 北京：北京大学出版社，2013.

西格蒙德·弗洛伊德. 精神分析引论[M]，高觉敷，译. 北京：商务印书馆，1994.

西川直子. 克里斯托娃：多元逻辑[M]. 王青，陈虎，译. 石家庄：河北教育出版社，2002.

徐克飞. 法国知识分子的"中国梦"——《泰凯尔》杂志关于中国的想象[J]. 法国研究. 2016（1）：27-34.

许宁，韩丹. 从符号学到女性主义：克里斯蒂娃后现代理论评述[J]. 福建论坛，2009（11）：75-81.

杨春芳. 中国妇女的"马赛克图画"——论克里斯蒂娃的《中国妇女》想象中国妇女的方法[J]. 中国比较文学，2016（3）：75-86.

杨增和. 互文性：后现代主义文本意义的增殖范式[J]. 理论与创作，2006（1）：9-11.

殷祯岑，祝克懿. 克里斯蒂娃学术思想的发展流变[J]. 福建师范大学学报（哲学社会科学版），2015（4）：66-74.

俞建章，叶舒宪. 符号：语言与艺术[M]. 上海：上海人民出版社，1988.

张隆溪. 20世纪西方文论述评[M]. 北京：生活·读书·新知三联书店，1986.

张隆溪. 道与逻各斯[M]. 冯川，译. 成都：四川人民出版社，1997.

张隆溪. 中西文化研究十论[M]. 上海：复旦大学出版社，2005.

张隆溪. 从比较文学到世界文学[M]. 上海：复旦大学出版社，2012.

赵渭绒. 西方互文性对中国的影响[M]. 成都：巴蜀书社，2012.

赵雪梅. 克里斯蒂娃与后现代文论之发生[J]. 文艺理论研究，2018（1）.

赵毅衡. 新批评文集[M]. 天津：百花文艺出版社，2001.

赵毅衡. 符号学：文学论文集[M]. 天津：百花文艺出版社，2004.

赵毅衡. 符号学原理与推演[M]. 南京：南京大学出版社，2011.

赵毅衡. 论"伴随文本"——扩展"文本间性"的一种方式[J]. 文艺

理论研究，2010（2）：2-8.

曾军. 接受的复调：中国巴赫金接受史研究［M］. 桂林：广西师范大学出版社，2004.

曾军. 克里斯蒂娃接受巴赫金思想的多元逻辑［J］. 文学评论，2013（4）：188-196.

曾军. 克里斯蒂娃在"词语、对话和小说"一文中对巴赫金理论的借鉴与改造［J］. 外国文学研究，2014（1）：133-139.

曾军. 西方左翼思潮中的毛泽东美学［J］. 文学评论. 2018（1）：14-20.

周启超. 复调［J］. 外国文学，2002（4）：80-86.

周启超. 克里斯蒂娃的"文本间性"理论及生成语境［J］. 陕西师范大学学报（哲学社会科学版），2013（5）：104-109.

周可可，刘怀玉. 从诗学革命到女性政治——西方学界关于克里斯蒂娃思想研究综述［J］. 哲学动态，2007（6）：28-33.

周宪. 思想的碎片［M］. 济南：山东友谊出版社，2002.

朱江月. "人在语言中"：本维尼斯特对语言与社会关系的阐述［J］. 当代修辞学，2014（4）：57-63.

祝克懿. 互文性理论的多声构成：《武士》、张东荪、巴赫金与本维尼斯特、弗洛伊德［J］. 当代修辞学，2013（5）：12-27.

茱莉亚·克里斯蒂娃. 中国妇女［M］. 赵靓，译. 上海：同济大学出版社，2010.

茱莉亚·克里斯蒂娃. 词语、对话和小说［J］. 祝克懿，宋姝锦，译. 当代修辞学，2012（4）：33-48.

茱莉亚·克里斯蒂娃. 互文性理论对结构主义的继承与突破［J］. 黄蓓，译. 当代修辞学，2013（5）：1-11.

茱莉亚·克里斯蒂娃. 互文性理论与文本运用［J］. 黄蓓，译. 当代修辞学，2014（5）：1-11.

茱莉亚·克里斯蒂娃. 历史的飞跃：中法建交半世纪文化沉思［J］. 徐翀，译. 人民论坛·学术前沿，2014（22）.

茱莉亚·克里斯蒂娃. 语言，这个未知的世界［M］. 马新民，译. 上海：复旦大学出版社，2015.

茱莉亚·克里斯蒂娃. 符号学：符义分析探索集［M］. 史忠义，等译. 上海：复旦大学出版社，2015.

茱莉亚·克里斯蒂娃. 克里斯蒂娃自选集［M］. 赵英晖，译. 上海：复旦大学出版社，2015.

茱莉亚·克里斯蒂娃. 诗性语言的革命［M］. 张颖，王小姣，译. 成都：四川大学出版社，2016.

Adams, Hazard, and Searle, Leroy. Critical Theory since 1965. Tallahasee: University Presses of Florida, 1986.

Allen, Graham. Intertextuality. London: Routledge, 2000.

Bakhtin, Mikhail. Problems of Dostoevsky's Poetics. Caryl Emerson, ed. Minneapolis: University of Minnesota Press, 1984.

Barthes, Roland. «L'Étrangère», La Quinzaine littéraire, n°94, du 1er au 15 mai, 1970: 19-20.

Bostad, Finn. Bakhtinian, Perspectives on Language and Culture. London: Palgrave Macmillan, 2004.

Bedient, Calvin. "Kristeva and Poetry as shattered Signification". Critical Inquiry, 1990 (16): 807-829.

Benveniste, Emile. Problèmes de linguistique générale. Paris: Gallimard, 1966.

—. Problèmes de linguistique générale II, Paris: Gallimard, 1974.

—. Dernièr es Leçons: Collèg e de France 1968 et 1969. Jean-Claude Coquet & Irène Fenoglio. Paris: Seuil/Gallimard, 2012.

—. Émile Benveniste. «Il me lisait le "Rigveda" directement en Sanskrit dans le texte», Le Monde des livres du 20 avril 2012, http://www.kristeva.fr/benveniste_lemonde.html.

Beardsworth, Sara. Julia Kristeva: Psychoanalysis and Modernity. New York: State University of New York, 2004.

Becker-Leckrone, Megan. Julia Kristeva and Literary Theory. New York: Palgrave MacMillan, 2005.

Boer, Roland. "The Forgetfulness of Julia Kristeva: Psychoanalysis,

Marxism, and the Taboo of the Mother", Journal for the Study of the Old Testament, Vol. 33 Issue 3, Mar 2009: 259—276.

Bové, Carol Mastrangelo. "The Text as Dialogue in Baktin and Kristeva", University of Ottawa Quarterly, 53, 1983: 117—124.

Bradley, Arther. "Mystic Atheism: Julia Kristeva's Negativity Theology", Theology & Sexuality: The Journal of the Institute for the Study of Christianity & Sexuality. Vol. 14 Issue 3, May, 2008: 279—292.

Buchana, Ian. A Dictionary of Critical Theory, New York: Oxford University Press, 2010.

Butler, Judith. "The Body Politics of Julia Kristeva", Hypatia, vol. 3, no. 3, Winter 1989: 104—118.

Barzilai, Shuli, "Borders of Language: Kristeva's Critique of Lacan", PMLA, Vol. 106, No. 2, 1991: 294—305.

Chanter, Tina, and Ziarek, Ewa. Revolt, Affect, Collectivity: The Unstable Boundaries of Kristeva's Polis. New York: State University of New York Press, 2005.

Chevalier, Jean-Claude. Combats pour la linguistique, de Martinet à Kristeva. Paris: ENS, 2006.

Coole, Diana. Negativity and Politics: Dionysus and Dialectics from Kant to Poststructualism. London: Routledge, 2000.

Culler, Jonathan. The Pursuit of Sign: Semiotics, Literature, Deconstruction. New York: Cornell University Press, 2001.

Culler, Jonathan. Structuralist Poetics: Structuralism, Linguistics and the Study of Literature, London: Routledge, 2002.

Cavanagh, Clare. "Preudo-Revolution in Poetic Language: Julia Kristeva and the Russian Avant-Garde", Slavic Review, Vol. 52, no. 2, Summer, 1993: 283—297.

Conley, Verena. "Kristeva's China", Diacritics, Vol. 5, No. 4, Winter, 1975: 25—30.

Donaldson E, Laura. "(ex) Changing (Wo) Man: Towards a Materialist-

Feminist Semiotics", Cultural Critique, no. 11, Winter, 1988—1989: 5—23.

Diggory, Terence. "Painting the Speaking Subject", Diacritics, Vol. 15, no. 3, Autumn, 1985: 13—22.

Ducrot, Oswald and Todorov, Tzvetan. Dictionnaire encyclopédique des sciences du langage. Paris: Seuil, 1972.

Edwina, Taborsky. The Textual Society. Buffalo: University of Toronto Press, 1997.

Fodor, Nandor and Frank Gaynor. Freud: Dictionary of Psychoanalysis. New York: Philosophical library, 1950.

Ffrench, Patrick. The Time of Theory: A History of Tel Quel (1960—1983). New York: Oxford University Press, 1995.

Forest, Philippe. Histoire de Tel Quel 1960—1982. Paris: Seuil, 1995.

Freud Sigmund, Peter Gay, ed. The Freud Reader. New York: Norton & Company, 1989.

Gana, Nouri. "Revolutionaries without a Revolution: The Case of Julia Kristeva", College Literature, Vol. 31, No, 4, Fall, 2004: 188—202.

Gleize, Mélanie. Julia Kristeva: Au carrefour du littéraire et du théorique. Modernité, autoréflexivité et hybridité. Paris: L'Harmattan, 2005.

Oliver, Kelly. Ethics, Politics, and Difference in Julia Kristeva's Writing. London: Routledge, 1993.

Freud, Sigmund. The Freud Reader. New York: Norton & Company, 1989.

Freud, Sigmund. "The Uncanny", The Standard Edition of the Complete Psychological Works of Sigmund Freud, vol. 18. London: Hogarth Press, 1964.

Guberman, Ross Mitchell, ed. Julia Kristeva Interviews. New York: Columbia University Press, 1996.

Habib, M. A. R. A History of Literature Criticism and Theory: From Plato to the Present. Malden: Blackwell Publishing, 2008.

Hall, Stuart, ed. Representation: Culture Representations and

Signifying Practices. London: Sage, 1997.

Hayot, Eric. Chinese Dreams, Pound, Brecht, Tel Quel. Michigan: The University of Michigan Press, 2012.

Hirsch, E. D. Validity in Interpretation. New Haven: Yale University Press, 1967.

Jocob, Janet L, and Capps, Donald. Religion, Society and Psychoanalysis: Reading in Contemporary Theory. Colorade: Westview Press, 1997.

Kristeva, Julia. Le Langage, cet inconnu. Paris: S. G. P. P. 1969.

—. «L'expansion de la sémiotique», Information sur les sciences sociales, 1967 (5): 169—181.

—. «Le sémiologie: science critique et/ou critique de la science», Théorie d'ensemble. Paris: Seuil, 1968.

—. Sēmeiōtikē: Recherches pour une sémanalyse. Paris: Seuil (Coll. Tel Quel), 1969.

—. Le Texte du roman: approches sémiologique d'une structure discursive transformationnelle. The Hague: Mouton de Gruyter, 1970.

—. Des Chinoises. Paris: Edit. des Femmes, 1974.

—. La Révolution du langage poétique: l'avant-garde à la fin du XIXe siècle. Lautréamont et Mallarmé. Paris: Seuil, 1974.

—. Polylogue. Paris: Seuil, 1977.

—. Les samurais, Paris: Fayard, 1990.

Kristeva, Julia, et al. Essays in Semiotics. Essais de sémiotique. The Hague: Mouton, 1971.

Kristeva, Julia, et al. Langue, discours, société: pour Émile Benveniste. Paris: Seuil, 1975.

Kristeva, Julia, et al. La Traversée des signes. Paris: Seuil, 1975.

—. The Portable Kristeva. New York: Columbia University Press, 2002.

Kristeva, Julia, et al. Autour d'Émile Benveniste: Sur l'écriture. Paris: Seuil, 2016.

—. «Émile Benveniste, un linguiste qui ne dit ni ne cache, mais signifie», Préface à Émile Benveniste, Dernièr es Leçons: Collège de France 1968 et 1969. Paris: Seuil, 2012.

—. Je me voyage. Paris: Fayard, 2016.

Kul-Want, Christopher. Philosophers on Art from Kant to the Postmodernists. New York: Columbia University, 2010.

Lacan, Jacques. Le Séminaire de Jacques Lacan. Paris: Seuil, 1978.

Ladrière, Jean. «Signification et signifiance», Synthèse, 59 avril 1984: 59—67.

Lechte, John. Julia Kristeva. New York: Routledge, 1990.

Lechte, John. Fifty Contemporary Thinkers: From Structuralism to Post-Modernity. London: Routledge, 1997.

Lechte, John, The Kristeva Critical Reader. Edinburgh: Edinburgh University Press, 2003.

Lechte, John. Julia Kristeva: Live Theory. London: Continuum, 2004.

Lechte, John. Julia Kristeva. London: Routledge, 2013.

Lemke, Jay L. Textual Politics: Discourse and Social Dynamics. London: Bristol, 1995.

Leonard, Philip. Nationality Between Poststructuralism and Postcolonial Theory. New York: Palgrave Macmillan, 2005.

Lewis, Philip. E. "Revolutionary semiotics". Diacritics, 1974 (3): 28—32.

Marx-Scouras, Danielle. The Culture Politics of Tel Quel: Literature and the Left in the Wake of Engagement. Pennsylvania: The Pennsylvania State University Press, 1996.

McAfee, Noëlle. Julia Kristeva, London: Routledge, 2004.

Moi, Toril. Sexual Textual Politics: Feminist Literary Theory. London: Routledge, 1990.

Morris, Charles W. Signification and Signifiance. Cambridge: MIT

Press, 1964.

Muller, John P. Beyond the psychoanalytic dyad. London: Routledge, 1996.

Margaroni, Marie. "'The Lost Foundation': Kristeva's Semiotic Chora and Its Ambiguous Legacy", Hypatia, Vol. 20, no. 1, Winter, 2005: 78−98.

Namur, Guy. Paragrammatisme et production de sens dans la sémiotique de Julia Kristeva. Louvain: Institut de Linguistique, 1974.

Orr, Leonard. "Intertextuality and the Cultural Text in Recent Semiotics", College English, Vol. 48, no. 8, Dec, 1986: 811−823.

Ogden, C. K. The Meaning of Meaning: A Study of the Influence of Language upon Thought and of the Science of Symbolism. New York: Harcout Brace Jovanovich, 1989.

Oliver, Kelly, et al. Psychoanalysis, Aesthetics, and Politics in the Work of Kristeva. New York: Suny Press, 2009.

Oliver, Kelly. Reading Kristeva: Unravelling the Double Bind. Indianapolis: Indiana University Press, 1993.

Oliver, Kelly. Ethics, Politics, and Difference in Julia Kristeva's Writings. London: Routledge, 1993.

Olivier, Bert. Philosophy and Psychoanalytic Theory: Collected Essays. Bern: Peter Lang AG, 2009.

Radden, Jennifer. The Nature of Melancholy: From Aristotle to Kristeva. Oxford: Oxford University Press, 2000.

Riffaterre Michael. Semiotics of Poetry. Bloomington: Indiana University Press, 1978.

Riddel, N Joseph. "Coup de Man, or the Uses and Abuses of Semiotics", Cultural Critique, no. 4, Autumn, 1986: 81−109.

Samoyault, Tiphaine. L'Intertextualité: Mémoire de la littérature. Paris: Armand Colin, 2008.

Scheie, Timothy. "Performing Degree Zero: Barthes, Body, Theatre", Theatre Journal, Vol. 52, no. 2, May, 2000: 161−181.

Schmitz, Bettina. "Homelessness or Symbolic Castration: Subjectivity, Language Acquisition, and Sociality in Julia Kristeva and Jacques Lacan", Hypatia, Vol. 20, no. 2, Spring 2005: 69—87.

Said, Edward W. Orientalism. New York: Vintage Books, 1979.

Sallis, John. Chorology: On Beginning in Plato's Timaeus. Bloomington: Indiana University Press, 1999.

Sayers, Janet. Freud's Art: Psychoanalysis Retold. London: Routledge, 2007.

Seidman, Michael. The Imaginary Revolution: Parisian Students and Works in 1968. New York: Berghahn Books, 2004.

Sjöholm, Cecilia. Julia Kristeva and the Political. London: Rouledge, 2005.

Smith, Anna. Julia Kristeva: Reading of Exile and Estrangement. New York: St Martin's Press, 1996.

Smith, Anna-Marie. Julia Kristeva: Speaking the Unspeakable. London: Pluto Press, 1998.

Sollers, Philippe. «Écriture et révolution», Théorie d'ensemble. Paris: Seuil, 1968.

Smith, Joseph H. Interpreting Lacan. London: Yale University Press, 2009.

Starobinski, Jean. «Avant-Propos», Les mots sous les mots, Les anagrammes de Ferdinand de Saussure. Paris: Gallimard, 1971.

Terzieva-Artemis, Rossitsa. Stories of the Unconscious. Bern: Peter Lang, 2009.

Walker, Michele Boulous. Philosophy and the Maternal Body: Reading Silence. New York: Routlege, 1998.

Want, Christopher. Philosophers on Art from Kant to the Postmodernists. New York: Columbia University Press, 2013.

Weir, Allison. Sacrificial Logics: Feminist Theory and the Critique of Identity. London: Routledge, 1996.

Wright Elizabeth. Lacan and Postfeminism. Duxford: Icon Books, 2000.

Zerilli, M. G Linda. "A Process without Subject", Signs, Vol. 18, no. 1, Autumn, 1992: 111—135.

茱莉亚·克里斯蒂娃个人网站: www.kristeva.fr.

后 记

这本书定稿之时,正是一年中最有希望的季节,春意盎然,万物复苏。这是我学术生涯的第一本书,是真正意义上的学术起点,是一个阶段不成熟思考的总结。克里斯蒂娃的"符义分析"思想在符号学发展史上究竟该如何定位?她在结构-后结构主义的知识运动中扮演着怎样的角色?这是本书想要回答的问题。

感谢我的导师赵毅衡先生,我跟先生求学五年,若我在学术上能取得任何一点进步,都是因为先生对我的悉心指导。导师的恩情,是我一生都无法回报的,而我唯一能做的,就是在未来漫长的岁月里,成为一位好导师。

我从硕士阶段开始关注法国理论,尤其是符号学理论与茱莉亚·克里斯蒂娃。近十年过去,终于可以自问自答这个问题:克里斯蒂娃为什么会吸引我?或许是因为她能在众声喧哗中找到自己的声音,有破除陈规与突破禁忌的胆识。而这些,都是我的骨子里另一个自我所追求的。感谢茱莉亚·克里斯蒂娃女士,在逐步加深对她的思想认识之时,我也在更深层次上了解了自己。2012年与她的一次见面,至今想来,仍然记忆犹新。后来我与她有过多次的邮件交流,这对于修正我书稿中的某些关键内容有不可替代的价值。能与自己的研究对象对话,是一件多么幸运的事情。感谢巴黎七大的埃里克·马尔蒂(Eric Marty),他是克里斯蒂娃的好友。法国巴尔特研究的权威,我有幸在成都与他当面沟通过他对1974年克里斯蒂娃与巴尔特的中国之行的一些看法,深受启发,期待未来能够与他相遇在巴黎。

陕西师范大学苏仲乐先生是我的恩师,亦是领导,在我人生选择的关键路口,他给予过多次无私的帮助,多少年过去了,我常常回想起2006年西安的秋天,我与父母第一次与他见面的场景,在此向他表示最诚挚的谢意。

后 记

感谢陕西师范大学的陈越先生对我学术上的提点和鼓励,这对于初出茅庐常茫然不知所措的我太重要。感谢上海大学的曾军先生对我的提携和指导,能加入他的重大项目研究团队,于我而言,是莫大的荣幸。感谢天津外国语大学的张智庭先生对我的关怀与爱护,他为我提供了非常丰富的写作资料,他送给我的多本书,我至今珍藏。感谢编辑宋颖女士,没有她用心、细致、专业的编辑工作,这本书不可能如期出版。感谢我的挚友王小姣,在"成为女性学者"这条艰难的路上,多亏有你的陪伴。

感恩我的父母亲,我从小在一个严父慈母的家庭环境中长大,父亲望子成龙,对我非常严厉,而性格颇像男生的我经常会因为过于顽劣而吃不少苦头。母亲悉心照料我的生活,总是在我无助的时刻默默地陪伴我。父母虽然没有受过太多的教育,但是他们言传身教,用心培养我,任何时刻都是我坚强的后盾。父母之爱,最深沉,最无私,最温暖,这是我成为母亲之后才体会到的。感谢我的爱人,谢谢你出现在我的生命里,成为我人生的伴侣,谢谢你对我的包容和无微不至的关怀。

这本书送给我的孩子,等你能看懂它的只言片语时,记得与妈妈分享你的感受,我很想听。

2020 年 3 月